U0957982

# 欠发达地区新生代农民工就业问题研究

## ——基于山西省的实证调查

李 娟 著

學苑出版社

**图书在版编目(CIP)数据**

欠发达地区新生代农民工就业问题研究 ：基于山西省的实证调查 / 李娟著. —北京 ：学苑出版社，2014.12

ISBN 978-7-5077-4684-6

Ⅰ. ①欠… Ⅱ. ①李… Ⅲ. ①不发达地区-民工-劳动就业-研究-山西省 Ⅳ. ①D669.2

中国版本图书馆 CIP 数据核字(2014)第 296735 号

**出 版 人：** 孟　白
**责任编辑：** 刘　丰　乔素娟
**出版发行：** 学苑出版社
**社　　址：** 北京市丰台区南方庄 2 号院 1 号楼
**邮政编码：** 100079
**网　　址：** www.book001.com
**电子邮箱：** xueyuanpress@163.com
**销售电话：** 010-67601101（营销部）、67603091（总编室）
**印 刷 厂：** 北京京华虎彩印刷有限公司
**开本尺寸：** 787×1092　1/16 开本
**印　　张：** 14.5
**字　　数：** 220 千字
**版　　次：** 2015 年 3 月第 1 版
**印　　次：** 2015 年 3 月第 1 次印刷
**定　　价：** 68.00 元

# 目 录

# 第一章 导 论

## 第一节 研究缘起

中国社会主义市场经济的深入发展，带来社会结构的重大变迁，表现之一就是大量的农村人口逐步向城市流动，这样一个庞大的群体被称为"农民工"。"农民工"是中国经济社会转型时期的特殊概念，是指拥有农业户口、被人雇用去从事非农活动的农村人口[①]。按照这个定义，农民工是一个非常庞大的群体，不仅包括在农村为他人从事非农劳动的农村人口，而且包括跨地区外出务工的农村人口（王春光，2004）。长期以来，农民工在各方面都受到了不公平的待遇，生活在城市的底层而成为城市中的弱势群体。有学者认为，农民工现象是中国转型期间或者说是中国现阶段社会发展进程中的一种过渡现象，是传统户籍制度、城乡二元经济社会政治分割与市场经济发展、统一劳动力市场以及中国现代化发展进程相冲突的产物，作为这样一种过渡现象，其存在将是长期的。这不由引起人们对这长期存在的社会底层群体的关注，进而成为了学术界的一个研究热点。

随着城市化进程的不断加深，新生代农民工已经逐步替代了老一辈农民工成为经济建设中的"主力军"，学术研究逐渐转向了这一群体。当前对我国新生代农民工就业问题的研究大概分为两个阶段：一是萌芽阶段（2001～2009年）。此阶段主要表现为研究成果相对零散地分布于各年份，且数量较少。2001年中国社会科学院王春光提出新生代农民工的概念，并从年代、年龄特性、教育特征、外出动机的变化四个维度对新生代农民工

---

① 参见王春光：《农民工群体的社会流动》．陆学艺主编：《当代中国社会流动》，北京：社会科学文献出版社，2004：307.

的概念进行界定，从代际认同角度分析了农民工的分化，改变了国内学术界长期将农民工群体整体化研究的思维定势。王桂新（2002）根据对浙江省柯桥、柳市两个小城镇外来劳动力的实地抽样问卷调查，分析了外来劳动力对小城镇发展的积极和消极影响。文军（2005）撰文指出城市新移民在一定意义上构成了一个“移民系统”，并在宏观、中观、微观三个层面上分别受制于制度政策、社会网络和人力资本的影响，其中制度与政策是核心因素。徐桂兰（2006）利用五城市调查数据（北京、石家庄、沈阳、无锡和东莞）对进城农民工的就业状况和收入影响因素进行了实证分析，提出实施全国统一的劳动力就业制度。二是快速发展阶段（2009 年至今）。主要表现为研究成果数量颇丰，研究更加深化，学者们主要从以下几个方面进行了探讨与研究：（1）影响新生代农民工就业因素研究。如陈柳钦（2011）指出，新生代农民工就业难的因素主要集中在三个方面：一是新生代农民工就业面临社会性排斥（社会现状方面）；二是新生代农民工权益难以得到充分保护（法律方面）；三是新生代农民工接受培训的体系不够健全（体系建设方面）。也有学者阐明问题的根源在于，新生代农民工的文化技能素质与产业结构优化升级、转变经济发展方式以及现有职业技能培训不相适应，市场需求不能满足其职业期望，现有城乡二元体制亦阻碍了新生代农民工融入城市的步伐。（2）解决新生代农民工就业困难问题研究。有学者认为提高个人能力、加快户籍制度改革、相关部门引导新生代农民工就业能力提升是解决新生代农民工就业难问题的关键问题。李建军（2011）提出若干建议：优化就业培训的投入机制，建立以“谁投资谁受益”原则的多元化的新生代农民工就业培训投入机制，农民工培训经费实行政府、用人单位、新生代农民工个人等共同分担；注重职业观、价值观的教育；加强职业技术教育，丰富有针对性的培训内容；完善就业培训的激励机制。（3）新生代农民工就业指标能力体系研究。罗恩立（2010）利用层次分析和 Delphi 咨询法，提出基于微观个体、中观环境和宏观政策三个评估维度的新生代农民工就业能力评价指标体系。总的来说，新生代农民工就业问题已经成为社会关注较多的一个社会现象，近年来学术界对它的研究空前活跃。虽然 2010 年以来学者们对新生代农民工就业问题的研究有了很大进展，但是许多方面仍待深化和补充：研究方法上，大多以定性研究为主，定量研究相对较少，且在定量研究中主要以调查问卷为主，方法上有待创新；研究性质上，以描述性、解释件研究为主，新生代农民工就业趋势等的预测性研究廖若晨星，有必要加强对新生代农民工就业趋势的预测性研究；研究内容上，对新生代农民工就业心理、质量、能力等内容尚处于探索阶段，需要进一步补充和完善；一些领域的研究还不够深入，很多方面尚未形成统一的意见，比如如何提高新生代农民工教育培训的积极性、如何提高培训效果等。基于此，应该进一步加大对新生代农民工就业的理论研究。

当前，在所有外出农民工中，新生代农民工即 1980 年之后出生的外出农民工的比例已达 60%。《中华人民共和国 2012 年国民经济和社会发展统计公报》指出："全国农民工总量为 26261 万人，比上年增长 3.9%。"以此推算，目前新生代农民工大约有 1.5 亿人，并以每年 800 万～900 万人的速度快速递增。新生代农民工的就业问题已经成为当今中国社会必须面对的最大民生问题。2010 年 1 月 31 日，国务院发布的 2010 年中央一号文件《关于加大统筹城乡发展力度，进一步夯实农业农村发展基础的若干意见》中，首次使用了"新生代农民工"的提法，并要求采取有针对性的措施，着力解决新生代农民工问题。但是关于如何界定"新生代农民工"目前学术界没有形成一致意见，主要有以下几种观点：一是根据父母身份来确定。认为新生代农民工的父母一方是曾经在外务工过的农民工。二是根据出生年代来界定。他们认为新生代农民工是指 20 世纪 80 年代后出生的进城务工人员。三是根据外出时间来界定。认为 80 年代初次外出的农村流动人口算作第一代，90 年代初次外出的算作新生代。本书认为新生代农民工是指 1980 年以后出生，20 世纪 90 年代后期开始进入城市打工，在城镇以非农就业为主的农业户籍人口。新生代农民工与老一代农民工不同，具有自身特点。中国社会科学院研究员王春光在其研究中对这一群体这样描述："新生代农民工基本上没有务农的经历，很多是从学校毕业后就直接外出的，甚至连基本的农业常识都缺乏；从动机上看，他们基本上不是基于生存理性外出，而是更多地将流动视为改变生活方式和寻求更好发展的契机。"

其一，新生代农民工处于体制变革与社会转型时期。近几年来，我国社会经济得到飞速发展，且正处在社会主义市场经济初步发展阶段，人们的物质生活水平得到有效提高，进而促使其需求层次由最初的生存型向发展型转变，在工作过程中，不仅仅重视薪酬待遇，而且还重视自身技能的提升。

其二，新生代农民工心理期望过高。当前，新生代农民工受到新观念、新文化的影响，使得心理期望远远高于老一代农民工，并梦想着成为城市的一员，在城市中生活。然而，其耐受能力却低于老一代农民工，在面对生活、工作挫折时，大多选择逃避，不能够吃苦，加之他们基本上没有务农的经历，亦没有足够的资金，使得新生代农民工难以在城市中立足，也就得不到高收入、稳定的工作，仍处于城市底层，最终处于陷入边缘化境地。

其三，与上一代农民工相比，新生代农民工受教育水平较高，渴望融入城市，重视社会保障，维权意识更强。新生代农民工同样面临着城市“社会性融入”问题，同样面临着“就业、生存、发展”的问题，而且就业状况是关系到他们进入城镇后能否生存的首要问题。

研究新生代农民工就业问题，具有以下重要意义：第一，为深入研究农民工问题提供参考借鉴。通过数据不完全统计，我国每年约有几亿农村人口向我国南部、东部及沿海地区务工，使得城市与农村人口出现较大波动，而这种现象在过去的几十年未曾有过。近期，大多数学者开始利用人口学、社会学、经济学及地理学各项学科知识，采取问卷调查、个案分析等方式，对上述现象进行深入研究，并取得一定成效。本书在已有学者研究的基础之上，通过综合调查的方式，深入研究该群体中的细分人群，有利于从另一方面了解新生代农民工问题，丰富农民工理论研究体系。第二，有利于研究农民工市民化内容。农民工市民化问题是农民工的核心问题，而新生代农民工作为众多农民工的新生力量，是农民工市民化的希望；同时作为青年群体中的一部分，又具有青年的特点，需要对其加以有效引导、扶持。老一代农民工已基本找准在社会结构中的位置，而社会在不断发展，农民工市民化问题也随之发生变化，加上新生代农民工所具有的特点，对其进行研究，则对农民工的市民化研究具有重要指导意义。第三，有利于研究城乡统筹发展问题。当前，随着城市化进程的不断加快，越来越多的农民工涌入到城市中。研究转移劳动力与新增劳动力就成为城市化发展的重要内容之一，同时也是城乡统筹发展中的一项重要任务。老一代农民工由于年事已高，大多在家务农，使得新生代农民工纷纷到城市寻找就业机会。此类人群不仅是农村待转移劳动力，同时也是农村新增劳动力，一旦他们走进城市，农村只剩下老弱妇孺，没有劳动力可使用，影响农村经济发展。因此，这就需要制定针对性策略，有效解决农村待转移劳动力、新增劳动力的问题，从而实现城乡统筹发展。

## 第二节 相关文献综述

近年来我国学者围绕农民工劳动就业的诸多问题展开了深入研究。总体来看，这些研究具有经济学、社会学、法学等多学科的理论视角。从研究的层次来看，囊括了宏观、中观、微观多层次的问题。有的学者认为首先应当从体制改革入手，以科学发展观为指导，对农民工管理进行管理理念和管理体制的创新（邓伟秀，2005）。农民工问题直接牵涉到亿万农民工及其家属的切身利益，是一个包含了经济利益、社会权益、政治权力及文化融洽、精神和谐等内容的综合性问题。这一问题的存在与发展变化，正在全方位地影响着中国新型工业化、城市化、现代化的进程，从而迫切要求国家通过调整制度安排及政策措施来加以解决。应该采取统筹考虑、综合协调、近中长期目标相结合的思路，稳妥有序地为农民工提供融入工业化、城市化进程的机会，最终促使整个社会和谐发展（郑功成、黄黎若莲，2006）。本书围绕新生代农民工就业问题展开研究，现将相关文献梳理如下。

### 一、关于农民工就业问题的一般性研究

农民工就业传统模式最大的弊端是以服从经济发展为主导，忽略了社会协调发展，导致牵引农民工流动或驻留的“推力”和“拉力”弱化。制度障碍是农民工就业的最大障碍之一，当前对农民工影响力最大、最直接的制度主要有户籍制度、土地制度和社会保障制度。需要以新的观念和理念指导，创新农民工就业、安置和待遇等方面的制度与模式，寻求经济

与社会发展的协调与平衡，保证劳动力要素畅顺流动，实现其最优组合（柯健，2006）。当前，农民工已成为我国产业工人的重要组成部分。但是，农民工服务资源整合工作相对滞后，已经成为制约农民工就业的重要瓶颈因素。为此，应重点整合行政、劳务信息、培训、维权四大资源，积极开展多渠道、多层次、多形式的农民工服务工作，大力打造全方位、系统化、创新式的农民工服务新格局。从特定意义上说，这是检验社会公平正义、和谐共富的一块“试金石”（邱峰等，2007）。

影响农民工就业的因素很多，张智勇以社会资本为例，分析了非正式制度在农民工实现城乡转移和顺利就业中的作用机理，对东南沿海地区的“民工荒”呈有组织式地发生给出了初步解释，并指出了社会资本在农民工就业中的局限性。社会资本在农民工就业中为什么会发生作用？简洁的回答是：社会资本的基础在于信任。社会资本在更大范围内具有非合作性和非转移性。由此造成的后果是：对于最早进入某一地区的农民工而言，由于社会资本为零，在没有劳动力市场、劳动中介等正式制度形式支持的情况下，先导式的转移和就业将会非常困难。这将阻碍劳动力向新地区的流动，形成新地区的劳动力短缺；同时在某一社会资本存在的地区造成劳动力供给过剩，因而不利于全社会劳动力资源的优化配置（张智勇，2007）。罗小兰探讨了我国最低工资标准对农民工就业的影响。研究表明，最低工资标准对农民工就业的影响存在一个阈值。在该阈值之下，最低工资标准的增加会促进农民工就业，而超过该阈值后，农民工就业就会随着最低工资标准的增加而减少。进一步的地区及行业分析表明，最低工资标准东、西部为正作用，中部为负作用；制造业为正作用，建筑业为负作用。其政策含义是：首先，提高最低工资标准，促进农村剩余劳动力转移；其次，各地劳动和社会保障部门在制定最低工资标准时，应加大地区间最低工资标准的横向比较，规范调整时间，缩小地区间不合理差距；最后，根据行业及工种的特点，实施行业性最低工资标准，从而克服现行最低工资标准地区性模式的弊端（罗小兰，2007）。杨凤勇认为，由于农民工和用人单位之间劳动力供给与需求的信息不对称，一度出现“民工荒”和农民工难就业现象同时并存，农民工资源得不到合理整合和有效配置，这是政府信息宏观管理作用不到位、市场中介信息服务作用未能充分发挥、农民工获取信息能力弱等原因所致，因此，加强政府的信息服务作用，完善市场中介信息服务功能，提高农民工信息获取能力是解决农民工就业的重要举措（杨凤勇、李娟，2007）。

在中国的产业大军中，农民工数量在迅速增长，农民工日益成为不可或缺的重要力量。由于户籍等原因，作为就业弱势群体的农民工比城镇劳动力面临着更大的失业风险和保障缺失。他们的就业状况究竟如何，他们参加失业保险以及受到就业培训的状况如何，如何促进农民工的就业，是值得全社会高度关注的重大问题。促进农民工就业的思路和对策为解决农民工的失业问题，最佳措施还是积极的就业保障措施，因此，北京市在努力建立农民工失业保险制度的同时，还需要努力做好农民工的就业促进工作。一要搞好就业服务工作；二要切实搞好农民工的培训工作，切实加强政府对农民工培训工作的领导，建立多元化的农民工培训投入机制，大力推行国家职业资格证书制度，使参加培训项目的农民工经鉴定取得相应的职业资格证书；三要落实对企业（用人单位）方面的政策及监管，对招收农民工的企业实行优惠政策，规范企业用工行为；四要清除农民进城务工的体制政策性障碍，减少农民进城的阻力和成本（吕学静、陈蕊，2007）。

农村富余劳动力向非农产业和城镇转移，是中国工业化和现代化的必然趋势。然而，户籍制度却使这一进程受阻。户籍制度是造成农民工在进城务工中遭遇就业机会、就业待遇以及就业保障歧视之根源，处于转型时期的我国，必须加大户籍制度及其相关政策的改革力度，加大对农民工的教育培训力度，建立健全劳动力流动服务体系等，让长期在城市务工的农民工在就业求职、就业待遇、权益维护、社会保障等各个方面享受市民待遇（张智勇，2005）。无论从现状还是从未来看，和城市居民一样，农民工无疑已经成为城市的不可或缺的就业主体。虽然近年国家对农民工进城就业管理服务政策进行了调整，使农民工的就业环境得到改善，但城乡二元结构形成的就业机会的不平等依然存在，使农民工在就业中遭遇歧视。这不仅在短期内损害农民工的权益，而且从长远来看也有碍城乡一体化的实现，更不符合科学的发展观。因此，创造一个公平的就业环境，给农民工提供一个公平的就业机会，是和谐社会的题中应有之义（张慧，2005）。

劳动力市场就业歧视是一个世界性的问题，无论是发达国家还是发展中国家都不同程度地存在着这一问题。而农民工就业歧视是我国劳动力市场上特有的现象。徐玉龙等从经济学角度研究了农民工就业歧视问题，他们认为：第一，农民工与城市就业人口在城市就业过程中存在着两种基本关系，即零替代关系与替代关系；第二，城市就业人口能否充分就业，并不取决于农民工的存在与否，以及数量的多少。因此，这种歧视现象在较长时期内还将继续存在。要尽快消除这种歧视，至少应从以下三个层面着手：第一，政府层面。政府是就业政策和就业制度的制定者和执行者，要想消除对农民工的就业歧视，必须首先从政府层面入手。一方面，取消城市倾向的就业政策，另一方面，取消对城市就业人口不合理的制度性保护。第二，雇主层面。规范雇主的雇佣行为，制定规范的岗位说明书。第三，农民工个人层面。目前，在我国劳动力市场上，缺乏资源禀赋的农民工根本无力抵抗来自掌握大量资源禀赋的城市就业人口和城市政府的歧视，以致深受其害。但是理性的农民工应进行生产率特征差异与市场歧视的恰当判断，与其妄自菲薄，不如树立竞争和学习的意识，延长接受系统教育的时间，努力寻找培训与开发的机会，以提高自己的“禀赋值”（徐玉龙，2007）。

农民工就业歧视是一种制度性歧视，消除农民工就业歧视是国家的国际法义务。解决农民工问题需要多管齐下，但国家担当起自己的责任将是最重要的。因为无论是制定政策框架，还是建立和完善法律制度；无论是对农民工搭建公共就业服务的平台，还是营造平等对待农民工的社会环境，都离不开政府。农民工问题的严重性和复杂性，要求国家出面加以统筹研究解决。因此，反农民工就业歧视，国家仍要发挥主导作用。因为法制的实施离不开政府，农民工与其他群体的分歧需要政府公正裁判，农民工素质提升需要政府投入相应的财力、物力与人力，农民工融入城市尤其需要政府完善现有的政策体系。同时，导致农民工问题出现的原因十分复杂，既有城乡分隔的历史惯性影响，更有现实中群体利益的分歧与冲突，还有社会心理及传统制度安排对现实政策的排斥。农民工问题的严重性和复杂性，也要求国家出面加以统筹研究解决（林燕玲，2007）。农民工就业歧视行为的存在，导致了不同群体之间的矛盾，成为社会不稳定的隐患。因此，要解决好农民工问题，就必须打破二元经济结构，在深化户籍制度改革、建立城乡统一劳动力市场、建立健全农民工社会保障体系等方面加大力度（孙彪，2007）。

在大城市农民工中，青年人所占的比例较大，这部分流动人口有其自身的特点。青年农民工在职业结构特征、寻找工作途径、工作时间与工资报酬、更换工作的频率与原因等方面与其他年龄人群的流动人口相比具有明显的差异，由此可以发现青年农民工就业中存在的主要问题，即受教育程度偏低，相互关联的就业隔离与社会隔离，针对流动人口中青年人的就业扶助政策还不够等。因此，有关部门应从发展职业教育、培育劳动力市场、完善制度和法规以及促进青年流动人口的社会整合等方面着手解决上述问题（王春兰等，2006）。

随着农村劳动力的迅速转移，近年来进城务工的女性农民工增加的幅度相对大于男性农民工，这对于改变妇女地位、摆脱农村家族影响、独立自主及实现男女平等有着十分重要的意义，但由于二元经济结构的长期存在，导致对农民工进城就业的制度安排方面不够合理，使她们在城市就业步履艰难，即使能够就业也处于边缘、底层的地位。尽管如此，她们自己创造了多种形式的就业方式，为城市人提供服务并为其解决了生活中的诸多不便。虽然这一群体也引起了政府和社会的极大关注，但她们要由农民转变为市民，需要社会为其提供与市民同样的条件，还有大量的工作要做。第一，提供高质量的就业服务；第二，以人为本，关心女性农民工的就业与生存问题；第三，重视提高女性农民工的就业能力；第四，进一步完善劳动就业方面的法律制度（肖云，2005）。在妇女农民工从农业到非农业的职业流动过程中，社会资本是影响其流动决策的重要变量之一，对其就业发挥了不可替代的作用。但由于所拥有的社会资本量极其有限等重要因素的影响，妇女农民工基本上都属于“非正规就业”，地位低下。改变这种状况的根本办法之一就是采取多种措施有效增加其社会资本的积累。社会资本作为一种无形“资本”，对于物质资本和人力资本匮乏的妇女农民工就业来说，有着难以忽视的重要作用。但另一方面，妇女农民工属于社会弱势群体，其社会资本以亲缘、血缘、地缘等非正式社会网络关系为基础，数量少、质量低，不利于她们向上流动和融入当地市民社会。

因此，考虑到我国的历史传统和现实情况，为了增加妇女农民工的社会资本、改变她们的艰难处境，建立一个以政府为主导，以第三部门为补充，以血缘、地缘等初级关系为依托，以业缘关系为扩展的妇女农民工社会关系网络，是比较理想的选择模式。从长远发展来看，它能为妇女农民工的社会资本积累起到积极的作用（陈银娥、秦静，2005）。

## 二、劳动力市场分割的相关研究

本书认为，新生代农民工就业困境的根本原因在于劳动力市场的结构性特征。所谓结构性特征，从目前中国实践来看，主要是指劳动力市场的三重分割，即城乡分割、区域分割与行业分割。因此，劳动力市场分割是本书重要的理论视角。在此，笔者对国内外相关研究展开梳理，对本书的研究提供重要的理论依据。

### （一）国外关于劳动力市场分割的研究

20 世纪 60 年代是美国社会充满变革的时代。“反贫困运动”、主张给女性等“经济上的少数群体”（economic minority）提供参与社会生活的机会是这一时期的主题。但是，新古典经济学的边际生产力理论及人力资本理论无法对贫困、收入不平等及经济歧视现象提供令人满意的解释。而新古典人力资本理论家们根据人力资本理论提出的反贫困措施——向劳动者提供教育及培训，也没有获得预期的效果（Herbert Gin - tis，1971；Christopher Jencks，1972；Lucas，1972；Bennett Harrison，1972；Gordon，1972）。于是，一些学者放弃了劳动力市场的竞争性假设，转而强调劳动力市场的分割属性，强调制度及劳动力市场的结构性因素对收入和就业的影响。这些学者被称为劳动力市场分割（labor market segmentation）学派，他们所构建的理论被称为劳动力市场分割理论。分割主义学派既有历史起源，又有现代起源。其历史起源要追溯到穆勒和凯恩斯的时代。穆勒和凯恩斯曾公开反对亚当·斯密关于劳动力市场具有竞争性质的学说，而倾向于具有非竞争性质的其他学派（Mill，1885；Cairnes，1874）。对于 20 世纪 40 年代和 50 年代的北美制度经济学家来说，Gunlop（1957）、Kerr（1954）的学说则提前奠定了劳动力市场细化和结构化的基本概念。劳动力市场分割理论现代起源有两个方面：一是 60 年代对美国城市劳工和贫困问题的研究，基点在于提高每个劳动力的人力资本以及改善其物质财富，但却以失败告终（Piore，1970）。二是按阅历划分的方法，为激进经济学家将美国工人“肢解”为政治“条块”的理论提供了武器（Gordon，Edwards & Reich，1982）。

劳动力市场分割理论的一个基本点就是劳动力市场是可分割的并且可分为几个不同的子市场（Clark，1954；Averitt，1968；Levinson，1967；Doeringer and Pi ore，1971；Magnac，1991；Yamada，1996；Maloney，1999；Saavedra and Chong，1999；Albrecht etal.，2006；Perry etal.，2007等）。但是对劳动力市场分割的方法和标准却又有很多差异，这些差异主要体现在研究兴趣的关注点，如报酬或流动、市场分割的界线（如按工作划分、按产业划分、按性别划分以及按人种或年龄划分等等）、所采用的调查研究方法是定性的还是定量的等等。劳动力市场分割分类主要包括：O’Conner（1973）提出的劳动力市场产业分割，Stolzenberg（1974）提出的劳动力市场职业分割，Freedman（1976）和Buchele（1976）提出的劳动力市场地区分割，Thurow（1975）提出的劳动力市场工作链分割，Baron and Bielby（1980）提出的劳动力市场企业分割，等等。其中Doeringer & Piore（1970）的二元结构理论和内外部市场理论，Thurow & Lucas（1972）的职位竞争理论以及Linderbeek and Snower（1986）的内外部市场模型具有代表性。二元劳动力市场理论（Doeringer and Piore，1971）与内外部劳动力市场理论（Doeringer & Piore，1971）是劳动力市场分割理论的两个重要基石。二元劳动力市场理论认为，劳动力市场被分割为一级市场（primary market）与二级市场（secondary market）。一级市场中的工资较高、工作条件优越、就业稳定、安全性好、管理规范、具有较多的培训及升迁机会；而二级市场中的就业条件则大为逊色，工资低、工作条件差、就业不稳定、缺乏培训与晋升的机会（Maloney，1999；IDB，2004；Duryeaetal.，2006；Packard，2007；Bosch and Maloney，2007；Bosch etal.，2007；Bigsten et al.，2007）。Edwards，Reich and Gordon（1975），Piore（1975）在二元结构的基础上对一级市场上的工作又做了次一级的双元划分（subsidiary dimension），之后Piore（1979）和Berger and Piore（1982）还深入研究了二元劳动力市场的就业稳定及持续能力。Smith and Zenou（1997）研究了二元劳动力市场的内生性并且与劳动力市场的大规模失业密切相关。

内部劳动力市场理论认为，劳动力市场中的大型企业构成了内部劳动力市场（Heckman and Hotz，1986；Maloney，1999）。内部劳动力市场具有高度的组织性，是正规的劳动力市场，通常有自己独特的工资决定机制。在内部劳动力市场中，劳动力资源的配置并不完全受竞争影响，内部市场的工资结构安排主要根据内部的需要来决定，与外部劳动力市场的供求状态没有多大关系（Sorm and Terrell，2000；Haltiwanger and Vodopivec，2002）。外部劳动力市场的供求失衡主要靠工资波动来解决，内部劳动力市场解决供求失衡的措施主要有招聘、培训、工作的重新设计、分包、调整产出量等（Doeringer and Piore，1971；Osterman，1984；Lund & Srinivas，2000；Wood & Gough，2006）。内外部劳动力市场理论提出后，Linderbeek and Snower（1986）提出内部人—外部人模型（Insider－Outsider Model），认为内部人在工资决定上有着重要的讨价还价能力，因此对企业来说，替换已经就业的内部人和雇佣外部人就业要花费昂贵的替代成本。McDonald and Solow（1981）提出了分析内部人的就业行为和工资决定的模型。Williamson（1985）运用 交易费用这一概念研究了内外部劳动力市场，认为内部人掌握的企业专用性人力资本的高低和与之相联系的工作任务的可分离性决定了劳动力市场有效的工作组织和治理结构；Glimshaw and Rubery（1998）在其基础上，进一步又将契约因素纳入其中对内外部劳动力市场结构进行了研究。

劳动力市场分割理论的一个根本观点就是劳动力市场之所以是分割的，就是因为在其子市场之间存在着流动障碍阻碍了劳动力自由流动，劳动力在不同市场间流动困难。从劳动力市场分割理论发展伊始，经济学家就不断对这个问题进行研究。Levinson（1967）发现制度和工会阻止了不同劳动力市场之间的流动。Doringer and Piore（1971）认为，一级劳动力市场雇佣抉择的规划性和程序性障碍阻止了劳动力从二级劳动力市场向一级劳动力市场流动。Freedman（1976）指出地区因素是影响劳动力流动的重要因素，劳动力跨地区流动受到诸多制约。McDonald（1981）提出了劳动力市场内部人集体抵制外部人进入企业的行为和决策机制，同时指出人力资本限制了劳动力在不同职业之间流动。Piore and Berger（1982）发现工作技能方面的差异也会阻止劳动力流动，特别是从二级市场向一级市场流动。但初期这些研究往往都是在一个固定的经济环境中就某个单一的劳动力群体进行研究所得出的结论，并没有将劳动力流动与大的经济形势和变动联系起来（Correll，Benard，& Paik，2007；Fibbi & Kay，2003；Petersen & Saporta，2004）。

劳动力市场分割的一个重要原因和重要表现就是劳动力子市场中工资决定机制不同。Doringer and Piore（1971）认为，不同的市场有着不同的报酬和激励机制，因此个人素质相似的工人获得不同的收入，一级市场的规则和程序代替了劳动力市场供给和需求的力量，市场力量基本不发挥作用，二级劳动力市场按照劳动的边际贡献与边际成本的比较及时增减劳动雇佣，并按照劳动的边际贡献或市场工资支付报酬。McDonald and Solow（1981），Linderbeek and Snower（1986），Fernandez，Castilla & Moore（2005），Fibbi（2003），Petersen，Saporta & Seidel（2000）指出内部劳动力市场具有高度的组织性，通常有自己独特的工资决定机制，劳动力资源的配置并不完全受竞争机制的支配，而在外部劳动力市场，劳动力资源的配置通过竞争机制实现，工资和就业都由市场力量决定。Shapioro and Stiglitz（1984）提出效率工资劳动力市场怠工模型，成为效率工资理论模型的代表，用效率工资理论的成本和收益来解释劳动力市场分割的工资定价机制（Coles & Smith，1996；Fernandez，Castilla & Moore，2005；Fibbi et al.，2003）。

进入21世纪，二元结构理论仍有新的发展，主要表现在用来解释失业和失业时的劳动力流动。Hallstrom（2004）认为，二元劳动力市场是"内生"的并且与劳动力市场的大规模失业密切相关。Srinivas（2005）认为由于一级劳动力市场实行高于市场平均水平的效率工资，当经济处于稳定状态时会存在持久的自愿失业。当经济面临总需求冲击时，失业率会上升，二级劳动力市场随即产生。衰退引起的大规模失业使得工资较低、工作条件较差的二级劳动力市场的出现成为可能。在这里，劳动力市场的分割不是制度等因素引起的外生给定现象，而是完全由经济因素决定的。尽管二级劳动力市场的工资低，但是它一般总是高于失业者的收入，因此就可以解释一级劳动力市场劳动力、二级劳动力市场劳动力和失业者收入的差异。现实中，经济衰退期所创造的职位大量是来自二级劳动力市场的事实也证明了这种二元劳动力市场的内生理论（Anastas，2006；Jackson，2001；Jackson，Goldthorpe & Mills，2005）。另外，McNabb and Ryan（2001）认为因为在二级市场就业被视为低生产率的信号，所以高技能劳动者一旦在一级劳动力市场失业，他宁愿保持失业状态，等待在一级市场重新就业，也不愿意到二级市场就业。这一机制解释了高技能劳动者的自愿失业和公开失业与岗位空缺并存的现象。

（二）国内关于劳动力市场分割的研究

劳动力市场分割现象也引起了我国学者的注意，但对劳动力市场分割的正式研究自20世纪90年代初才开始出现，国内学者对我国劳动力市场分割的研究主要集中在城乡劳动力市场分割、制度性分割、体制性分割、产业分割等方面，探讨的重点多是集中在分割类别及对劳动力流动及就业的影响等，其最大的特点是对我国的劳动力市场不同时期的分割状况进行了较为客观的描述。探讨的重点多是集中在分割类别及对劳动力流动和就业的影响，尤其是对形成我国劳动力市场分割的各种制度性因素进行了比较系统深入的研究。在研究方法上也逐渐与国外学者保持一致，即规范与实证相结合、定性与定量相结合。目前国内劳动力市场分割开始关注对农民工流动决策问题的研究，涉及一些问题如：农民工为什么流动，受哪些因素影响，流动状况怎样，流动对农民工群体和农民工自身产生怎样的影响，等等。

最初并且持续时间很长的是关于城乡二元劳动力市场的研究（辜胜祖，1991；罗卫东，1998；朱镜德，1999）。有学者进一步将“二元”就业体制用于分析劳动力在国有企业和非国有企业间的配置（戴圆晨，黎汉明，1991；李实，1997）。赖德胜（1996）认为我国城乡劳动力市场分割属于制度性分割。蔡昉（1998）从城乡劳动力市场的二元化出发，提出了城市劳动力市场的二元化。他将城市劳动力市场定义为由典型国有企业和新生部门这两种市场组成，前者代表传统的劳动力市场，后者是“因应市场化经济改革的逻辑进程而产生的”。蔡昉、王美艳、王德文（2001）等人进一步将上述分析综合，形成了双二元劳动力市场的观点。朱镜德（2001）进一步将我国现阶段的劳动力市场划分为城市不完全竞争劳动力市场、城市完全竞争劳动力市场与农村完全竞争劳动力市场等。朱农（2001）将中国的劳动力市场分为与四元（农业、农村非农产业、城市正规行业和城市非正规行业）经济部门相对应的四元劳动力市场。李建民（2002）也指出，在户籍制度松动的今天，城市中仍然存在歧视农村劳动力的政策壁垒，城乡劳动力市场还存在一定程度的分割，认为我国劳动力市场存在多重分隔，包括城乡分隔、地区分隔、部门分隔及正式劳动力市场与从属劳动力市场的分隔，其中地区分割包括城镇地区分割和农村地区分割。徐林清（2002）认为我国劳动力市场分割为农村就业部门、城市非正规就业部门和城市正规就业部门。张展新（2004）认为劳动力市场城乡分割、部门分割弱化的同时，城市劳动力市场出现了产业分割。聂盛（2004）认为由于国家人口流动管理的放松促进了跨地区性劳动力市场形成。

程贯平、马斌（2003）综合上述研究后，描述了我国劳动力市场分割的总体特点，并按照分割状态和性质的不同，将1978年后至今的劳动力市场划分为四个典型的分割阶段。同时，也有一些学者探讨了一些相关问题。刘精明（2006）结合具体的社会改革进程，从新结构主义视角探讨了劳动力市场的部门分割及其结构特征的变化，并以此解释了不同部门中人力资本收益模式发生变化的原因。张力、袁伦渠（2007）运用劳动力市场分割理论分析了我国公务员工资收入决定机制的成因。晋利珍（2008，2009）结合中国经济体制改革的历程，对改革开放30年来中国劳动力市场分割的形式及成因进行了历史的动态的考察，提出了劳动力市场双重二元分割的概念。

中国劳动力市场不同的分割形式有多种形成原因，国内主流观点认为主要是制度原因和体制原因，而且基本认为，体制是导致城市劳动力市场分割的主要因素，城市劳动力市场分割是城乡劳动力市场分割的逻辑产物。例如，赖德胜（1996）认为，改革后制度环境的根本性变化导致传统的城乡劳动力市场分割演变成了体制内劳动力市场与体制外劳动力市场。这是转型阶段劳动力市场分割的一个基本特征。蔡昉等（2004）认为导致劳动力市场分割的因素主要有：户籍制度以及由户籍制度引发的养老、医疗、住房、子女教育等一系列社会保障制度的城乡分割，有限的城市就业总量，劳动力市场不完善的法制建设和对非国有部门劳工保障监督的缺失。作为我国社会主要分化力的城乡差别，在户籍制度的作用下，成为不同尺度下我国劳动力场分割的动力（程贯平、马斌，2003；李湘萍、郝克明，2006）。以户籍制度为核心的歧视性制度，以城市居民的源于文化的歧视和源于经济的竞争所产生的非正式制度歧视，以及农民自身劳动技能低下所导致的对现代生产不适应的阻碍，是形成城乡劳动力市场分割的主要原因，劳动力异质性，是形成城乡劳动力市场分割的非制度原因（韩秀华，2008）。

中国的劳动力市场，既具有发展中国家剩余劳动型经济的一般特征，也具有许多中国特色的因素，突出表现在中国的劳动力市场发育还很不成熟，正处于新旧两种体制转轨的过程中，劳动力市场分割的成因和表现形式非常复杂，不仅存在由于产业结构、技术进步、企业组织形态等带来的市场性分割，更为本质的是一种体制性和制度性分割，城乡差异非常明显，农民工劳动力市场分割现象矛盾突出，没有现成的分析工具进行研究，因此很多国内学者在对中国劳动力市场分割的形式及影响进行研究时，运用经济学的相关理论进行分析。

曹绪红（2011）从供求关系角度进行分析：农民工之所以流动，传统定义认为存在劳动力市场分割的价格差异，传统分析中一般不再加以明确区分，但为了明确了解农民工的流动机理，还是明确区分的必要并按农民工流动的起因和维持基础划分为两类：市场供给方——农民工自主的定价行为造成的流动、市场需求方——政府政策的变动造成的流动。不论哪一种，农民工流动必须具备以下条件：一级和二级劳动力市场是分割的，且较为明显；二级劳动力市场为封闭市场结构；一级劳动力市场需求弹性大于二级劳动力市场需求弹性。

## 三、市场社会学：解释新生代农民工就业问题的新视角

市场社会学主要是关于市场秩序得以形成的社会动力、社会条件与社会机制的研究。在质疑和批判“自由市场”理论的过程中，市场社会学逐渐成为当代经济社会学最为活跃的研究领域（Parish & Ethan Michelson，1996）。随着新经济社会学的复兴和经济生活的变迁，当代市场社会学的

研究取得了长足进展，并在研究领域、分析范式、理论视角和分析路径等方面呈现出鲜明特征（Prensky，2001）。与经济学将市场简化为抽象和同质性的价格机制相反，市场社会学研究往往将市场还原为具体和异质性的资源分配的社会性制度。在市场社会的背景下，市场社会学对市场秩序的研究，实质就是对社会秩序的研究。

哈里森·怀特（H. White）关于市场从哪里来的探索，引发了当代市场社会学研究的热潮，但是他所研究的“市场”是与工业经济相一致的产品生产市场，即“产品市场”。当西方国家的经济学基础由产品生产经济转变为服务经济（第三产业）时，社会学者则将研究视野转向了第三产业中的“交易市场”，如劳动力市场、金融市场、医疗保险市场、拍卖市场等（Garnaut，Ross&LigangSong，2001）。在共同的理论前提和研究主题之下，市场社会学研究领域的分化，既表明了面向经济生活的社会学研究的深化，也反映了当代社会生活日益明显的经济化趋势。

受怀特对厂商之间互动关系研究的影响，格兰诺维特（M. Granovetter）、伯特（R. Burt）和贝克尔（W. Baker）等学者分别从市场内部行动者之间的关系网络角度，研究行动者在这种关系网络结构中的位置、地位以及由此对行动者产生的影响，以此反对经济学关于市场的还原论或简化论的解释（Hoskisson & Turk，1990）。市场的社会网络分析范式，被新经济社会学学者广泛用于市场行为的研究，但是这种分析范式由于忽视了关系网络之外的其他社会性因素而成为众矢之的。

受社会科学中新制度主义理论影响，以弗雷格斯坦（Fligstein，1985）为代表的市场制度分析范式，主要研究市场产权、治理结构、交易规则以及控制理念等制度形式对于复杂的市场交易的影响。泽利泽（Zelizer，2001）则把文化整合到市场研究之中，强调意义、道德、价值等文化因素对于市场的塑造作用，由此形成了市场的文化研究范式。除此之外，还存在一些其他的研究范式，如以欧普和温伯格（R. Opp and V. Vanberg）为代表的博弈论研究范式、以汉密尔顿（G. Hamilton）为代表的历史比较研究范式、以布迪厄（P. Bourdieu）为代表的场域分析等。

在这些研究范式之中，市场的社会网络分析、制度分析和文化分析成为当代市场社会学三种主导性的研究范式。之后，弗雷格斯坦通过综合市场的制度分析、文化分析和场域分析，提出了一种“政治—文化”的市场研究范式（Fligstein，1985）。

总体来看，市场社会学的主要议题包括几个方面：

一是关于市场稳定的内在机制研究。在某一市场中，生产商、消费者、供应商和政府之间存在着实际的联系，运用网络术语所进行的大多数经验研究都明确地采取了这样的立场：这些关系所包含的实质内容是理解某一特定市场所发生的一切的关键。网络通常是对其他社会学变量，诸如资源依赖性（Bum，1983），权力、常常表现为所有权（Mizruchi，Stearns & Brewster. 1988），信息（Davis and Stout，1992），信任（Uzzi，1996）或者地位（Podony，1993）的替代。将网络作为自变量来使用的学者们认为自己都是在同一种传统内进行工作。他们并没有尝试提出一个能够把他们的观点统一起来的理论焦点。每个社会都有一套组织经济活动的一般规则，包括正式的和非正式的。这些规则为经济交易提供了社会条件，也促进了新的市场的产生。市场需要明确界定的产权、治理结构和交易规则（FHgsteiru 1996；Campell and Lindberg，1990；North，1990）。

二是国家与企业之间的关系问题。完全竞争市场模型假定市场是一个集市，是个体性的购买者和销售者相会并进行交易的地方。当然，现实情况要复杂得多。现代生产市场至少需要有对实体工厂的投资；需要建立起组织；需要法律、社会和物质等方面的基础设施（即各种形式的交通、金融和通讯工具）；需要有复杂的供应链；需要有劳动力市场并对熟练员工进行培训；需要对公平和不公平的竞争进行管制；需要有保证合约实施的手段。在新保守主义理论家们所进行的思想实验中，是私人机构提供了所有上述这些服务。然而，从历史上看，政府一直都参与到了为市场的构建提供各种服务和支持结构的过程之中。

政府出台了大量旨在治理市场的规则或制度，这些政策限定国家的管理模式（Dobbin，1994）、对市场危机进行干预的方式以及企业的组织形式，由此，规则设立了路径依赖和法律约束力（Pierson，1994）。规则还赋予政府官员独立于经济精英的权力，特别是在经济精英们与政府规制意见相左的时候尤其如此。政府通过直接干预市场、拥有企业、运用法庭和管理机构等方式，来支持这些规则。

三是关于市场主体的行为研究。经济理论的出发点为个人是利润最大化者，新古典理论还认为行动者拥有完全信息，并运用这两个观点来推断为什么完全竞争市场导致了最有效率的社会资源分配。经济学和管理经济学（即团队与不完全合约理论，代理理论和交易成本分析）放宽了行动者具有完全信息的假定，取得了很大的理论进展（Jensen and Meckling，1976；Kreps and Wilson，1982；Milgrom and Roberts，1982）。市场中的社会结构被视为行动者用以在信息不完备的情况下保护自身的手段，因为信息的不完备将会影响行动者将利润最大化的能力。经济学以外的模型要想具有同样的解释力，就必须有某种行动模型。社会学家认为，如果社会行动者是利润最大化者，那么根据定义，他们的社会关系就会有助于提高效率（Uzzi，1996）。一些社会学家不同意市场中的社会结构产生了有效率的结果这样的观点。如果这些社会学家是正确的话，那么一个隐含的行动模型就可以从该领域中被发展出来。

四是关于市场内部机制和关系的研究。市场社会学已经开展的经验研究，大多数都在试图给出关于实际的市场运作过程的范例（Baker，Faulkner and Fisher，1998；Uzzi. 1997，1999；Thornton and Ocasio，1999；Haveman and Rao，1997）。迄今为止，在从特殊的市场中抽象出一种有关这些动态过程的更为一般的观点方面，几乎没有任何进展。对市场内部的社会关系进行系统的阐述的尝试也几乎还是一片空白（一个初步的尝试见 Ciranovetter，1994）。一个市场要依赖另一个市场以取得资源（Pfef－fer and Salancik，1978；DiMaggio and Powell，1983），然而对诸如新的市场来自哪里，现有的市场如何影响其他市场的产生、稳定和转变这样的问题，却甚少关注和思考。

五是关于劳动力市场的研究。一些研究认为，内部结构在组织一经建立时就已经制度化了。这一观点意味着，同一个产业中的企业会趋向于采用一些相同的做法，因为那些生存下来的企业，是由整个产业生存所依赖的环境特征选择出来的。与之相对的观点也承认，企业生存的局部环境影响着企业的实践。但是，这种观点认为组织结构存在着适应调整的可能性，组织不断做出内部结构调整以适应其特定环境条件（Donaldson，1995）。组织理论中的许多研究利用管理学的视角，来创立有关劳动力市场的企业结构化理论（Williamson，1975；Hannan and Freeman，1984）。但是，劳动力市场受着其他因素，如工会、行会和政府规则的影响。一些研究将企业的内部劳动力市场描述为“停战协定”（Nelson and Winter，1982）或者“政治联合”（March，1962，Fligstein and Fernandez，1988）。这方面的部分工作将努力使这些划分在理论上更加清晰。

国内涉及市场社会学领域的代表性学者主要有沈原等人。沈原（2007）在《社会转型与工人阶级的再形成》一文中提出，“社会学的马克思主义”是一条更为切近中国现实的研究路线。这是因为，当人们异口同声地说，中国正在变成一个“世界工厂”的时候，其社会学意义正在于：中国正在重新形成一个世界上最为庞大的工人阶级。对于转型期重建的这个阶级，转型社会学应当加以深入的研究。因此，按照社会学的传统提法，我们应当“把工人阶级带回分析的中心”。他们的研究当中引入“工厂政体”的概念，按照不同的行业来研究农民工的劳动过程之际，就会发现一个十分有趣的现象：作为“世界工厂”的当代中国实际上变成了一个“工厂政体”的博物馆。从最原始的“工厂专制主义”（factory despotism）到垄断资本主义特有的“霸权体制”（hegemony system），布洛维在其《生产的政治》一书中勾勒出的人类历史上存在过的各种各样的工厂政体，都在同一个时间点上并列杂陈，展示出它们各自的特性（Burawoy，1985）。农民工从乡村地带的家乡中流动出来，分流到各个不同的工厂政体并受到锤炼以后，他们也就依照这些工厂政体本身的特点而被锻造成不同的工人阶级片段。这就是说，即使是从农民工变为工人阶级，也不可能是一个整体划一的过程。这个过程更加表现出阶级形成过程的具体性和复杂性。

## 四、国内外研究现状总结与启示

农民工问题涉及人口迁移、劳动力转移、社会转型等各方面的影响，是人口学、社会学、政治学、经济学等共同关注的问题。综合现有的研究资料，可以发现关于农民工问题的研究具有以下特点：

首先，就国外研究现状来看，由于国外不存在农民市民化的户籍、社会保障等制度屏障，所以，国外研究者关注农业劳动力向非农产业转移的问题。国外“推拉”理论、“二元经济结构模型”中的劳动力转移理论、“收入预期理论”、“农村劳动力非永久性迁移理论”等等都从资本主义工业化、城市化的现实，观察和研究农村劳动力转移问题，而且其理论大都建立在一定假设条件基础上。例如，刘易斯的二元经济结构理论包含了这样一个假定：城市中不存在失业，基于城乡收入差距，任何一个愿意迁移到城市的劳动者都可以在城市现代工业部门找到工作，这种理论描述与实际不相符。20 世纪六七十年代，发展中国家的城市失业问题严重，但人口从农村流入城市的速度反而呈现有增无减的趋势，这一事实使得刘易斯模型丧失了它的解释力与有效性。刘易斯的理论研究针对当时城市中的劳动密集型生产，但像中国这样的发展中国家，随着城市资本、技术密集型生产的发展，工业部门对农村劳动力的吸纳作用在逐步下降，单纯依靠城市工业部门吸纳农村劳动力对发展中国家而言不现实。刘易斯的理论与发达工业化国家城市化现实相符，但该理论不具有普遍性，也不一定适用于发展中国家农业劳动力转移的现实。尽管如此，我们却不能否定发展中国家农业人口向非农产业、城市转移的普遍性趋势。此外，收入预期理论、农村劳动力非永久性迁移理论等等，也都不具有普遍性。

其次，就国内研究现状来看，一是，国内研究者注重实地调研和运用统计软件进行分析说明。越来越多的学者使用实地考察和调查问卷的方式考察农民工问题，并根据调查得到的数据，运用统计软件进行分析，对农民工问题进行解释说明。二是，重视农民工问题的国际比较研究。我国农民工问题没有历史经验可以借鉴，在经济体制急速转变的同时，社会体制也面临着巨大的冲击。所以，很多学者将考察重点放在了发达国家农民市民化过程上，同时对部分城市化具有典型特征的发展中国家也进行了研究。这种比较研究有助于我国缩短和减轻发展过程中的痛苦。三是，学术界基本认同户籍制度是农民工问题的主要障碍，而事实上除户籍制度外，教育、社会保障、就业等具体制度也制约着农民工群体，而且国家宏观上的经济发展战略同样影响着农民工群体的发展。

再次，农民工问题作为一项巨大的社会工程，涉及方方面面的影响，现有的研究还有待于进一步深入发展。主要表现在以下几个方面：关于农民工问题的调查研究越来越多，且这些研究大多只是进行了简单的汇总分析，诸如通过调查问卷可以反映诸如年龄、性别、结婚与否、社会网络等等对农民工的影响，且这些研究大多只是做了简单的定性分析，缺少定量分析，并且没有反映这些因素在影响程度上的差异。关于国际比较分析，大多是介绍相关国家城市化的发展历程，缺少对这些国家在劳动力转移过程中社会政策的研究以及社会转型过程中出现的社会问题的研究，同时，关于这些国家劳动力转移的阻碍因素研究的也比较少。我们在借鉴发达国家农村劳动力转移经验的同时，应该既关注其积极的一面，又要考虑其带给社会的负面影响。

总的来说，目前有关中国农民工问题的学术研究已取得丰硕的成果，但从学术研究本身和适应实践的需要方面看，有关新生代农民工问题的学术研究还需进一步加强。一是个案研究多，且方法不同，所得结论缺少可比性；二是多从单一的某一学科或某一视角入手加以研究论证，缺少从多学科、多视角进行综合研究，所以许多研究者的结论往往缺少全面性；对新生代农民工的目前状况描述和解释多，而对其未来的发展趋势研究不多；提出解决问题的建议多，但较为抽象，缺少可操作性等。

## 第三节　研究设计

### 一、研究方法简介

本书以马克思主义、中国化马克思主义为指导，以社会学、人口学、经济学、政治学等学科的有关理论为研究基础，以中国政治经济体制改革、全面建设小康社会和构建社会主义和谐社会为分析背景，通过搜集、分析大量的资料和文献，并在一定调查研究的基础上，探讨欠发达地区新生代农民工的就业问题。本书坚持理论与实际相结合：以经典的发展经济学人口理论和劳动力流动理论为纲，以市场社会学为基本理论依据，结合中国当前实际情况进行分析与拓展；对于经典理论不能解释中国劳动力流动现状的部分，试图通过分析中国的特殊国情，对经典理论进行修正。本书坚持定性与定量相结合：在理论分析框架中，力求阐述简洁有力、推导合乎逻辑、分析深入透彻；同时，尽可能辅以一手资料、有关机构与学者的数据与结论，使得理论分析更加翔实丰富、结论更加真实可信、政策建议更加现实可行。

## 二、主要研究工具

### （一）历史制度分析方法

历史制度分析，也称为历史比较制度分析（HQA），它是社会科学领域新兴的一种研究方法和工具，其分析方法肇端于经济学领域，目前，影响波及整个社会科学界。历史分析主要试图探索历史在制度起源、发展变迁中所起的作用；比较分析则可以运用这一方法将不同时间、空间中的制度纳入同一视野进行解释性比较研究；制度分析则是以制度为变量来解释制度的生成与变迁。这种方法可以从新的视角分析制度的多样性及演化轨迹等（Guthrie，1997）。

历史制度分析是一种归纳性的学说，它运用微观层面的历史研究与战略模型去考察自我实施的制度。历史制度分析方法有三项主要特征：（1）清晰地展示制度的选择过程；不管是自发的还是有意识的，对自我实施制度的选择受到历史的逻辑关系影响。（2）揭示引起制度变迁的各种原因，如历史、经济、政治、文化、社会的逻辑关系、制度选择和路径，依赖、经济环境都对制度选择存在影响。（3）揭示一个社会内部经济、文化、社会特征之间关系的复杂性（Johnson & Marini，1998）。

简而言之，历史制度分析就是一个从历史叙述开始，再不断地返回历史叙述的过程，从这一过程中，我们不仅可以看到博弈过程的演化，而且可以看到每一次均衡所需要的条件以及面临的约束，从而更加深刻地理解制度的路径依赖过程。历史制度分析认为“历史是重要的”，原因有两点：

其一，历史是理论的基本来源之一。历史不单单具有“背景”的功能，它是人类认识世界的基本方法。科林伍德曾断言，“一个人除非理解历史，否则他就不能理解自然科学。除非他懂得历史是什么，否则就不能回答自然是什么这个问题”（Johnson & Marini，1998）。如果一个人不掌握历史事实，不具备适当的历史感或所谓历史经验，他就不可能指望理解任何时代（包括当前）的经济现象（Guthrie，1997）。历史提供了最好的方法让我们了解经济与非经济的事实是怎样联系在一起的，以及各种社会科学应该怎样联系在一起。

其二，历史的记忆决定我们的演进。因为制度可能是无效率的，而且无效率的制度可能会持续存在，因此，从一开始就把事情搞好或者尽可能搞好，是很重要的，这就是历史的重要性。正如布罗代尔所言："今日世界的百分之九十是由过去造成的。"（布罗代尔，1993：213）诺斯所说的"制度变迁存在着路径依赖"也很好地说明了这一点（North，1981）。历史无法割裂，过去影响着将来，历史构成了我们现有的知识和记忆。历史的记忆决定着我们的演化。所有的人类思想和行为都不能避免因时间而变化的历史性，它是一个以过去的经验为基础的面向未来的方案。在经济学领域，德国历史学派为制度分析方法的确立提供了最初的思想及方法论渊源。

无论是德国历史学派的创始人李斯特，还是罗雪尔和其集大成者斯穆勒，均异常突出历史分析方法在研究经济制度上的特殊重要的地位。罗雪尔认为："对过去各文化阶段的研究，完全具有同观察现代经济关系一样的重要性。"

历史制度分析，不仅为理解特定制度的生成与长期演变提供了一种工具，而且也为研究制度的影响以及文化、经济与政治的互动提供了一种方法。历史制度分析不仅仅是新制度经济学的最新理论进展，也是政治学中"新制度主义"的前沿领域。从理论本身来看，政治学中的"新制度主义"更多地关注制度对政策及其他政治选择的影响，而没有为制度的形成与变化提供充分的解释（North & Robert Paul Thomas，1973）；而新制度经济学关注的则是制度对经济绩效的影响，并且为制度的起源与变迁提供了充分的理论解释（North，1981）。历史制度分析从某种意义上说，实现了二者的综合。它为政治学的研究提供了一种全新的视角和思路，使作为政治学主要研究对象的制度问题重新回到了主流政治学家的视野。同时，也为经济学和政治学中多样、混淆的"新制度主义"流派之间的整合与发展提供了契机和动力。

本书遵循历史制度分析方法的研究范式，通过对农民工管理政策的梳理、企业雇主的发展历程和农民工流动历史来描述劳动力市场结构中政府、企业和农民工的行为。农民工管理政策体现了政府作为主导性因素在农民工劳动力市场形成过程中的独特作用，这是中国内地劳动力市场与国外劳动力市场的最大差异。由于经济体制转轨，而企业主在改革开放前后、金融危机前后也都有不同的阶段，每个阶段对劳动力市场的控制理念各模式均有差异。农民工作为劳动力市场的终端，更是经历了复杂的流动历史。本书在整理和分析大量历史文献资料的基础上，对上述三方面的内容展开深入分析，尽量客观、准确地描述劳动力市场的主体行为。

（二）“政治—文化”方法论工具

“政治—文化”方法首先是建立在对网络范式的批评基础之上的。而弗雷格斯坦所倚重的政治和文化维度，在网络范式那里恰恰都缺乏关注。在弗雷格斯坦看来，网络范式忽视了社会关系在行动者的角色结构中所具有的更加广泛的政治意义，也没有将市场发展过程中的先决性因素和条件考虑进去，还不能解释政府为何在当今形形色色的各类市场中仍然非常重要的问题（Fligstein，1996）。正是在这些方面，强调政治的维度能为深入分析甚至重新解释诸多市场问题提供洞见。而将文化视为形塑市场的重要力量，自韦伯以降就是经济社会学的一个强势传统，但这在网络学者那里同样缺乏关注。所以经由他的新范式，市场被网络方法所遮蔽掉的特征和机制，有望能浮出水面，重新被人们认识并重视起来。

其次，弗雷格斯坦的研究延续了社会学对经济学的批判：市场并非如新古典经济学所想象的那样在政治和文化缺席的真空中运转，也非演化经济学所描绘的那样自动产生和形成。但他超越了对经济学毫无建设性的心理敌视和表面批评，通过政治—文化方法构造了自己的社会学理论分析范式以与之抗衡。

弗雷格斯坦指出，一门真正的市场社会学需要重点关注一些业已证明是非常重要的因素：组织内和组织间的政治关系，以及界定行动者之间社会关系的文化构架（弗雷格斯坦，2008：140）。这正是政治—文化方法的题中之义。他声称“这种方法重点关注组织内部和组织之间的权力斗争”（弗雷格斯坦，2008：124），由于这些斗争的目标最终是要创造一套共享的、能保证稳定互动得以进行的意义系统即本土文化，因而文化必然要受到同等重视。何谓政治—文化方法？他在书中简明地写道：“这一方法认为社会行动发生在各种活动之中，这些场所可以叫做场域、领域、部门或组织化的社会空间。场域内有集体行动者。集体行动者试图在场域中生产出一种支配系统，而要达到这一目的，需要生产出一种地方性文化来对行动者之间的地方性社会关系来加以界定。”（弗雷格斯坦，2008：13）

可见，整合政治与文化维度并提出新的范式，弗雷格斯坦汲取了布迪厄场域理论的思想。他以“场域理论与市场形成问题”为题讨论了场域理论对市场研究的洞察力和有效性。作为一个极具隐喻意义和修辞色彩的理论，场域在方法论上对弗雷格斯坦的启示在于，它提供了一种从权力体系和关系主义视角考察和分析市场问题的思维模式。场域中行动者之间的关系就是不同位置和利益的关系。当弗雷格斯坦将市场视作一种场域时——“市场是一个这样的地位等级系统，即存在的主导销售商在其中得以持续进行自身再生产的场所”（弗雷格斯坦，2008：29），市场参与者的角色位置和结构关系就突显出了其重要性。在弗雷格斯坦眼里，因为不确定因素的存在，市场只有当政治与文化情景能为投资提供足够的稳定性时才会运转起来。

## 三、场域分析框架

场域是由社会成员按照特定的逻辑要求共同建设的，是社会个体参与社会活动的主要场所，是集中的符号竞争和个人策略的场所，这种竞争和策略的目的是生产有价值的符号商品，而符号商品的价值依赖于有关的消费者社会对它的归类，符号竞争的胜利意味着一种符号商品被判定为比其竞争对象拥有更多的价值。对于场域（field）这一概念，布迪厄这样说过：“我将一个场域定义为位置间客观关系的一个网络或一个形构，这些位置是经过客观限定的。”（Bourdieu and Wacquant，1992）布迪厄的场域概念，不能理解为被一定边界物包围的领地，也不等同于一般的领域，而是在其中有内含力量的、有生气的、有潜力的存在。布迪厄研究了许多场域，如美学场域、法律场域、宗教场域、政治场域、文化场域、教育场域，每个场域都以一个市场为纽带，将场域中象征性商品的生产者和消费者联结起来，例如，艺术这个场域包括画家、艺术品购买商、批评家、博物馆的管理者等等。

场域是由社会成员按照特定的逻辑要求共同建设的，是社会个体参与社会活动的主要场所，是集中的符号竞争和个人策略的场所，这种竞争和策略的目的是生产有价值的符号商品，而符号商品的价值依赖于有关的消费者社会对它的归类，符号竞争的胜利意味着一种符号商品被判定为比其竞争对象拥有更多的价值，并可将之强加于社会，布迪厄称之为“符号暴力”。他认为：“策略是实践意义上的产物，是对游戏的感觉，是对特别的、由历史性决定了的游戏的感觉，……这就预先假定了一种有关创造性的永久的能力，它对于人们适应纷纭繁复、变化多端而又永不雷同的各种处境来说，是不可或缺的。”（Bourdieu and Wacquant，1992）所以，场域可被视为不定项选择的空间，它为其中的社会成员标出了待选项目，但没有给定最终选项，个人可进行竞争策略的多种搭配选择，不同的人会出现不同的结果，在这些结果中，一方面可以体现出选择者的意志，即个体的创造性，另一方面可体现出选题的框架要求和限制。

场域理论是关于现代社会组织的一般理论。我们能够对该理论进行重新应用，这本身就是一种历史自觉的行为。社会行动者都试图争夺其所在社会场域的控制权（Cole，1989）；社会分析家从这些共同经验中进行抽象，从而开始了对那些潜藏在跨越国家、市场和私人非盈利部门的场域建构之下的普遍的社会过程的理解（Davis，K. A. Diekmann & C. Tinsley，1994）。

场域理论假设行动者在努力创造一个稳定的“局部”世界；在这样的世界里，占支配地位的行动者制定了有利于再生产出他们优势地位的意义系统。这些行动者设立地位等级来界定在位者与挑战者各自的地位，行动者在建构这些场域的时候，会面临两个相互联系的问题：如何创造出一个稳定的权力系统；如何维持该系统的持续存在。场域中的社会组织广义上包含三个特征：将行动者的想法统一起来并被行动者用来解释其处境的一套原则（可被称作认知框架或世界观）；体现为常规和惯例的行动者在日常社会关系中的所作所为；以及那些构成可以或者还未能被行动者明确感知的场域的社会关系（Bourdieu，1977）。

如果要将场域理论用于解释市场社会的话，就有必要区分市场是哪种类型的场域，以及为了让“市场场域”能够稳定地存在，哪些社会组织是必需的。经济交易的类型包括偶然性的非结构化交易和频繁的结构化交易。市场是为生产并出售商品和服务而存在的社会场域，结构化的交易是市场的主要特点。结构化交易意味着，行动者预料到他们的产品交易会重复进行，因此他们需要规则和社会结构来引导和组织交易。虽然客户和供应商的身份会随着时间的推移而发生改变，但是制造商知道他们还将继续寻找新的客户，也离不开新的供应商。

进行非结构化或偶然交易的行动者很少对这种交易进行投资，交易双方可能不会再有互动了。不论是作为买方或者卖方，即使卖方有可能从交易中受益，但是卖方组织的存在与否却并不依赖于这些偶然性交易。只有当交易中的行动者开始将他们自身的稳定性（即再生产）作为保持贸易稳定的条件时，他们才开始借助于社会组织工具。贯穿人类历史的交易通常是未经结构化的，但是具有我这里所指含义的市场早在现代资本主义之前就已经存在。市场（包括几乎所有现代生产市场）主要是由寻求买方的卖方构建出来的。当交易的产品在购买者看来具有合法性时，并且当产品和服务的供应商有能力建立起一种地位等级结构，从而使得最大的供应商控制着市场并且能够持续地把自己再生产出来的时候，我们就可以说，这样的一个市场就是一个稳定的市场（即一个场域）。

市场社会学的大多数见地被表达为对新古典经济学的市场运行观的回应。怀特（White，1981）指出，只有当行动者在其行动中考虑到彼此的时候，稳定的生产市场才成为可能。这和新古典经济学的基本假设是截然相反的，该假设强调行动者的匿名性。格兰诺维特（Granovetter，1985）扩展了怀特的这个观点，认为所有的经济互动都集中在社会关系之中，即他所说的“市场的嵌入性”。不同学者都已经证明，市场嵌入性产生出了经济模型无法预测的结果（Burt，1983；Zelizar，1983；Baker，1984；Fligstein，1990；Baker，Faulkner & Fisher，1998）。

对于市场的社会嵌入性问题，经验研究还没有澄清其确切的理论本质。格兰诺维特（Granovetter，1985）认为，网络关联性是最重要的概念。伯特（Burt，1983）提出网络代释了资源依赖性（resource dependence），波多尔尼（Podolny，1993）将网络视为地位等级产生的原因与结果。尤兹（Uzzi，1996，1997，1999）、古拉地和加吉罗（GulatiandGargiulo，1999）

关注存在于重复市场交易中的信任关系。弗雷格斯坦（Fligstein，1990）以及他和布兰特利（Fligstein and Brantley，1992）认为，企业内部和企业之间的社会关系，以及企业和国家之间更为正式的关系，对于理解稳定的市场如何产生至关重要。坎贝尔、林德伯格和林德伯格（Campell、Hollingsworth and Lindberg，1999）采用相同的方法，关注产业中他们称之为“治理结构”的产生。组织分析文献中的制度理论认为，企业家在强大的有组织的利益集团——国家内部和国家外部的帮助下，在组织场域中创造了一系列新的社会安排（DiMaggb，1988；DiMaggio and Powell，1991）。上述观点得到了比较产业组织研究的支持（Hamilton and Biggart，1988；Chandler，1990）；这些研究阐明了在不同社会中，国家与企业的互动如何产生了独特的生产文化？工业国家并没有趋同于唯一一种形式（Fiigstein and Freeland，1995）。相反，社会关系的多样性塑造了社会内部以及社会之间的市场。这些结论挑战了新古典经济学家的观点，他们认为市场会选择出那些有效率的形式并随着时间的推移而趋同。

为了将场域理论应用于市场，就必须关注市场中生产商品和服务的那些组织的行为。市场场域理论的基本思想是，某一特定市场中的价格机制（即供求平衡）往往会置市场中所有的企业于不稳定的状态之中。这是因为，价格机制促使所有企业以低于其他企业的价格出售物品和服务，这就对企业财务的稳定性造成了威胁。

支配企业的目标是为自己提供一套关于如何应对这种潜在不稳定性的认识。企业为彼此之间的行为制定框架，其目的在于说服在位企业不要彼此发动直接的挑战，并确保进入企业不进行直接的价格竞争。因此，市场的社会结构从根本上说是权力系统：凭借这一权力系统，在位（支配）企业采取策略和方法实现自身稳定，并再生产出它们相对于挑战（受控）企业的地位。

从这个视角看来，在顾客和供应商以及竞争对手之间形成的网络是为了解决企业面临的竞争和不确定性问题。这样的网络提供了关于其他企业行动的信息。以长期供应关系为例，网络保证了供应商不会投靠竞争对手，还保证了供应商保持对长期客户的有利地位。在竞争对手之间结成联盟或建立合资企业的案例中，网络将企业的命运紧密连在一起：这种相互依存性可以在那些通常可能作为竞争对手的企业之间形成稳定，从而减少它们之间的竞争（Gulati and Gargiulo，1999；Kogut，Shan and Walker，1992）。

市场的建构牵涉两组相互关联的，可称之为“控制方案”（White，1992）的社会关系。第一，一个企业内部的权力斗争必须妥善解决。企业的内部权力斗争涉及谁控制着这个组织，企业的组织方式是什么，以及如何分析产品市场上正在发生的变化情况。第二，在位企业和挑战企业中的行动者，必须对企业间现在所保持的关系，所具有的社会稳定化的作用有所认识。这种认识有助于行动者理解其他企业的行为，从而形成企业之间的互动结构（White，1981）。在企业内部权力斗争中胜出的是那些能够对企业内部如何运转以及企业如何与其主要竞争对手进行互动这两个问题提供令人信服的见地的人。“控制理念”还是一种解释性框架，借以为组织之间的行动提供解释和辩护。

从两方面来说，市场制度的生产都是一种文化工程。产权、治理结构、控制理念以及交易规则，界定了建构市场所必需的社会制度。这些组织技术为行动者参与市场活动提供了工具。市场领域是社会性领域，因而市场领域按照与其他社会领域一样的原则运转（Geertz，1983）。行动者参与了涉及彼此的政治行动，这些行动是地方性文化的反映，并对社会关系以及谁是行动者、行动者怎样理解彼此的行动加以界定。

### 三、样本数据来源

本研究的经验数据源于笔者2013年3月份至2014年5月份在山西省若干市县区展开的社会调查。选择山西省作为调查地点的原因在于，山西作为欠发达地区的典型，新生代农民工问题也具有典型性和代表性，基于山西省范围内所做的调查数据能较好地诠释新生代农民工诸多实际问题。调查过程采取概率抽样方式，在太原、大同、临汾等地发放问卷。总计发放问卷1400份，回收问卷1280份，其中有效问卷1250份。如未特别说明，本书所有采用的实证研究数据均源于此次调查。

# 第二章　新生代农民工：一支新的劳动力大军

## 第一节　新中国建立后中国农民流动及管理政策演变

### 一、第一阶段（1949～1978）

新中国成立初期，在特殊的历史条件和国际背景下，中国政府选择了先国计后民生、先生产后生活的发展思路，确定了迅速实现工业化和优先发展重工业的国民经济发展战略，这种迫于当时环境的战略选择使国家的建设重心转移到城市。从1950年到1957年的短短几年间，大批农民进入城市，转为工业企业工人。据资料显示，1952年全国城市人口7000万人，1957年增加到9949万人，1960年更达到1.3亿人，城镇人口比1953年猛增了6000万，占全国总人口的比重由1953年的12.5%上升到19.7%。①

但是，在城市得到发展的同时，农村、农业发展的落后与农产品的严重短缺现象却日益突出。为保证城市居民生活的正常供应和工业原材料的积累，中央政府于1954年开始实行粮食等农产品统购统销的分配体制，这种以低价、计划为基本特征的分配体制严重影响了农民的生产积极性。1958年，中央政府又发起了轰轰烈烈的大跃进运动。在全国各地农村普遍成立的以政社合一和集体统一经营为特征的人民公社组织，更使得农业生产大幅度萎缩、农产品产量大幅度下降，甚至在全国范围内大面积出现饥荒，进一步挫伤了农民的生产积极性。为了应付物资的极度匮乏，中央政

① 参见邹农俭：《城市化三论》，载《江海学刊》，1998（2）.

府开始严格限制公众生活需求的增长。在这样的背景下，国家开始调整政策，大批城市人口被迫返乡。从1960年到1964年间，全国净减少城市人口3788万人。

与此同时，限制农村人口自由进入城市的户籍管理制度也应运而生。1958年1月9日，国务院颁布《中华人民共和国户口登记条例》，明确规定："公民由农村迁往城市，必须持有城市劳动部门的录用证明，学校的录取证明。"自此，中国开始实行城乡有别的户籍管理制度。此后的20年中，这种以城乡分割为标志的二元户籍制度以及由此衍生出的二元劳动力市场就业制度和城乡差别的社会福利待遇一直没有得到根本性的改变。

## 二、第二阶段（1979～1983）

1978年召开的十一届三中全会在中国历史上具有划时代意义，会议重新确立了解放思想、实事求是的指导思想，实现了以经济建设为中心、从僵化半僵化到全面改革、从封闭半封闭到对外开放的历史性转变。这次会议之后，中国城乡经济体制都发生了一系列的根本性转变，中国数量庞大的农村剩余劳动力队伍，也开始了新时期下的转移之路。从时代背景与相关政策客观来讲，中国改革开放政策的实行，是从农村经济体制改革即推行家庭联产承包责任制率先开始的。以包产到户为基本特征的家庭承包责任制的推行，从根本上动摇了人民公社制度的存在基础，带动了农民的种田积极性，加速了人民公社制度的瓦解和农产品统购统销制度的改革，甚至部分地消除了农民自主流动的体制性障碍。随着农村经济体制改革的迅速推进，家庭联产承包责任制的普遍实行，农产品产量大幅度提高，农民也开始拥有了财产权和自身劳动力的自由支配权。

这一时期外出农村劳动力以江浙等沿海一带的工匠和青年劳动力为主，他们凭借自己的一技之长和吃苦耐劳的精神开始向城市流动，但总体来说人数仍不算多。若以出县为标准，改革之初全国流动就业的农村劳动力不超过200万人。①

在改革之初资本等生产要素稀缺的条件下，中国政府不得不选择带有

① 参见赵树凯：《农民流动：内部成因和生活预期》，载《农业经济问题》，1996（10）.

浓厚行政色彩的计划经济体制来保障以资本密集型为标志的重工业发展。中国农村剩余劳动力转移的历史变迁：政策回顾和阶段评述战略的实施。这一体制下，市场不再是引导要素资源配置的机制，取而代之的是以计划分配为特征的政府机制，将包括劳动力在内的各种生产要素与资源，按照产业发展的优先次序进行统一配置。

1981 年 10 月 17 日，中共中央、国务院又颁布《关于广开门路，搞活经济，解决城镇就业问题的若干决定》，指出要严格控制农村劳动力流入城镇，对农村多余劳动力，要通过发展多种经营和兴办社队企业，就地适当安置，不使其涌入城镇。对于农村人口、劳动力迁入城镇，应当按照政策从严掌握。对于违反政策将家居农村的干部子女和亲属的户口迁进了城镇的，必须坚决制止和纠正。情节严重者，要给予必要的纪律处分。并指出，今后农村人口迁入城镇的要严格履行审批手续，公安、粮食、劳动等部门要分工合作把好关，不要政出多门，要严格控制使用农村劳动力，继续清退来自农村的计划外用工。同年 12 月，国务院又颁布《关于严格控制农村劳动力进城务工和农业人口转为非农业人口的通知》，进一步强调企业、事业单位要严格控制从农村招工。

这一时期中央对农村剩余劳动力流动所采取的严格控制政策，其原因有以下几点：一是计划经济时期，国内粮食供给不足，尤其是农副产品供应量远不能满足人民的需要，农业机械化的落后仍需要大批的农业劳动力从事农业生产；二是经济发展水平不高，大量城镇待业青年亟待安排就业的同时，大批知青的返城加重了城镇原本就存在的就业压力；三是计划经济时期形成的发展战略和城乡隔绝的体制还没有完全破除，也从某种程度上阻碍了城乡间劳动力的正常流动。总的来看，这一时期政府一方面解开了对城镇职工流动的禁锢，提出实行合同工、临时工、固定工等相结合的多种就业形式来解决城镇就业压力，一方面又进一步强化对农村劳动力流动的管理，严格控制农村剩余劳动力向城市的转移。回顾这段历史，政府采取的严格控制农村劳动力流动的政策虽然阻碍了城乡间劳动力的正常流动，但在当时的社会环境下，具有一定的历史意义。

## 三、第三阶段（1984～1988）

20世纪80年代中期以来，农村经济体制改革的进一步深化使得早已凸显的农村剩余劳动力问题更加突出，大量农村剩余劳动力从黄土地上析出，成为待转移劳动者。同时，随着中国经济改革的重心向城市的转移，城市第二产业的壮大与第三产业的兴起在解决城镇人口就业问题的同时，也为吸纳农村剩余劳动力提供了就业空间。

内在的动力与外在的拉力都要求改变以往以严格控制为标志的农村劳动力转移政策，在这样的时代背景下，政府开始放松对农村剩余劳动力转移的限制。1984年1月1日，国务院颁布《关于1984年农村工作的通知》，指出允许农民自筹资金、自理口粮，进入城镇务工经商。这一政策的变动标志着中国实行了近30年的限制城乡人口流动的就业管理体制开始松动。1984年10月13日，国务院颁布《关于农民进入集镇落户问题的通知》，规定对进城务工、经商、办服务业的农民及家属，凡在集镇有固定住所，有经营能力，或在乡镇企事业单位长期务工的，均应为其办理入户手续，统计为非农业户口。1985年1月1日，中共中央、国务院发布的《关于进一步活跃农村经济的十项政策》也明确指出鼓励技术转移和人才流动。1986年7月，国务院颁布《关于国营企业招用工人的暂行规定》，指出企业招工凡符合报考条件的，城镇和农村人员均可报考。1988年7月5日，劳动部国务院贫困地区经济开发领导小组颁布的《关于加强贫困地区劳动力资源开发工作的通知》中，更是指出应将大力组织劳务输出作为贫困地区劳动力资源开发的重点。

这一时期政府开始放松对农村剩余劳动力流动的管制，政策安排上允许、甚至鼓励农村剩余劳动力的地区交流、城乡交流并开始重视贫困地区的劳务输出工作。对于其中的原因可以从以下三方面给予解释：一是农村经济体制的改革提高了农民种田的积极性，促进了农产品产量的大幅度增长，基本上能够满足农民进城就业所需的粮食供给；二是随着城市经济体制改革的全面推进，新增了大量的就业机会，需要大量吃苦耐劳的农村劳动力；三是伴随着人民公社的解体和农产品统购统销制度的改革，部分地消除了农民自主流动的体制性障碍。总的来说，这一时期国家积极、明确的指导政策，使得农村劳动力的转移和流动进入了一个较快增长的时期。

## 四、第四阶段（1989～1991）

随着上个时期开始实行的一系列允许、鼓励农村劳动力流动政策的逐步实施，大规模的农村剩余劳动力涌向城市，跨地区流动，这种无计划的劳动力转移给当时的经济发展、交通运输、社会治安、劳动力市场管理等方面都带来了一定的负面效应。同时，由于治理经济环境、整顿经济秩序造成了城市与乡镇企业新增就业机会的减少，也使得农村劳动力的转移和流动的空间缩小。因此自 1989 年起，国家开始对前一个时期实行的农村劳动力流动政策进行局部调整，以加强对农村劳动力盲目流动的管理。

这一时期政府对农村剩余劳动力流动政策的安排以控制盲目流动为主导方向，其原因在于：一是农民无计划的跨地区流动对当地的交通、治安等社会环境带来了一定的负面影响，国家不得不出面干预；二是随着经济体制改革的不断深入，各种新问题逐渐显露，治理经济环境、整顿经济秩序也造成城镇与乡镇企业新增就业机会的减少，这也使得农村剩余劳动力转移和流动的空间缩小。总的来说，这一时期，尽管国家控制农村剩余劳动力的盲目外流，但其政策调整并没有像计划经济时期那样一刀切地清理、清退农村劳动力，而是在保留大部分允许农村劳动力流动的政策、措施的基础上，通过组织实施农村劳动力开发就业的试点，加强对农村劳动力盲目流动的管理。

## 五、第五阶段（1992～2000）

自 1992 年以来，国家对农村劳动力流动的政策开始发生变化，由控制盲目流动到鼓励、引导及实行宏观调控下的有序流动，在对小城镇户籍管理制度进行改革的基础上，逐步实施以就业证卡管理为中心的农村劳动力跨地区流动的就业制度。

1993 年 11 月，中共中央颁布了《关于建立社会主义市场经济体制若干问题的决定》，指出要鼓励并引导农村剩余劳动力逐步向非农产业转移以及地区间的有序流动。1994 年 8 月 8 日，劳动部颁布《关于促进劳动力市场发展，完善就业服务体系建设的实施计划》，指出要在短时间内建立起完善的就业服务体系。1994 年 11 月 17 日，劳动部又颁布《关于农村劳动力跨省流动就业的暂行规定》，首次规范流动就业证卡管理制度。1995 年 9 月 19 日，中共中央、国务院办公厅颁布《关于加强流动人口管理工作的意见》，明确指出近期要促进农村剩余劳动力就地就近转移，提高流动的组织化、有序化程度；实行统一的流动人口就业证和暂住证制度；整顿劳动力市场。2000 年 1 月 17 日，劳动部颁布《关于做好农村富余劳动力流动就业工作的意见》，指出要建立流动就业信息预测预报制度；促进劳务输出产业化；发展和促进跨地区的劳务协作；开展流动就业专项监察，以保障流动就业者合法权益。

可以看出自 1992 年开始，国家对农村剩余劳动力转移的政策发生了积极的变化，国务院及各部委纷纷颁布各项法令、法规，鼓励、引导农村剩余劳动力在宏观调控下有序流动。从控制盲目流动到鼓励、引导和实行宏观调控下的有序流动，总的来看，新时期下政府关于农村剩余劳动力流动的政策指导方向是积极鼓励、规范流动。值得注意的一点是，1998 年以后，伴随着国有企业体制改革的深入，涌现出了大批的城市下岗职工，这一阶段实施再就业工程已成为各级政府的重要任务。在这种背景下，虽然国家的大政方针仍继续强调要合理有序引导农村剩余劳动力转移，但部分省市出于优先保证城镇职工就业的考虑，出台了各种限制农村劳动力进城务工的规定和政策，这些地方性法规、政策显然有失公平。

## 六、第六阶段（2000～）

2000 年以来，我国经济发展速度连年攀升，社会局势稳定，为缩小传统二元经济格局下城乡差距逐渐拉大的局势，国家更加重视农村、农业工作。随着各种有利于农村、农业发展政策的推出，我国又兴起了新一轮的劳动力转移浪潮。在这一背景下，国家关于农村剩余劳动力流动的政策发生了明显的积极变化。2000 年 7 月 20 日，劳动保障部、国家计委、农业部、科技部、水利部、建设部、国务院发展研究中心七部委联合颁布的《关于进一步开展农村劳动力开发就业试点工作的通知》指出，要改革城乡分割体制，取消对农民进城就业的不合理限制。2000 年 6 月 13 日，中共中央、国务院颁布《关于促进小城镇健康发展的若干意见》，指出凡在县级市市区、县人民政府驻地镇及县以下小城镇有合法固定住所、稳定职业或生活来源的农民，均可根据本人意愿转为城镇户口，并在子女入学、参军、就业等方面享受城镇居民同等待遇，不得实行歧视性政策。

2001 年 3 月 15 日，第九届全国人民代表大会四次会议批准的《中华人民共和国国民经济和社会发展第十个五年计划纲要》指出，要打破城乡分割体制，逐步建立市场经济体制下的新型城乡关系，改革城镇户籍制度，形成城乡人口有序流动的机制，取消对农村劳动力进入城镇就业的不合理限制，引导农村富余劳动力在城乡、地区间有序流动。破除地区封锁，坚持城乡统筹的改革方向，推动城乡劳动力市场逐步一体化。2001 年 3 月 30 日，经国务院批转的公安部《关于推进小城镇户籍管理制度改革的意见》指出，各地区和部门要通过改革小城镇户籍管理制度，引导农村人口向小城镇有序转移，加快农村富余劳动力转移，带动农村经济和社会全面发展，促进小城镇健康发展，加快我国城镇化进程。2001 年 5 月，国家计委颁布的《国民经济和社会发展第十个五年计划城镇化发展重点专项规划》指出，要打破垄断和地区保护，除个别特大城市外，要改革城乡分割的就业制度，取消各地区针对农民和外地人口制定的限制性就业政策。积极开展面向城镇迁入人口的各类社会服务，要高度重视为迁入人口提供创业、就业、生活等方面的条件。中心城市要建立劳动力市场信息网络，提供求职和用人等方面的就业服务信息。在住房、子女教育、医疗等方面，对进城务工的农民提供普遍服务。同时，加强实施城镇化战略意义的舆论宣传，在城市中形成接纳新市民的社会氛围，促进进城农民与城市社会的融合。

2003 年以来，农民工群体的保障权益问题受到了社会各界的广泛关注。2003 年 3 月 20 日，劳动和社会保障部颁布《关于农民工适用劳动法律有关问题的复函》，明确指出凡与用人单位建立劳动关系的农民工（包括农民轮换工），均适用《劳动法》与《企业职工工伤保险试行办法》。同年 12 月 25 日，财政部、劳动保障部、公安部、教育部、人口计生委联合发布《关于将农民工管理等有关经费纳入财政预算支出范围有关问题的通知》，明确指出：将劳动力输入地政府涉及农民工的治安管理、计划生育、社区管理等有关经费，纳入正常的财政预算支出范围。要求各地劳动保障部门要按照公平对待、合理引导、完善管理、搞好服务的方针，进一步清理限制农民进城务工就业的歧视性政策，努力营造城乡劳动者公平就业的政策环境。

2004 年 2 月 29 日，建设部颁布《建设部关于进一步解决拖欠农民工工资问题的紧急通知》，要求各地政府要明确责任，做出表率，首先抓紧付清政府投资工程拖欠的工程款和农民工工资，并落实责任追究制度，采取法律、经济和必要的行政措施，督促拖欠农民工工资的企业尽快偿付。对恶意拖欠和拒不按计划偿付的，要依法严肃处理。同年 6 月 25 日，劳动和社会保障部颁布《关于加强跨省劳务输出工作有关问题的通知》，明确要求劳务输出地与劳务输入地要加强对跨省劳务输出工作的组织领导。2005 年 2 月 7 日，劳动和社会保障部颁布《关于废止〈农村劳动力跨省流动就业管理暂行规定〉及有关配套文件的通知》，进一步改善农民进城就业环境，清理和取消限制农民进城就业的政策。

2006 年 1 月 21 日，《国务院关于解决农民工问题的若干意见》颁布，要求各地政府、各直属机构，充分认识解决好农民工问题的重大意义，坚持以"公平对待，一视同仁；强化服务，完善管理；统筹规划，合理引导；因地制宜，分类指导；立足当前，着眼长远"的原则，抓紧解决农民工面临的突出问题，形成从根本上保障农民工权益的体制和制度。之后，为贯彻落实《国务院关于解决农民工问题的若干意见》精神，更多的保障农民工权益的法规一一颁布。

从上述政策回顾我们可以看到，这一时期关于加快农村剩余劳动力转移的政策法规较以往明显增多，仅 2006 年一年就有近十部法规出台。从政策的内容来看，新时期下的政策在注重合理引导农村剩余劳动力有序转移的同时，更加重视转移过程中的公平、融合问题。具体表现在：一是重视城乡劳动力市场一体化的建设，取消对农民进城就业的各种不合理限制，为城乡统筹就业赋予了新的含义；二是重视转移过程中诸多方面的配套改革，重视农村劳动力流动中涉及的工伤、医疗、养老、子女教育、住房等社会保障问题。总的来说，中央政府及有关部门在改革城乡二元分割体制、推动城乡劳动力市场一体化建设方面，已经开始迈出实质性的步伐，农村剩余劳动力的转移和流动正在进入一个崭新的发展时期。

# 第二节　新生代农民工的流动特征

## 一、符号演变：从“盲流”到“新市民”

“农民工”是中国社会转型的产物，而且数量众多，影响巨大，具有中国特色。我国著名学者陆学艺指出：如果说我们要研究中国国情和中国特色的话，那么中国“农民工”正是在一定程度上集中地体现了中国的国情和中国特色。

（一）“盲流”

“农民工”虽然是20世纪80年代后对离开农村到城市打工农民的主要称谓，但该群体早在新中国建立初期就已出现。新中国建立后，我国开始高度集中的计划经济建设，人口流动也纳入了计划安排。《中国人民政治协商会议共同纲领》规定人民有迁徙权，加之国民经济的恢复，使得大量农民涌入城市，并影响到了当时的计划经济和社会发展。

1978改革开放使得大量农民再次开始涌入城市，在就业、管理等方面与城市居民产生冲突，限制“农民工”自由流动的“盲流”一词正式流行。1991年2月，国务院办公厅发布《关于劝阻民工盲目去广东的通知》。同年，国务院颁布《关于收容遣送工作改革问题的意见》，将“三无”盲流人员解释为“是流动人口中无合法证件、无固定住所及无正当工作或经济收入的人员，多为盲目外出找工作或流浪乞讨人员”。直到2003年6月孙志刚事件后，国务院颁布《城市生活无着的流浪乞讨人员救助管理办法》，废止了沿用多年的收容遣送制度，宣告带有限制、排斥的“盲流”一词最终退出历史舞台。“盲流”的指称，反映出计划经济的巨大影响及以国家政府为中心的不允许农民盲目自由流动的强制性计划政策安排，国家和政府管理者仅仅从自己的立场和意志出发去看待和认识农民的流动，很少考虑农民个人的实际需要和个人迁移或流动的动机，以牺牲农民为代价换取计划经济的发展。

（二）“打工仔”、“打工妹”

自改革开放和经济特区设立开始，市场经济的建立及现代化发展步伐加快，需要大量劳动力，于是大批农村剩余劳动力由于社会和自我需要而涌入城镇就成了历史的必然。他们最初主要是在春节或农忙季节过后到城镇以靠体力赚钱弥补生活所必需的开支。由于城乡二元体制的限制，使得没有城镇户口的农民到城市后与拥有城镇户籍的市民格格不入，于是广大市民就都把男的叫“打工仔”、女的叫“打工妹”。起初市民口语化的称呼并没有引起政府及相关部门足够重视，导致这一含有歧视性的称谓在深圳等持续了很长时间，同时向全国各大城市广泛传播，成为地位低下“农民工”的专称。该称谓主要是市民对“农民工”的口语化指称，不是学术或主流意识形态的书面正式称谓。该称谓虽然较“盲流”的限制性歧视称谓而言对“农民工”有所尊重，但仍然包含贬义及市民的冷漠和鄙视。

（三）“农民工”

改革开放和市场经济的发展需要使得限制人口流动的政策和管理有所松动，陆续出现大量向城市流动的“农民工”，即拥有农业户口、被他人雇用去从事非农活动的农村人口。“农民工”称谓据查是中国社会科学院教授张雨林在 1984 年的《社会学研究通讯》发表的一篇文章中首次提出，随后被大量引用。 2006 年 1 月 18 日，《国务院关于解决“农民工”问题的若干意见》经过反复研讨斟酌、听取多方面意见后确定采用“农民工”称谓，并第一次把“农民工”概念写入中央政府具有行政法规作用的文件。随后党的十六届六中全会通过的《中共中央关于构建社会主义和谐社会若干重大问题的决定》强调指出，要“严格执行国家劳动标准，加强劳动保护，健全劳动保障监察体制和劳动争议调处仲裁机制，维护劳动者特别是‘农民工’合法权益”。“农民工”的称谓及其合法权益获得了中央的高度重视和认可。政府及学界对“农民工”的称谓较“盲流”、“打工仔（妹）”而言，突破了原有国家强制性的计划政策安排，由限制、排斥、歧视转为认可、尊重，体现了国家、社会对农民工认识和态度的转变及社会的发展与进步。但该称谓仍有“农民”二字，暗含有一定的歧视性和农民工与市民的区别。

（四）“进城务工人员”

进入 21 世纪，越来越多的“农民工”对推动经济社会的健康发展贡献巨大，但在现实生活中却屡遭制度和社会的诸多歧视、排斥等不公正对待，从而涌现出诸多的社会问题。罗尔斯在《正义论》中说："一个社会，当它不仅被设计得旨在推进它的成员的利益，而且也有效地受着一种公开的正义观管理时，它就是组织良好的社会。"有鉴于此，消除不利于"农民工"的各种歧视性称谓和制度安排，成了社会发展和进步的必然要求。随着党和政府及其社会各界对"农民工"问题的重视，针对"打工仔(妹)"、"农民工"、"民工"等不同程度包含有偏见歧视和有失公正且不利于统一科学管理的称谓被逐步修正，各级政府在诸多政策法规文件和讲话中都将"农民工"改称为"进城务工人员"。

"进城务工人员"的称谓由于没有了"盲流"、"打工"、"农民"等字样而明显地少了排斥、歧视的含义和农民工与市民的区别，使得农民工与城市职工靠得更近，体现出政府和社会对农民工更加的尊重与关怀。但"进城"二字仍含有外来的、并非城市里的意思，仍暗含"进城务工人员"不是市民并与之有一定的区别之意。

总之，农民工身份的去标签化有助于尊重"农民工"社会氛围形成，许多进城务工人员，克服种种困难，重要目的之一就是摆脱"农民"的身份，一个在大学里从事修理工作30年的"农民工"曾经对我说，"感情上最受伤害的就是称我们为农民工"，"最刺痛我们的就是称我们的孩子是农民工子弟"，即使一些人已习惯了"农民工"的称谓，但内心深处更希望自己和子女被视为"城里人"。去标签有助于避免社会对"农民工"群体的特殊"关照"，形成平等的公民权利。诸如"提高农民工的待遇"、"保护农民工的权益"、"关心农民工子女的教育"等提法，甚至还有人提出要为农民工专门立法，以保护其利益（卢国显，2007）。这些表面看似乎是为了提高农民工利益，实际上依然是一种歧视，难道我们的法律、制度、政策不适用于农民工吗？我们真的需要制造一个特殊群体并给予特殊关照吗？去标签有助于农民工群体融入城市。只有彻底地取消"农民工"称谓，人们才自觉地按照职业分类看待从业者，从而接纳这个为中国的工业化、城镇化做出特殊贡献的群体。

当然，农民工问题并不会简单地随着称谓的改变得以解决，在取消"农民工"称谓的背后需要一系列措施，诸如城乡户籍制度、人口迁移制度、劳动就业制度、教育与升学制度、社会保障制度等，如果不通过制度、体制变革做到对所有人一视同仁，那么新的标签很快就会替代旧标签。最近有人提出的“新市民”、“新型合同工”等就反映了这一倾向。

## 二、被动就业到“用脚投票”

改革发放以来，我国的社会结构与社会流动发生了巨大的变化，其中最引人注目的是大规模的农村劳动力在农村与城市之间流动。自20世纪80年代开始，越来越多的农民背井离乡到城市务工，人们称之为“民工潮”。正当人们还在热衷于解释这一现象的时候，2004年上半年，我国东南沿海地区出现了罕见的较大范围的民工短缺现象，人们称之为“民工荒”。2005年新闻媒体对“民工荒”的关注继续升温。“民工荒”现象出人意料，似乎也令人不解，它与我们熟悉的“中国是劳动力资源大国”的国情极不相符。从“民工潮”到“民工荒”这两种现象及其变换意味着什么呢?

### （一）农民是理性经济人

很长一段时间里，理论界认为传统小农的行为是不理性的，农民是自私、偏颇、保守、落后、缺乏理性的代名词。应该指出，这是来自于对自然经济条件下农民的最早研究，而且一般是从文化和政治的角度来分析和认识农民的。那么，农民到底有没有理性呢?

所谓理性就是人类选择与调节自我行为的能力，其中包括目的的选择和确认，调整达到目的的手段以及建立相应的价值体系等。理性是人类超出动物而独具的一种认识和思维能力，人们行动中的理性是阐述行为的理由并依此行动的能力及其运用。对于农民是否有理性这一问题，诺贝尔经济学奖获得者西奥多·舒尔茨进行了深入的研究，从理论和经验两个方面论证了农民也是具有理性的。他在《改造传统农业》一书中指出，过去人们所指责的传统农业小农愚昧落后，经济行为缺乏理性的观念是错误的，这种观念是一种幼稚的文化差别论。他认为全世界的农民在考虑成本、利润及各种风险时，都是很会盘算的，是讲效率的。农民是在传统技术状态下，有进取精神并已最大限度地利用了有利可图的生产机会和资源的人，是理性的经济人。他们表面上被认为不理性的行为表现恰恰是他们面对外部限制条件时的行为理性。舒尔茨的观点得到了此后许多学者的赞同。笔者也认为，今天正在向社会主义市场经济转型过程中的我国农民也是理性的，在“民工潮”和“民工荒”中，他们在农村与城市之间的流动行为是理性的，是在既存的内外约束条件下作出的符合情理的选择，正是社会学意义上的“理性选择”。

社会学的理性选择理论是在借鉴和扩展了经济学的“理性选择理论”上形成的用来分析社会问题的一种理论，它不仅用于解释人们的经济行为，而且还解释更为广泛的社会行为，它是以宏观的社会系统行为作为研究的目标，以微观的个人行动作为研究的起点，以合理性说明有目的的社会行动。根据行动者追求目标的层次不同，这种“理性选择”从低到高分为生存理性、经济理性和社会理性三个不同的选择层次（刘能，2004）。其中，生存理性首先考虑的是安全第一的生存原则，而不是追求效益的合理化和利益的最大化；经济理性追求的是经济利益的最大化；社会理性寻求一个令人满意的或是足够好的行动程序，追求的是社会或其他效用的最大化，相对于经济理性的单一标准，社会理性不仅仅寻求利益的最大化，而且更具有多样化（陆益龙，2003）。“社会理性”是在“经济理性”的基础上更深层次的“理性”表现，是“理性选择”的更高级表现形式，而生存理性是最基础的层次，也只有在生存理性得到充分表现和发挥的基础上，才能进一步产生和跃迁到经济理性和社会理性。从这三种理性选择来讲，我国农民择业行为也表现出三个层次：农民在所处的特定资源与规则条件下，为寻求整个家庭的生存而选择比较而言并非最次的就业行为方式，即生存理性选择；农民对城乡之间的经济效益差异进行比较和权衡后做出外出务工或返乡务农的选择，以实现个人利益最大化，即经济理性选择；农民因为城市或农村的发展机会比农村或城市更多，社会或其他效用更优而择业流动，即社会理性选择。农民在具体的择业行为过程中一般遵循着从生存理性向经济理性和社会理性选择的逻辑发展顺序，而且在初期往往更多表现的是生存理性选择，但随着实践和认识的深入，社会理性选择则表现得越来越突出。从“民工潮”到“民工荒”中的新生代农民工行为就带有强烈的理性选择这一特征，它反映了当代中国农民从生存理性到经济理性和社会理性的跃迁。

（二）生存理性的驱使和经济理性的萌芽

20 世纪 90 年代，不少人把在“民工潮”中外出就业的流动农民称为“盲流”，这是一种谬误。农民选择在家务农或是外出就业绝不是盲目的，相反，他们具有明确的动因和目标，他们总是有目的地行动着，根据自己的利益和经验去判断和选择从业的地点和方式。首先，因生存压力而产生的生存理性选择是农民外出就业根本的动因，也是驱使中国“民工潮”形成的最为重要的动力。在生存压力下，决定农民是否外出就业的首要因素是生存理性选择。对于广大的中国农民来说，为了维持整个家庭的生存而选择相比而言并非最次的行为方式（如过密化），是更为现实的驱动力。在过去几个世纪里，农民在人口压力下不是遵循所谓的“经济理性”（追求利益最大化）原则，而是为了生存糊口而投入到哪怕是边际报酬递减的过密化农业生产活动中去。20 世纪 50 年代开始的农业集体化，由于人口膨胀的压力和特定的政策性、制度性安排，农业增长缓慢，过密化依旧，农民从总体上说还在为生存而苦斗。

中国农民的生存压力主要体现资源环境和社会结构两个方面。自然条件方面的压力主要表现为因人多地少的矛盾而引发的人地关系的紧张，农业资源难以创造出维持农村人口生存和发展的必需品，由此生存压力不断增加，为谋求生存而外出就业便成为农民不得不考虑的首要出路。不过，自然环境形成的压力往往是长时间积累的结果，人们会慢慢适应而无视之。而社会结构性的压力却不同，会引起人们的强烈关注，一旦这一结构有所松动，便会形成一股巨大的爆发力，从而迅速冲击瓦解原有的社会结构。在我国，这种社会结构主要是城乡二元经济社会结构。50 年代以来，以户籍制度为基础的行政型的城乡二元结构的体制，使农民为我国工业与城市做出巨大的牺牲性贡献的同时农民自己只能变化不大。改革开放后，我国仍有 8 亿农业人口生活在广阔的农村，在有限的人均土地上“刨食”，承受着越来越严重的农业生产过密化和边际报酬的递减。作为生存理性的驱动，农民究竟是选择走过密化农业生产道路，还是外出务工、经商，并不仅仅取决于他们自己的意愿，还要受制于他们所处的社会历史环境，尤其是制度性条件。这一制度性的社会结构直到 80 年代松弛以后，制度性压力才以巨大的反结构动力爆发出来，形成大规模的农业人口脱离农村外出就业的现象。

其次，“种田不划算”和脱贫致富而产生的“经济理性”萌芽是农民外出就业的直接动因。如果仅从生存理性选择的角度来解释，只是触及了农民外出就业的最初动因，而无法解释在解决了温饱（生存）问题、生存压力得到减缓之后，农民外出就业活动并没有因此而减少，相反，在某种程度上还逐渐增加，以至出现了“民工潮”。其实，这时农民外出就业已产生了更高的理性。我国农民虽然在经过了漫长的小农经济后，接着又经历了集体化时期，个性、思维模式、生活方式都遗留下了深沉的印记，但他们并没有丧失经济理性，以往他们是有目的地为了生存而选择保守的生活方式，而现在在生存压力减缓之后，为了进一步追求更大的经济利益而甘冒风险。特别是随着社会体制的变革和市场关系的逐渐形成，农民在经济实践中的理性得到了解放，从基于家庭基本需求，仅仅维持生存的生产目的和生活态度的生存理性转变为追求超越基本需求的经济利益，产生了更高层次的理性追求。这时的农民认识到现有的结构性条件下农业生产比较效益低下，“种田不划算”而选择外出务工。就是说，穷已不再是外出就业的首要理由，外出就业不只是为了“脱贫”，更主要的是为了“致富”。“致富”必然会使他们萌发对经济效益的追求。农民对城乡之间的经济效益差异进行比较和权衡后做出外出务工的选择，这已表现成了一种经济行为。经验研究表明，许多农民在做出自己的决定前，都会通过对自己的亲身经历或他人的行为进行思考比较，以追求较大的经济利益。

但是，这时的农民外出务工还没有从根本意义上表现出对成本的精打细算，还是以一种近乎不计成本的方式去换取一种比较利益。他们所从事的一般是城市人不愿从事的高强度、高温、高空、有害、有毒的苦、脏、累的行业和工种，他们几乎没有计较体力上的透支和对健康的危害，只是谋求比务农更高的收入。他们外出务工的目的很单纯，就是打工挣钱，而非符合经济效益最大化原则。从这个意义上看，“民工潮”中农民外出就业行为至多还处于经济理性的萌芽阶段。

（三）生存理性到经济理性和社会理性的跃迁

随着理性的发展，农民会对自己的行动进行不断地反思，调整策略，由此纠正、改进择业的目标和行为，并对其得以合理化地解释。这一过程使他们逐步实现由生存理性向经济理性和社会理性飞跃。对于“民工荒”现象，按照生存理性选择的逻辑，新生代农民工离开城市重新返回到过密化依旧的农村的行为似乎是一种非理性行为，但是这种“非理性”却恰恰是他们对“民工潮”中那种以不计成本的方式去换取比较利益的低层次理性选择的矫正，是当代农民在市场风浪中心理渐趋成熟、主体意识增强、盲目性弱化的体现。

首先，“民工荒”中农民离城返乡行为表现出了对经济理性的强烈追求。作为经济理性选择，农民不像在生存理性驱动下那种以近乎不计成本的方式去打工挣钱，而表现出了对务农和外出就业比较收益的精打细算。斯密认为，人的理性在于他在各项利益的比较中选择自我的最大利益，以最小的牺牲满足自己的最大需要。这时农民是否选择外出就业，则来自于他们对外出就业预期收益与成本的理性比较，预期收益与成本的比值越大，外出就业的动力就越强，反之，就越不愿外出就业。

但是，人们的选择和行动有时又会产生出自己未能预期到的或不曾期望过的种种后果。近些年来，农民对在家务农和外出就业的经济利益进行比较，发现到城市务工的名义工资虽然要高于在乡村务农，但在综合包括生活费用、交通费用、各种收费等各项成本支出后，权衡成本与收益，外出务工者的实际经济所得很少，选择在家务农的纯经济利润未必低于外出打工者。况且，以近年来的实际情况来看，新生代农民工在城市里打工并没有得到应有的工资报酬，工资拖欠现象严重，并且还要承担迁移成本和就业成本，预期收益具有不稳定性和高风险性。与此同时，从 20 世纪 80 年代末以来，在物价普遍上涨的情况下，新生代农民工生产和再生产劳动力的成本不断上升，而他们的福利、工资待遇却基本原地踏步，这日益凸显了新生代农民工不仅不能享受到城市经济发展带来的利益，却要接受城市越来越高的消费水平，这使得他们外出务工的成本大幅度提高。

国家从 2003 年开始加大了对三农问题的重视，提高了多年来没有明显提高的农产品价格，出台了 5 年内取消农业税等一系列扶持农业的政策。这些提高了农业比较利益，促进了农业和农村经济的发展，增加了农民的务农收入，从而也就加大了农民外出务工的机会成本。鉴于此，对在家务农和外出就业的经济利益做了衡量后，理性的农民当然觉得外出务工得不偿失，会在一定程度上减弱进城务工的冲动，特别是那些就职于低薪岗位的新生代农民工会有相当一批回乡务农。

其次，“民工荒”中新生代农民工离城返乡行为表现出了当代农民对社会理性的明显追求。应该说，并不是所有的到城市打工就业的新生代农民工的实际经济收益都低于在乡村务农，但“民工荒”中这部分新生代农民工却也在离城返乡，若仅从单纯的经济理性选择的角度分析是不能解释的。反之，若从社会理性选择的层面，对包括这部分新生代农民工在内的当前新生代农民工离城返乡行为则可以解释。如前文所述，社会理性选择是行为人寻求一个满意的或是足够好的行动程序，追求的是社会或其他效用的最大化（王桂新、沈建法、刘建波，2008）。这种社会理性选择促使人们在选择就业方式时，不只是局限于狭窄的经济领域，而进一步考虑多种因素，包括政治的、社会的、文化的等众多内容，其价值取向也不一定是经济目的，也可以包括社会公平等价值观（武向荣，2009）。当代中国农民在择业行动中也在理性地计算考虑对其目的有影响的各种因素，其利益取向的基础也并非单纯地建立在经济利益之上，而是综合包括社会地位、社会制度认同、劳资关系等多方面。

从社会地位与尊重方面看，按照马斯洛的“心理需求层次”理论，当人的生存和温饱问题逐渐得到解决后，被承认、被尊重的需求就日益上升为另一种基本需求，生活在城市社会最底层的民工们同样如此，并且随着文化素质的不断提升和队伍的壮大，这种需求日益强烈。然而，由于户籍制度的存在，新生代农民工长期被排斥在城市居民范畴之外，社会特别是城市居民不能给予新生代农民工平等的社会地位，新生代农民工往往很难得到与城市居民同等的待遇。不仅在人格上外来新生代农民工被打上了身份烙印，受到歧视，“落后”成了社会对新生代农民工的观念定位，而且在劳动力市场上，新生代农民工与城市居民劳动力也有着劳动报酬和福利待遇报酬的歧视性分界线（夏英，2007）。虽然已经在城里工作生活了多年，但这些新生代农民工中的绝大多数人及其家属仍得不到在城市永久居住的法律认可，永远是市民眼里的“二等公民”（肖文韬，2004）。这种基于户籍制度而赋予的社会地位，使新生代农民工成了城市的边缘群体，在整体上处于城市社会底层。

从社会制度认同情况看，新生代农民工难以产生对流入地城市社会及政府管理部门的认同。旧生代、新生代农民工对农民身份的制度性规定一般已产生了无奈的认可，但 80 年代以后出生的新生代农民工则不然，他们不再把户籍作为划分农民与非农民的界线，而是把从业、生活领域等经济社会因素作为界定身份的主要标准，社会之所以仍然把他们视为农民，他们中多数认为，正是不合理的规定和城里人的歧视。由于与流入地城市社会的人员之间在社会地位上的实际不平等，新生代农民工基本上与流入地城市社区居民没有多少交往，他们虽然通过努力，却并没有达到被接纳和认同（杨云彦、陈金永，2000）。由于无法融入流入地城市社会，而是被排斥在所生活的社区之外，他们自然也就不可能对流入地城市社会产生认同感。作为政府方面，由于政策设计上的缺陷，城市外来人口往往处于一种政府服务的真空之中，在许多情况下，他们实际上过的是一种没有政府的生活，而现实中又存在着一些本应当由政府提供的正常服务却被某些管理部门变成了谋利益的手段。这就在一定程度上使许多新生代农民工对当地政府及管理部门产生认同危机。

农民外出务工的纯收益，虽然表面上可能仍大于在农村从事农业生产的纯收益，但如果考虑到上述诸多因素，这种纯收益就将大打折扣，这显然有悖于农民择业行为的“满意和合理”的准则，许多新生代农民工选择了“用脚投票”，一走了之，这是一种主动的离弃，是社会理性选择的结果。

我国农民从生存理性选择到经济理性选择再到社会理性选择的跃迁，在宏观层面上反映了改革开放后我国整个社会的结构性变迁和农民实现社会流动的强烈愿望，预示着农民主体意识的增强和选择能力的提高。从“民工潮”到“民工荒”，新生代农民工的选择行为的变化就是这种理性飞跃的外在表现。

## 第三节　新生代农民工的生活状况

社会生活是考察新生代农民工城市生存状态的重要维度之一。从调查情况看，新生代农民工个人月均消费支出 1167.1 元，其中三项最大消费支出为伙食费、服装消费及住宿费，分别为 414.9 元、150.1 元和 141.9 元，而文化娱乐月均消费支出只有 63.4 元（如图 2－1）。如果粗略计算恩格尔系数，则新生代农民工个体消费的恩格尔系数为 37%，比较接近广东省城镇居民家庭的恩格尔系数水平。

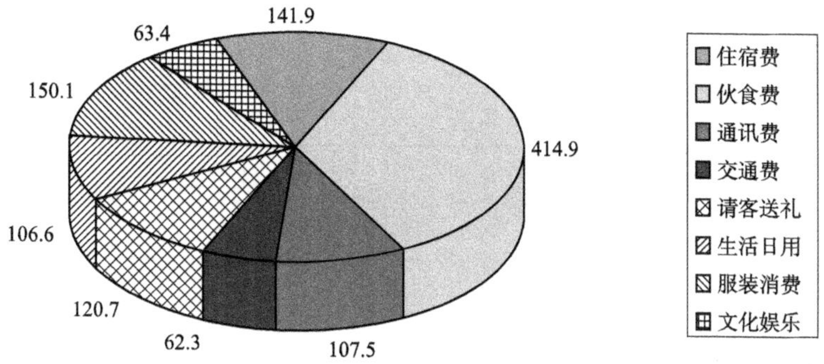


**图 2－1　新生代农民工消费结构（单位：元）**

居住地作为新生代农民工在城市的栖息地，居住模式的差异一定程度上体现新生代农民工与城市社会的关系。本调查从三个维度来考察新生代农民工的居住模式，如表 2－1 所示：其一是“未找到工作之前”，53.3% 的新生代农民工居无定所，15.6% 居住在出租屋；其二是“目前状况”，43.6% 的新生代农民工仍居无定所，另有 39.9% 住在集体宿舍；其三是“最久居住方式”，居住在集体宿舍的比例最高，为 44.2%，其次有 15.8% 的新生代农民工住在出租屋，另有 14.5% 新生代农民工一直以来居无定所。作为一种另类的社会空间形态，宿舍劳动体制随着全球化生产的去地域化而在现代中国出现（任焰、潘毅，2006）。居住在集体宿舍的新生代农民工，由于其生活的集体性特征，将使个体与城市社会生活场所的接触极为有限。于他们而言，城市仍然只是工作场所和暂时的栖息地。

**表 2－1　新生代农民工居住模式（%）**

| | 未找到工作之前 | 目前状况 | 最久居住方式 |
|---|---|---|---|
| 员工集体宿舍 | 7.6 | 39.9 | 44.2 |
| 出租屋 | 15.6 | 6.9 | 15.8 |

续表

| | 未找到工作之前 | 目前状况 | 最久居住方式 |
|---|---|---|---|
| 借住亲友家 | 5.8 | 0.9 | 2.4 |
| 借住亲友宿舍 | 7.1 | — | 0.6 |
| 临时窝棚 | 6.7 | 1.4 | 12.7 |
| 工作场所 | 1.3 | 5.0 | 2.4 |
| 车站或街头露宿 | 1.3 | 0.9 | 0.6 |
| 自购房 | 0.4 | 1.4 | 4.8 |
| 廉价旅馆 | 0.9 | — | 1.8 |
| 居无定所 | 53.3 | 43.6 | 14.5 |
| 总计 | 100.0 | 100.0 | 100.0 |

资料来源：根据问卷统计

闲暇生活是考察新生代农民工社会生活的另一个重要指标，从目前的研究来看，他们的闲暇生活质量还处在较低水平阶段：工作时间太长使得其闲暇时间很少；闲暇时间也主要是以春节等传统节假日为主，没有稳定性；而且低收入导致了新市民闲暇生活内容的选择只能是贫乏和单调的，以住家娱乐为主要的文化活动方式，看电视则是闲暇活动的主要项目，其余的还有打牌、听收音机、聊天、逛街、看小报等（章辉美、邓春梅，2007）。本研究中通过对新生代农民工参与各项闲暇活动的频率赋值，来了解新生代农民工闲暇活动的情况。频率赋值分为5个等级：4分为“几乎每天进行”、3分为“经常进行”、2分为“有时进行”、1分为“很少进行”、0分为“从未有过”，以此来计算新生代农民工闲暇活动的频率得分并排名，如表2-2所示：新生代农民工最经常从事的闲暇活动为看电视，此外还可以看出，随着闲暇成本或闲暇层次的提高，新生代农民工从事某项闲暇活动的频率在降低。值得注意的是，买彩票作为一种投机性的博弈活动，可能会在瞬间改变新生代农民工个体的命运，因而在新生代农民工的闲暇活动中占据重要位置。

表 2-2　新生代农民工十大闲暇生活排名

| 排序 | 活动项目 | 频率指数 | 标准差 | 样本量 |
|---|---|---|---|---|
| 1 | 看电视 | 2.5072 | 1.33074 | 276 |
| 2 | 买彩票 | 1.7635 | 1.22393 | 241 |
| 3 | 打牌下棋 | 1.5443 | 1.07511 | 237 |
| 4 | 逛商场 | 1.5289 | 1.31430 | 242 |
| 5 | 打台球 | 1.3958 | 1.25327 | 240 |
| 6 | 运动 | 1.2974 | 1.21406 | 232 |
| 7 | 读书 | 1.2311 | 1.30285 | 238 |
| 8 | 唱卡拉 OK | 1.1037 | 1.79630 | 241 |
| 9 | 跳舞 | 0.9359 | 1.13099 | 234 |
| 10 | 钓鱼 | 0.9030 | 1.18029 | 237 |

资料来源：根据问卷统计

关于新生代农民工的主观满意度调查，本研究设计了婚姻家庭、身体状况、人际关系、物质生活、职业类型、工作环境、工资待遇、晋升机会和社会地位 9 个维度的满意度比较。满意度分为 5 个等级：5 分表示“很满意”，4 分表示“较满意”，3 分表示“一般”，2 分表示“不太满意”，1 分表示“很不满意”。本书根据满意度的平均得分情况编制满意度指数，如表 2-3 所示。

表 2-3　主观满意度指数

| | 满意度指数（分） | 标准差 | 样本量 |
|---|---|---|---|
| 身体状况 | 3.5041 | 1.21470 | 246 |
| 人际关系 | 3.2451 | 1.07084 | 257 |
| 婚姻家庭 | 3.0476 | 1.01665 | 252 |
| 职业类型 | 2.8407 | 1.02850 | 270 |
| 工作环境 | 2.7617 | 1.09269 | 256 |
| 工资待遇 | 2.6540 | 1.03288 | 263 |
| 物质生活 | 2.6221 | 1.06060 | 262 |
| 社会地位 | 2.5393 | 1.15090 | 267 |
| 发展机会 | 2.5325 | 1.11024 | 231 |

从上表可以得出两个结论：其一，关乎新生代农民工个人生活的指标得分较高，如身体状况、人际关系、婚姻家庭得分均高于一般水平，其次是与职业相关的各项指标（职业类型、工作环境、工资待遇），最后是对关于城市生活整体评价（物质生活、社会地位）和个人发展前景的指标。其二，所有指标得分都较低，除了前三项得分稍高于3分，表明新生代农民工在这三方面的满意度为一般水平，其余6项指标得分均低于3分，说明新生代农民工主观满意度整体水平偏低。

# 第三章　新生代农民工就业现状剖析

党的十八届三中全会指出："健全促进就业创业体制机制。建立经济发展和扩大就业的联动机制，健全政府促进就业责任制度。规范招工用人制度，消除城乡、行业、身份、性别等一切影响平等就业的制度障碍和就业歧视。完善扶持创业的优惠政策，形成政府激励创业、社会支持创业、劳动者勇于创业新机制。"（习近平，2013）可见就业问题在我国社会生活中占有重要位置，得到了党中央的高度重视。新生代农民工就业问题作为就业问题的重中之重，更应该引起社会各界的高度重视。因此，本章对新生代农民工的就业问题进行了分析，为就业问题的解决起到基础性的作用。

## 第一节　新生代农民工就业情况

本研究从山西省各个地区中随机抽取了1250名新生代农民工作为调查对象，其中新生代女性农民工450人，新生代男性农民工800人。通过对他们的就业情况的调查，来了解整个山西省的新生代农民工就业情况。通过调查发现，他们的就业概况如下：

### 一、新生代农民工就业行业结构概况

新生代农民工的就业结构主要由其所从事的行业的性质和类别来体现。在调查过程中我们发现，首先，新生代农民工就业人数最多的是第三产业，就业人数占到调查总数的42.3%，其中批发和零售行业就业人数占总人数的10.3%，住宿和餐饮行业就业人数占总人数的7.8%，从事交通运输、仓储和邮政业的人数占总人数的10.2%，居民服务和其他服务业占

总数的14%。其次，制造业是新生代农民工人数较多的行业，占到调查总数的38.5%；建筑业人数最少，只占到调查总数的8.5%。可见，新生代农民工不愿意从事劳动强度较大的行业。最后，其他行业就业人数占到总人数的10.7%，见图3－1。由此说明新生代农民工就业行业结构开始向多元化方向发展，在就业的过程中他们不仅考虑收入的多少，还考虑发展前景、劳动强度等等。

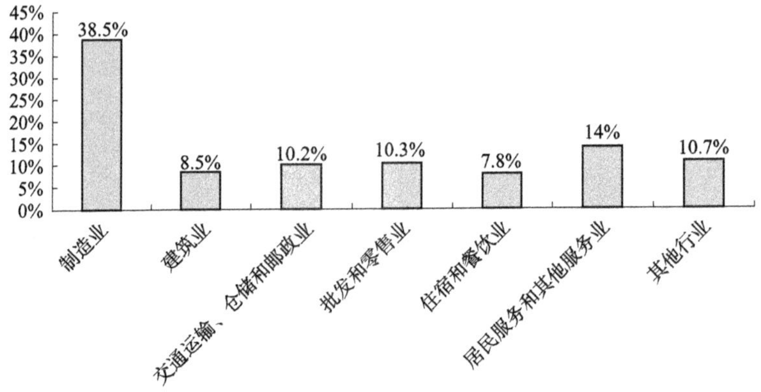


图3－1 新生代农民工外出从业的主要行业分布

从行业分布来看，新生代农民工主要从事二、三产业中的次级劳动市场。这主要是因为一方面新生代农民工大多学历较低，普遍具有初中或高中学历，不能满足高级劳动市场的需求；另一方面，由于二、三产业中的次级劳动市场，对劳动力的要求普遍不高，准入门槛不高，从而成为大多数新生代农民工的最佳选择。同时，由于第三产业具有和城市居民接触较多的特点，可见新生代农民工选择从事第三产业也反映了他们希望加强与城市居民的交流与沟通过，以便尽快融入城市的美好愿望。

新生代农民工就业行业性质主要表现在：新生代农民工就业大多集中在民营企业，所占比例为63.2%；外资或合资企业也有相当一部分新生代农民工，所占比例为28.7%；在国企就业的农民工人数最少，所占比例为8.1%。

## 二、新生代农民工就业途径

可以通过两种不同的标准对新生代农民工的就业途径进行分类。

以就业途径为标准可以将其分为正规渠道就业和非正规渠道就业。在调查过程中我们发现，新生代农民工的就业途径主要是非正规就业。新生代农民工主要通过“自谋职业”和“通过亲戚朋友、同乡介绍”两种方式找到现有的工作，两种所占的比重分别为36.1%和39.2%。同时在访谈过程中，我们发现他们在“自谋职业”的过程中主要通过报纸和网络寻找招工信息。我们在调查中还发现，通过正规渠道就业所占的比重比较少，仅仅占到16.3%。但是，相关的统计数据表明，正规就业在新生代农民工就业中所占的比重逐年上升，政府中介部门和劳动部门在农民工就业中所发挥的作用不断增大，同时学历较高的新生代农民工更愿意通过正规渠道就业。如表3-1所示。

**表3-1　新生代农民工进入工作单位的渠道调查表**

| 就业渠道 | 找工作的方式 | 百分比（%） | 百分比（%） |
|---|---|---|---|
| 非正规渠道就业 | 自己找的 | 36.1 | 82.3 |
| | 通过亲戚朋友、同乡介绍的 | 39.2 | |
| | 私人包工头带出来的 | 4.3 | |
| | 雇主到当地招工 | 2.7 | |
| 正规渠道就业 | 通过劳动部门或政府中介介绍 | 9.5 | 15.9 |
| | 通过本地劳务市场、职业介绍所 | 4.8 | |
| | 共青团组织的职业介绍 | 0.9 | |
| | 工会、妇联等其他中介组织的职业介绍 | 0.7 | |
| 其他 | | 1.8 | 1.8 |

以就业形式为标准可以分为就地就近转移就业和外出转移就业。就地就近就业可以分为农业内部转移和农村内部转移两种。农业内部转移是指依然生活在农村，不以从事种植业为主，而以林业、畜牧业和渔业等为主。农村内部转移主要是指农村劳动力由从事种植业转移到乡镇企业和农村内部的非农产业生产。外出转移就业是指农民离开农村到城市谋生。

## 三、新生代农民工就业质量概况

“就业质量”由国际劳工组织最先提出，由于它涉及的范围比较广，故存在许多种定义方式。学者们普遍采用的是通过建立指标体系对它进行定义。本书从研究目的出发，从狭义的角度对“就业质量”进行定义，它是指新生代农民工最低需求的满足程度。笔者进一步将它量化为两个指标：新生代农民工的工资收入和社会保障。

从工资收入来看，在打工年限、工作经验和职业等因素的影响下，新生代农民工的收入低于上一代农民工的收入。虽然与上一代农民工相比他们有相对较长的受教育年限，但是他们只是基础知识比上一代有所增加，并没有掌握工作所需的专业知识和技能。从调查的结果来看，新生代农民工的月均收入是1542元，上一代农民工的月均收入是1703元。

从社会保障方面来看，调查的结果显示，不同行业农民工的社会保险状况有所不同。

从表3－2可以看出，新生代农民工社会保障覆盖率在所有行业都不高，有工伤保险和医疗保险的新生代农民相对较多，也没有一个行业超过30%。这说明新生代农民工比较重视自身的身体健康状况。新生代农民工养老保险低于工伤保险和医疗保险，所有行业所占的比例都在10%以下。新生代农民工失业保险覆盖率最低大部分行业在5%左右，只有交通运输、仓储和邮政业失业保险覆盖率为5.3%。这说明新生代农民工没有从长远出发切实维护自身的利益。

**表3－2　主要行业汇总新生代农民工的社会保障覆盖率（%）**

| 主要行业 | 养老保险 | 工伤保险 | 医疗保险 | 失业保险 |
| --- | --- | --- | --- | --- |
| 制造业 | 8.1 | 23.2 | 11.4 | 3.2 |
| 建筑业 | 2.8 | 17.8 | 4.8 | 0.9 |
| 交通运输、仓储和邮政业 | 8.8 | 24.7 | 13.6 | 5.3 |
| 批发和零售业 | 5.4 | 11.3 | 8.5 | 4.1 |
| 住宿和餐饮业 | 3.1 | 10.9 | 6.4 | 1.3 |
| 居民服务和其他服务业 | 3.6 | 11.6 | 8.6 | 2.2 |

从上表可以看出建筑业社会保障覆盖率不高，而建筑行业所从事的工作往往具有高危险性和重体力付出的特征。建筑行业的高危险与社会保险覆盖率的不高形成鲜明的对比，这充分说明建筑行业没有对新生代农民工

的保险予以重视，没有对新生代农民工的基本权益予以保障。同时从上表可以看出制造业以及交通运输、仓储和邮政业社会保险覆盖率相对较高，批发和零售业以及居民和其他服务业社会保险覆盖率居中，住宿和餐饮业社会保险覆盖率最低，这和行业性质有一定的关系。

从新生代农民工的工资收入和社会保障两个指标可以看出，新生代农民工的就业质量偏低，与城镇职工存在较大的差距。就业质量偏低影响了新生代农民工的生活质量和稳定性，为其生存带来较大的压力，不出现意外情况可以维持生活，但是一旦出现意外，新生代农民工本身收入较低，又没有社会保障作为支撑，容易陷入生活的困境，进而引起社会的不稳定。

## 四、新生代农民工的就业环境

就业环境差，工伤人数多。由于没有专业的技能和知识，新生代农民工所从事的工作一般具有“脏”和“累”的特点，发生工伤事件的可能性比较大。在调查过程中，我们发现，建筑业和采掘业就业环境最差。在建筑行业中，新生代农民工直接与石灰、油漆等接触，工作危险性比较大；在采掘业中一般都是连续作业，存在比较严重的原料污染。从调查的数据来看，在民营企业、外资和中外合作企业发生工伤的事故中，有40%以上的伤亡人数是新生代农民工。

劳动强度大。从总体上看，近六成的新生代农民工认为劳动强度可以接受，选择“一般”的比例为62.4%；超过三成的新生代农民工认为劳动强度过大，选择“大”或“很大”的比例为33.2%；只有4.4%的人认为劳动强度较小，如图3－2所示。同时调查过程中发现，劳动强度最大的是采掘业和建筑业，其劳动强度远远在制造业和服务业之上。从劳动时间来看，作为雇工的农民工月平均工作天数是26天，周平均工作时数是57.5小时。大部分新生代农民工的工作时间都多于劳动法的规定。从行业分布来看，从事制造业的新生代农民工每周平均工作时数是58.6小时，从事建筑业的新生代农民工每周平均工作时数是58.9小时，从事服务业新生代农民工平均每周工作时数是57.8小时，从事住宿餐饮业新生代农民工平均每周工作时数是60.8小时，从事批发零售业的新生代农民工平均每周工作时数是57.9小时。从事餐饮业的新生代农民工周平均工作时数最长。如图3-3所示。

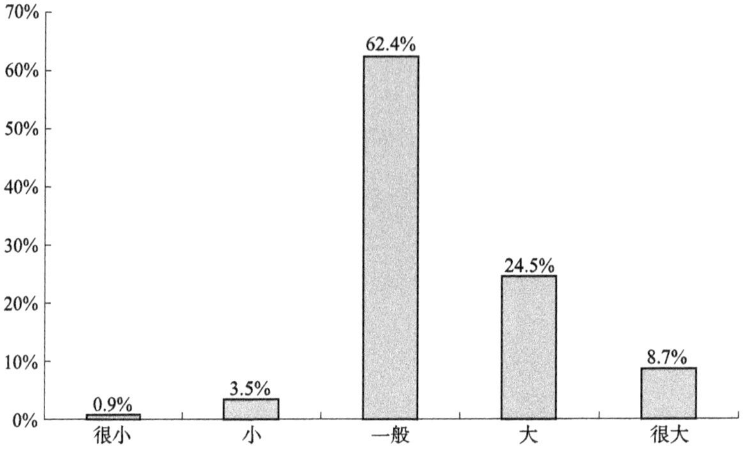


**图3-2　新生代农民工劳动强度统计表**

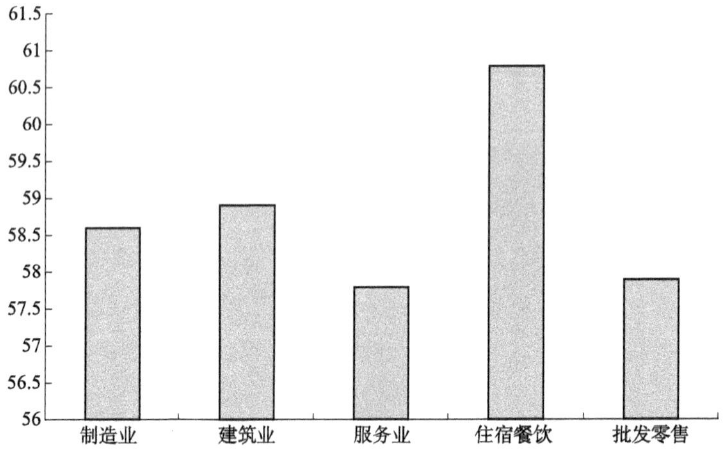


**图3-3　新生代农民工劳动时间统计表（单位：小时）**

在调查过程中，我们发现在工作过程中面临高温、低温作业问题的新生代农民工占调查总数的32.1%，工作过程中存在噪音污染严重的占调查总数的38.5%，工作过程中存在机械故障隐患的占调查总数的37.9%，工作过程中存在粉尘污染的占调查总数的31.1%，其他的占30.2%。但是与对传统农民工采取的防护措施相比，用人单位没有采取足够的防护措施来维护新生代农民工的利益。例如，在存在粉尘污染的企业，新生代农民工受到防护措施保护的比例为24.2%，低于传统农民工的32.5%。在过去两年里，有20.3%的新生代农民工提出所在单位没有向其发放过劳动保护用品；有18.6%的新生代农民工提出所在单位劳动保护用品的发放不足量或不及时；有51.3%的新生代农民表示没有参加过单位组织的健康体检，而上一代农民工的比例为47.8%；有17.6%的新生代农民工表示所在单位没有进行生产安全培训，而上一代农民工的比例为15.3%；参加“安康杯”竞赛的新生代农民工所占的比例为13.3%，而上一代农民工为23.1%。

## 第二节　新生代农民工就业模式

随着我国新生代农民工就业的不断发展和演进，就业形式逐渐固定化，形成了固定的就业模式，对广大新生代农民工的就业产生了极为不利的影响。以下将对新生代农民工就业模式的特点和原因进行分析。

### 一、新生代农民工就业模式的特征

“新生代农民工”主要是指户籍没有迁移到城市但是在城市工作的农村年轻劳动者。它主要包括以下含义：首先，它是职工身份的代表。城市就业者在具有身份证明的同时还有信用证明，但是新生代农民工没有信用证明，只有身份证明。所以，用人单位在招聘过程中会在心理上产生歧视。其次，它是分配模式的体现。现代社会职业化特征越来越明显，职业与人的生活联系越来越紧密，但是新生代农民工的就业仅仅具有经济学所说的劳动力意义，而没有从社会生活上融入城市，不具有社会意义，从而导致与城市劳动者不同的资源分配。最后，新生代农民工自身的特点决定了新生代农民工就业模式的特殊性，主要表现为以下几个方面：

#### （一）低声望职业

在调查过程中，我们发现新生代农民工在工作过程中没有享有和城市就业者一样的待遇，在就业岗位、薪酬和生活中都受到不应有的歧视。此外，我们还发现新生代农民工就业单位的社会地位与新生代农民工的社会地位不存在相关性，即使新生代农民工就业单位社会地位较高，新生代农民工的社会地位依然较低。

（二）低技术简单劳动

新生代农民工从农村到城市，职业有所改变，收入、工作环境等方面都有较大的变化，但是新生代农民工通过再次就业向上流动的机会较小。主要原因是新生代农民工所从事的工作大多技术含量较低。从访谈过程中我们发现，不论是从事制造业、建筑业还是第三产业，新生代农民工的工作具有共同的特征——低技术简单劳动。

（三）流动就业

新生代农民工就业的模式是在不同地区、不同行业流动就业，在就业地不断变化的同时家庭地却不随之变化。新生代农民工家庭所在地一般是流出前的乡村，而不是他目前就业的城市。他们在城市安家的机会很小。有人形象地把异地就业划分为“单飞式”和“挪窝式”两类，认为典型的农民工采取“单飞”模式（宋林飞，1996）。

## 二、新生代农民工就业模式的成因

（一）从事低地位岗位的成因

在我国，“新生代农民工”一词不仅是职业的象征，还是社会身份的象征，他们和市民在社会身份上存在较大差别。虽然近年来随着我国改革的不断推进，新生代农民工在就业、分配、福利等方面享有越来越多的权利，但是新生代农民工在社会结构中的地位依然没有从根本上发生改变。主要表现在以下几个方面：

1. 从观念上社会对新生代农民工的定位是“落后”。人们通常用传统和现代两个标准对社会进步进行讨论，但是大部分研究都认为新生代农民工是“落后”的，与现代文明存在较大差距。在现代化不断推进的过程中，社会逐渐对新生代农民工形成了固定的印象，认为新生代农民工没有法治观念，没有时间观念和竞争意识，合作意识不强，技术和知识水平不高等。在学术研究中，也将农民作为传统的象征，认为新生代农民工在社会参与、消费态度、亲属义务、工作态度等方面都具有传统的特征，不能适应现代社会的发展，这就造成了新生代农民工在就业中的低声望。

2. 从在工作中所发挥的作用上对新生代农民工的定位是“临时工”。从劳动者在工作中所发挥的作用将我国就业者分为“白领”和“蓝领”两类。但是我国新生代农民不属于任何一种，他们在工作中发挥着补充的作用。

从岗位构成的角度看，新生代农民工从事的职业主要包括经营性职业和临时性职业两类。经营性职业主要包括从事废旧品回收、集市和街头零售等工作；临时性职业主要是指从事脏、累、差和其补充作用的工作。从行业构成的角度看，建筑业、批发零售、餐饮业和运输业是新生代农民工从业人数较多的行业，新生代农民工中有四分之三左右在这些行业就业，但是我国非农劳动力只有不到五分之四在这些行业就业。

3. 利益方面与城市就业者存在较大的差别。这一差异主要表现在收入水平方面。收入水平的差异和岗位性质有密切的关系。初级性和辅助性是新生代农民工所从事岗位的主要特征，这就导致新生代农民工的收入水平明显低于城市就业人员。

十一届三中全会以来，随着改革开放和市场经济的不断推进，我国社会结构不断发生变化，但是我国传统的社会地位体系并没有发生根本的变化，这主要体现在观念上、就业岗位上和利益分配上，新生代农民工都处于不利的地位。同时从我国目前的状况来看，我国社会地位体系不可能马上发生变化，因此，这就导致长期以来我国新生代农民工的就业模式具有低声望就业的特征。

（二）从事低技术岗位的成因

社会的不断发展，技术的不断更新，导致大部分从业者都从事一般技术行业和低技术行业。新生代农民工就业中存在的问题并不是新生代农民工一开始从事一般技术和低技术行业，而是在开放的就业市场中，为什么新生代农民工只能选择低技术行业？主要原因是新生代农民工自身素质不高。新生代农民工自身素质的不高主要是由城乡差异造成的。城乡差别主要从就业和社会关系网络对新生代农民工产生影响。首先，农村教育水平的低下，是新生代农民工素质不高的直接原因。其次，社会关系网络具有地缘性特征，这就导致离开乡村的新生代农民工不能建立有效的社会关系网络。

1. 农村教育水平的低下，是新生代农民工素质不高的直接原因。

低学历是新生代农民工就业的最大限制，低学历将新生代农民工排除在技术性岗位，甚至一般性岗位之外，他们只能从事低技术岗位。低学历主要是由农村教育水平的低下造成。我国广大农村师资力量薄弱、教学设备不完善、教学水平不高等导致新生代农民工不能接受与城市就业者同样水平的教育，同时受到家庭、环境等因素的影响很多新生代农民只接受完了高中甚至初中教育，就进入城市务工。

2. 社会关系网络的特征导致新生代农民工不能得到有效的支持

教育水平的低下使新生代农民工不可能从事管理岗位和专业技术岗位，社会关系网络的缺乏进一步加剧了这一趋势。

一些学者将社会网络分为经济支持网和精神支持网。经过深入的研究发现，城市居民和农村居民的经济支持网都建立在血缘关系的基础上，但是城市居民的精神支持网主要建立在同事和朋友的基础上，而农村居民的精神支持网主要由邻居构成。还有一些学者的研究认为新生代农民工虽然工作的地域发生了变化，但是其社会关系网的边界并没有随之发生变化，这就导致新生代农民工的经济地位和社会地位的变化不同步。从以上的分析中可以看出，城市居民的社会关系网为他们在城市的就业提供了强有力的支持，而农村居民的社会关系网则不能为他们在城市的就业提供支持。同时文化背景相同的人一般倾向于聚居，以建立新的社会联系，但是在现有的条件下又不能满足新生代农民工聚居的需求，这就导致新生代农民工不能及时建立新的社会关系网络，从而加剧了新生代农民工在就业中的弱势，导致其只能长期从事低技术工作。

（三）从事高流动岗位的原因

流动就业可以分为地区间流动就业和行业间流动就业两类。现代社会的就业具有行业间流动的特征，新生代农民工的低技术进一步加剧了这一趋势。这是因为低技术行业可替代性较高的原因。新生代农民工地区间流动就业的特征主要是由环境压力和理性选择双重作用造成的。

环境压力导致新生代农民工在地区之间流动就业。几千年以来，农民一直是我国社会的主要构成部分，占人口总数的绝大部分。改革开放以来，非农产业快速发展，在我国经济中所占的比重越来越大，这就要求农业劳动者尽快向非农产业转移。但是城市是我国非农产业的主要集中地，这就要求新生代农民工脱离生活的农村去城市就业，从而促使我国新生代农民工在地区之间大规模流动。虽然乡镇企业的发展可以安排一些新生代农民工在本地就业，但是只有长江三角洲、珠江三角洲和京津唐地区的乡镇企业发展较快，这就导致就近安置只能解决一部分人的就业问题，大部分新生代农民工仍需在地区间流动就业。

新生代农民工在地区之间流动就业是其理性选择的结果。我国农业生产以家庭为单位，这就导致我国新生代农民工不是从个人利益出发对就业方式进行选择，而是从家庭利益出发对就业方式进行选择。从理性的角度来看，部分家庭成员进入城市务工更有利于整个家庭生活水平的提高。

## 第三节　新生代农民工就业形势

后金融危机对我国新生代农民工就业产生了一定程度的影响，随着一部分企业的倒闭和减产，我国出现了一批新生代农民工返乡，导致“十二五”期间我国新生代农民工就业既出现了机遇也出现了挑战，但是从长期来看，我国新生代农民工的供给呈现由上升到下降的趋势。

### 一、后金融危机对新生代农民工就业形势的影响

加入WTO后，我国经济得到快速发展，就业形势也开始好转，劳动力市场由紧张变为宽松，“民工荒”现象的出现就是最主要的标志之一。但是在这一趋势出现不久，国际金融危机开始影响我国，并一直持续至今，对我国的就业形势产生了不良的影响，我国新生代农民工的就业形势也随之发生逆转。

（一）对沿海地区新生代农民工就业的影响较大

与内地相比，具有高开放程度的沿海地区，受到后金融危机的影响更大。沿海地区的经济总量在我国经济中所占有的比重较大，沿海地区的出口总量在我国出口总量中所占的比重也比较大。但是由于后金融危机的影响，人民币升值、原材料价格上涨，这进一步影响了沿海地区制造业和出口企业的发展。在订单减少、推迟或者接不到订单的情况下，沿海企业一部分开工不足，一部分倒闭，从而导致企业员工减少或者工作岗位不存

在，这就导致沿海地区的很多新生代农民工不得不重新回到家乡。

以广东省来看，它的经济总量在我国经济总量中占有较大的比重，出口在我国出口总量中也占有三分之一的比重，但是在后金融危机的影响下，来料加工比例提高，出口企业的利润减少，制造业和中小企业收入受到严重影响，因此，珠三角地区出现了大批的新生代农民工返乡现象。

同时，后金融危机对于沿海地区内部的影响存在不同。后金融危机对珠江三角洲地区的就业形式影响最为严重，其次是对长三角地区的影响较为严重，受影响最小的地区是东北部地区。后金融危机对于沿海地区内部影响不同的主要原因是沿海地区在产业结构和外贸依存方面有较大的差别。珠江三角洲地区来料加工企业较多，服装和纺织业也较多，这就导致后金融危机对其影响较大。东北部地区由于主要面向国内市场，对外开放程度不是很高，因此后金融危机对其影响较小，但是，一些企业的招聘人数也在减少。

（二）对制造业、外商投资企业和中小企业中新生代农民工就业影响较大

首先，在制造业中，来料加工占有较高的比重，产品进口之后再加工出口，工业制品在我国外贸出口占有百分之九十以上的比例，这就导致后金融危机对制造业影响较大，制造业普遍出口下降，企业减员或裁员。而新生代农民工有接近四成都从事制造业，这就直接影响了新生代农民工的就业。

其次，制造业的外商投资占我国外商投资总数的一半，吸纳了我国大量的劳动力，在后金融危机的影响下，制造业出口减少，外部资金流入减少，这就减少了外商企业的就业需求，从而影响了新生代农民工在外商企业中的就业。

最后，后金融危机对我国中小企业产生巨大影响。服装、纺织、电子元件等企业倒闭，导致工作岗位减少，从而促使大量的新生代农民工重新返回家乡。

（三）新生代农民工城镇就业挤压效应

后金融危机影响了我国经济的发展，导致我国就业形势趋于紧张，就业岗位不断减少，从而对城镇就业产生挤压效应。在后金融危机的影响

下，我国出口下降，外资流入减少，经济发展速度放缓，流入制造业的资金减少，造成我国经济的不稳定。在减少制造业就业岗位的同时，也减少了服务业的就业岗位，从而对城镇人口就业产生了挤压效应，进一步增加了新生代农民工的就业压力。

## 二、“十二五”新生代农民工就业面临的新形势

“十二五”期间，我国新生代农民工数量不断增加，增加了就业的压力。我国经济发展方式的转变，要求新生代农民工具有更高的素质；有关农民工的就业政策的出台，对新生代农民工就业提供了重要的保障；农民工工资的增加，为新生代农民工生活状况的改善提供了重要基础。因此，在“十二五”期间，我国新生代农民工的就业既有机遇也有挑战。

### （一）新生代农民工供需总量增加

首先，“十二五”期间，随着我国经济的进一步发展，工业化和城市化的不断推进，产业结构将进一步调整，服务业在国民经济中所占比重进一步增加，为我国新生代农民工就业提供了强有力的支撑，促使新生代农民工需求总量增加。其次，从 2012 年至 2014 年人力资源与社会保障部的发展统计公报可以看出，我国新生代农民的供给总量连续三年呈现不断上升的趋势，由此可见“十二五”期间我国新生代农民工供给总量会进一步增加。

### （二）经济发展方式向集约型转变，要求新生代农民工进一步提高自身素质

在“十二五”期间，我国一部分企业可能会出现结构性失业。我国新生代农民工工作流动性较强的主要原因是新生代农民工的知识水平和技术水平不能满足城市经济发展的需求。随着我国经济发展方式的转变，对劳动者提出了越来越高的要求，但是我国新生代农民工的教育程度、技术水平、法律意识和竞争意识都相对落后，与劳动力市场的发展不相适应，从而导致我国新生代农民工不能稳定就业。因此，“十二五”期间要重点解决经济发展方式的转变和新生代农民工低素质之间的矛盾，通过职业培训等各种方式提高新生代农民工的素质。

（三）户籍制度和农村土地承包制度仍然影响新生代农民工就业

城乡二元结构下的户籍制度、流动性较差的农村土地承包制度在“十二五”期间依然会影响我国新生代农民工就业。首先，户籍制度对新生代农民工就业的影响。长期以来，由于受到户籍制度的制约，我国新生代农民工在就业过程中遇到种种歧视和障碍，不能和城市就业者享有同等的就业权利。虽然我国在不断推进户籍制度改革，但是户籍制度的改革需要一个长期的过程，不可能一蹴而就。所以，“十二五”期间我国新生代农民工就业依然会受到户籍制度的影响。其次，农村土地承包制度对我国新生代农民工就业也产生了严重的影响。目前，农村土地流转过程中存在一些问题，导致农民的权益受到损害。主要问题包括以下几个方面：我国集体土地所有权的存在对土地流转产生一定影响，农民土地所有权实现形式的单一性，政府在土地流转过程中的干预行为等。农村土地承包问题在“十二五”期间依然存在，对新生代农民工就业产生不利影响。

（四）新生代农民工的社会保障形势仍然严峻

在调查过程中，我们了解到，近两年签订劳动合同的新生代农民工占新生代农民工总数的63.1%，遭遇工资拖欠的新生代农民工占新生代农民工总数的8.9%，平均每个新生代农民工拖欠工资1731元。在访谈过程中我们还了解到，73.2%的新生代农民工所从事的工作就业环境差、工伤事故较多、职业病频发。同时从上文的分析可以看到，新生代农民工的社会保障覆盖率较低，这就导致新生代农民工基本权利不能得到保障，不能尽快融入城市，成为城市的边缘人群。因此，在“十二五”期间要进一步完善新生代农民工的社会保障。

（五）新生代农民工工资将呈现上涨趋势

虽然在后金融危机影响下，我国一些企业用工需求减少，但是也有一些企业出现了用工紧张的状态。在我国一些受后金融危机影响较小、经济发展较快的地区，出现了缺工现象。在劳动力市场上，技工和普工同时出现了短缺的迹象，季节性用工和常年性用工同时出现了短缺的现象。需求在一定程度上的增加导致新生代农民工工资的上涨。在调查过程中我们了解到，近三年内山西省新生代农民工的工资出现了上涨。新生代农民工工资的上涨，主要原因除了近年来我国经济的快速增长，政府有力的就业政策和受金融危机影响较小的企业用工需求增加之外，与我国人口结构的转变也有密切的关系。随着我国人口老龄化的不断推进，我国劳动人口总数会由上升转变为下降，这就导致农村劳动力供给减少，从而促进新生代农民工工资的上涨。

## 三、新生代农民工的供给形势

在后金融危机的影响下，我国出现了大批新生代农民工返乡现象，出现了大批新生代农民工回城现象，也出现了“民工荒”现象。虽然这与我国农民工的供给形势和政府的就业政策、金融危机有一定的关系，但是新生代农民工的供给形势也是我国人口结构不断变化的结果。

随着国家计划生育政策的实施，我国人口再生产类型实现了转变，随之而来的是人口年龄结构的转变，老龄人口不断增加，老龄化社会到来。人口老龄化主要表现在老龄人口在总人口中所占的比例上升，少儿人口在总人口中所占的比例下降，以及劳动年龄人口在总人口中所占的比例逐年减少。从联合国的预测数据可以看到，我国将在 2050 年之前将进入老龄化社会，0～14 岁、15～64 岁和 65 岁及以上人口在总人口中所占的比例下降，劳动年龄人口呈现倒 U 形的变化。

与发达国家相比，我国用了 20 年时间从高生育率转变为低生育率，在较短的时间内实现了人口的再生产类型和人口年龄结构的转变，在我国经济快速发展的情况下，我国城乡二元结构和劳动力供给的转变远远快于西方。虽然劳动力总量并不是影响劳动力市场状况的决定因素，但是劳动力总量的变化也就是人口结构的变化导致劳动力供给从无限转变为短缺。

人们普遍认为农村劳动力的供给会一直处于供过于求的状态。但是对农村劳动力状况进行深入的分析，就会发现我国新生代农民工的供给数量并不是无限的。有关的调查显示，随着我国人口结构的转变，新生代农民工的供给数量会呈现先上升后下降的趋势，在 2015 年达到峰值之后，会呈现下降的趋势。

一方面，我国新生代农民工供给在达到峰值之后会呈现下降趋势，另一方面我国经济快速发展，会产生更多的岗位需求，从而可能出现“民工荒”现象。

可见，新生代农民就业虽然在短期内受到后金融危机的影响处于供过于求状态，但是随着我国人口结构的变化，新生代农民工的供给会出现从充足到短缺的变化趋势。在后金融危机的影响下，新生代农民工出现就业困难只是暂时的现象。从长期来看，劳动力配置格局随着我国人口结构的变化在不断转变，新生代农民工的供给数量会出现由上升到下降的变化趋势。

## 第四节　新生代农民工就业压力

### 一、新生代农民工素质不高造成的就业压力

（一）文化素质进一步提高，但文化水平依然较低

九年义务教育的普及和农村教育条件的改善，提高了我国农村居民的受教育程度。通过调查我们发现，接受过高中及以上教育的新生代农民工在新生代农民工总数的比重为64.2%，高于传统农民工中接受高中及以上教育的比重。其中中专、大专和大学本科及以上所占的比例分别是28.8%、21.6%和13.8%，而传统农民工中专、大专和大学本科及以上所占的比例分别是11.2%、9.8%和5.6%。新生代农民工文化素质普遍高于上一代农民工。

但是新生代农民工的文化水平依然低于城市劳动力。虽然新生代农民工普遍具有初中学历和高中学历，但是在所掌握的知识方面，由于只是完成了义务教育和普通高中教育，所以新生代农民工所掌握的只是基础知识，专业知识和专业技能缺乏，不能满足劳动力市场对劳动者素质的要求。同时，城市教育师资、教育环境和教育设备有较大程度的改善，职业教育、高等教育不断发展，从而导致新生代农民工与城市居民之间的素质差距拉大。

要促进新生代农民工弱势地位的改变，促进新生代农民工尽快融入城市，为经济发展提供充足的后备军，就必须不断提高新生代农民工的文化素质。与此同时，随着经济结构的调整和产业结构的升级，创新在经济社会中发挥的作用越来越大，这就使劳动力市场对劳动者的要求不断提高，

要适应这一变化就必须提高新生代农民工的素质。所以，要促进市场经济的深化，就必须不断提高新生代农民工的素质。

（二）劳动技能欠缺，技能素质不高

随着我国经济的不断发展，劳动密集型产业逐渐减少，技术密集型产业不断增加，劳动力市场越来越需要高技术劳动者，这就要求劳动者不断提高自身素质。新生代农民工要想在城市获得稳定的工作，在提高自身文化素质的同时还必须提高自身的技术水平。但是新生代农民工由于没有掌握专门的技术，只能从事简单重复的低技术工作。长期的低技术工作和向上流动的不可能造成新生代农民工在劳动力市场中的边缘地位。在经济转型的背景下，新生代农民工劳动技术欠缺，还导致新生代农民工不具备竞争的优势，从而给新生代农民工融入城市带来困难。这就要求不断加强对新生代农民工的职业教育，促进其技术水平的提高。

（三）心理素质有待进一步提高

从“富士康”跳楼事件可以看出农民工心理素质在农民工就业过程中发挥着重要的作用。新生代农民工心理素质不高，影响了新生代农民工在城市的就业。新生代农民工素质不高，主要原因是理想和现实之间的差距较大。到城市就业，使得新生代农民工离开原来的生活环境，但是却不能融入城市，从而带来新生代农民工一系列的心理问题，进而导致失范行为的增加。例如感到城市人际关系的冷漠和疏离，由于缺乏交流产生封闭心理等。由于不能从心理上融入城市和城市居民的排斥，导致新生代农民工自卑、敏感，甚至有些新生代农民工出现了仇视社会的心态。

由于缺乏正规的就业渠道和农村闲适的生活环境，新生代农民工不能吃苦，同时对自身的期望不符合实际，从而导致新生代农民工进入城市之后不能从自身实际出发来寻找工作。当他们找不到工作的时候，他们不能从理性上分析自己失败的原因，并吸取教训，不能对自己的职业发展进行认真规划，而是选择了一种消极的态度，自暴自弃。

## 二、社会和经济的结构性矛盾带来的就业压力

经济结构主要体现在经济制度和经济体制中，不同层次的结构构成了经济结构系统。劳动者素质技能结构和投资结构是经济结构的基础，在社

会主义条件下，劳动者素质技能结构是基础的基础。正是劳动者素质技能结构和投资结构决定了产业结构和就业结构。从产值的角度来看，社会生产的结构就是产业结构，从劳动者的角度来看，社会生产的结构就是就业结构。

社会和经济结构对新生代农民工就业的影响主要表现在以下几个方面：首先，在二元经济结构的制约下，城乡差异的存在给新生代农民工就业带来了压力。其次，我国经济发展方式的转变和产业结构的调整、优化升级对新生代农民工提出更高要求，构成新生代农民上就业瓶颈。最后，我国长期以来投资结构的不合理也影响了新生代农民工的就业。

### （一）城乡二元结构带来的就业压力

新生代农民工就业困难的主要原因是长期以来二元经济结构的存在。在新中国刚成立的时候，为了适应当时的国内外环境，我国政府决定通过建立城乡分割的二元结构来集中全国的人力、物力和财力，以促进我国经济的恢复。但是随着我国改革开放的不断深化和市场经济的不断发展，城乡分割的二元结构已经构成对我国经济发展的障碍，影响了我国新农村建设的进程和农民生活水平的提高。

首先，城乡二元结构制度是建立在户籍制度基础上的。户籍制度将我国公民分为农业户口和非农业户口，这种身份的规定，影响了我国城乡之间人口的流动。

其次，城乡之间二元结构的存在，导致了劳动力市场上出现了城乡分割的局面。新生代农民工在就业的过程中处于劣势，只能从事收入低、劳动时间长、劳动强度大和劳动保障不健全的工作。这导致他们实现向上流动的困难，很难实现正规就业，处于劳动力市场的边缘。

再次，城乡二元结构的存在，导致新生代农民工社会保障覆盖率的低下。一方面城乡二元结构的封闭性，导致新生代农民工不能和城市居民享受同等的社会保障待遇；另一方面新生代农民工务工收入低下，但是又不想回到农村从事农业生产，使土地保障制度不能对新生代农民工发生作用，为新生代农民工的就业带来了巨大的压力。

### （二）产业结构升级带来的就业压力

产业升级是指依靠技术进步来促进产业结构完善、产业素质的提高和产业效率的提升。参与结构的完善主要是指促进不同产业协调发展，促进产业内部和不同产业之间结构的合理化。产业素质与效率的提高主要是指促进不同生产要素之间组合方式的优化，促进产业技术水平和管理水平的提升，促进产业产品质量的提高。

我国企业在很长的一段时间里，创新能力不强，经济的快速发展在一定程度上都依赖于制造业的发展和低端产业的发展。产业层次低、产品附加值不高，影响了我国经济的发展，企业亟待提高自己的创新能力，实现产业的升级。但是东部沿海的企业又是吸收新生代农民工最多的单位，因此，产业升级，就必然要求劳动者的素质进一步提高。这与新生代农民工素质不高的现状形成了一些反差，这就为我国新生代农民工的就业带来巨大的压力。

从制造业来看，我国制造业技术水平不高，在世界产业分工体系中处于低端，我国制造业的发展主要依靠我国廉价劳动力而获得发展，大多数制造业方面的企业都以低端产品的加工和装配为主，所生产产品的附加值不高，制造业中的核心技术主要由外商掌握。近年来，随着经济的发展，劳动力成本不断增加，我国制造业发展的优势因素消失，导致制造业的发展出现了瓶颈，许多低端制造业由于工资水平不高，招聘员工出现了困难，于是“民工荒”现象出现。

“民工荒”现象的出现促使企业不断提升自己的自主创新能力，实现产业的优化升级。企业的产业升级必然会影响新生代农民工的就业。主要表现在以下两个方面：一是我国新生代农民工素质不高，大部分新生代农民工在就业之前没有参加相关的职业教育和培训，不能适应产业升级对于劳动者素质的要求。二是由于新生代农民工在行业和地区之间的流动较强，而企业出于自身的利益考虑，不愿组织有关的培训来提高新生代农民工的技术水平，因此在当前我国经济转型、产业升级的情况下，新生代农民工面临更大的就业压力。

（三）投资结构的不合理带来的就业压力

投资结构主要由投资系统各个部分之间的关系和数量比例构成，在资源分配的过程中发挥着关键的作用。在我国经济发展过程中，投资的产业结构和区域结构之间矛盾交织，产业结构本身和区域结构本身也有许多不合理之处，投资结构又作用于就业结构，从而给新生代农民工的就业带来了压力。

从技术投资方面来看，在我国经济发展过程中，企业从短期利益出发热衷于投资新项目，不重视对企业进行技术改造，这就造成我国技术投资领域结构的不合理。近年来在GDP的项目结构中，有14%左右的GDP总量用于固定资产折旧，虽然固定资产折旧投入较多，但是只有五分之二的固定资产折旧投资用于技术改造，全社会的固定资产投资只有五分之一用于技术改造。同时我国20年进行一次工业企业固定资产更新，西方国家则每10年就进行一次工业企业固定资产更新。固定资产折旧投入不足延缓了企业的技术升级，在经济发展的初级阶段要促进经济的发展就必须扩大资本的投资，但是当企业发展到一定阶段，有了一定程度的积累之后，企业要想进一步发展就必须促进资本运作效率的提高，必须通过各种方式提高资本的质量。因此，现阶段加大对固定资产折旧的投资，对企业进行技术改造，是我国企业获得进一步发展的必由之路。但是投资机构的优化，并不利于就业岗位的增加，这就必然为新生代农民工的就业带来一定程度的影响。

同时，我国现阶段的就业压力也是我国劳动力数量增加，而就业岗位相对减少的结果。就业机会的多少与我国经济增长的速度和模式有密切的关系，而经济增长与投资结构有着密切的关系。在我国进行改革开放和市场经济的过程中，在一段时间里都把经济增长的速度放在经济发展的重要位置，造成经济增长的就业弹性不断下降。投资结构在发展的过程中形成了“东高西低”的特征。同时在部门投资结构中，对物质资本的投资远远高于对人力资本的投资，政府在教育、培训领域的投资也相对不足，这不利于劳动力素质的提高，也新生代农民工的就业带来巨大的压力。

# 第四章　新生代农民工的就业观

新生代农民工是农村转移人口的重要组成部分，是城市工业化发展的重要推动力量。实现稳定就业是新生代农民工完成市民化的重要途径，是实现平等公共服务的重要渠道。因此，解决就业问题始终是新生代农民工社会融入问题的重要路径。新生代农民工与上一代农民工在学习、生活、工作经历等方面都存在显著差异，所以他们的就业观不同。新生代农民工的就业观与在城市生活中的就业行为以及就业质量紧密相关，就业观的健康与否、理性与否在很大程度上影响着新生代农民工在城市的就业机会、就业选择以及就业适应。从某种程度上说，就业观决定了就业的成功（陈成文、胡桂英，2008）。因此，对该群体就业观的调查分析，有利于我们全面掌握其就业需求，有利于政府引导其健康就业、提升其就业质量。

本章主要通过对新生代农民工就业观的调查，分析当前新生代农民工就业观的常态性特征，进一步探讨新生代农民工就业观的影响因素，最后提出促进新生代农民工健康、理性就业观的对策建议。

## 第一节　新生代农民工的就业观常态性分析

就业指个人根据自己的意愿和社会的需要，主动选择自己所从事的工作的过程（罗国杰，2006）。而就业观则是指一个人的世界观、价值观在职业过程中的集中反映，人们对就业目的、标准、意义与价值比较稳定的要本看法和态度的体现（翟振元，2002）。新生代农民工就业观是在社会网络互动中形成的，对自身知识、态度与技能进行反思和判断的过程。因此，从一般意义上来说，新生代农民工就业观就是新生代农民工对其找工作的一些稳定看法。本书分析的新生代农民工就业观，主要包括就业的认知、动机、期待、态度、标准、领域选择、选择渠道等几个方面。

本书采取问卷调查和访谈来收集新生代农民工就业观的第一手资料。发放调查问卷1400份，回收有效问卷1250份，有效回收率达到89.3%。回收的有效样本中，男性新生代农民工800人，占总人数的64%；女性新生代农民工450人，占总人数的36%。从调查的实际数据分析来看，新生代农民工的就业观既有积极的一面，也存在消极的一面。

## 一、就业认知较为清晰，但就业规划尚不明确

新生代农民工的就业认知是就业观的重要构成部分。就业认知是否清晰准确在很大程度上影响着理性就业的形成。一般来说，就业认知状况需要由自我认知、职业认知以及社会认知三个指标来衡量的，自我认知主要是指新生代农民工在就业的过程中，对自我素质、能力、欠缺以及偏好的认知；职业认知主要是指新生代农民工对所选职业的工作内容、社会地位以及发展前景的认知；社会认知是指新生代农民工对社会就业整体状况、未来发展趋势、就业政策以及就业影响因素的认知。这三个认知之间是相互联系、相互影响的。自我认知是职业认知的基础和前提，自我认知和职业认知也影响着社会认知。从层次上来看，自我认知是最低层次的认知，职业认知是中间层次的认知，社会认知是最高层次的认知。

### （一）自我认知比较清晰

健康理性就业认知能够帮助新生代农民工找到合适的工作，实现自我价值和社会价值的结合。反之则可能限制新生代农民工的自我发展，使其陷入不良循环。随着新生代农民工群体所受教育程度提高，他们大部分具有初中文化水平，也有部分人具有了高中文化水平，少部分还具有大学以上文化水平。因此，新生代农民工的自我认知水平不断提高，他们大部分清楚自己所具备的能力。普遍认为自己有着较强的适应能力、团队协作能力以及自学能力，少部分人还认为自己具有较强的创业能力。调查数据显示，14.7%的人选择了“很清晰”；48.5%的人选择了“比较清晰”；20.3%的人选择了“不够清晰”；只有16.5%的人选择了“很不清晰”。如图4－1所示：

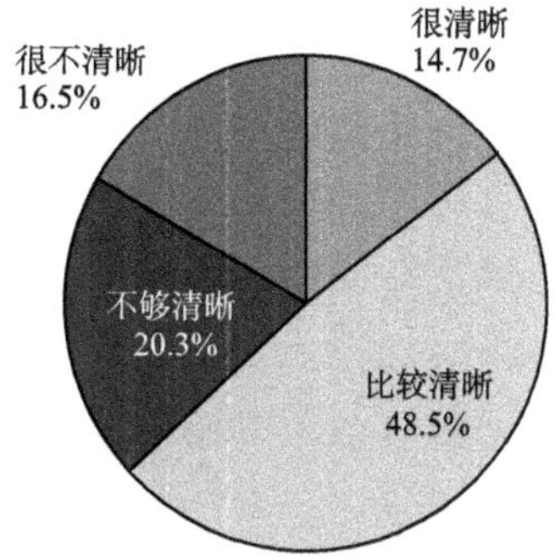


**图 4－1　新生代农民工的自我认知情况**

从上图我们可以看出，新生代农民工的自我认知水平整体较高，不管他们的自我认知是否准确和理性，但至少说明他们的自我认知能力有所提高，尤其体现在他们对自我能力以及自我不足方面的认知。87.3% 的新生代农民工认为自己在就业过程中存在的最大欠缺是学历。这说明，虽然新生代农民工与上一代农民工相比，文化水平有所提升，但依旧无法满足市场对高水平人才的需求。同时，也表明，在经历多次的就业选择后，新生代农民工已经充分认识到了自身所具备的能力以及所存在的不足。这就为他们的职业认知和社会认知水平的提升奠定了基础。

（二）职业认知比较清晰

调查数据表明，新生代农民工对职业的认知也比较清晰。当被问及“你选择从事当前这份职业的最主要原因是什么”时，25.2% 的人选择了“觉得这份职业的发展前景很好”；48.1% 的人选择了“对这份职业的工作内容和工资待遇满意”；15.6% 的人选择了“觉得这份工作的社会地位高和福利待遇好”；有 11.1% 的人选择了“没有什么原因，就是恰巧找到这份工作而已”。如图 4－2 所示：

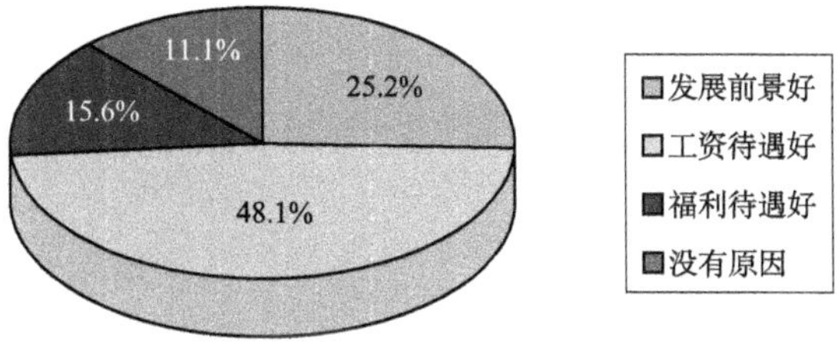


**图 4－2　新生代农民工从事当前职业的主要原因**

从上图我们可以看出，新生代农民工对职业的发展前景、工作内容、性质以及社会地位都有着自己的想法。他们在选择职业的过程中，盲目性就业的较少。他们结合自我认知和职业认知来进行职业选择。一般来说，他们在就业的过程中比较偏好那些既有发展前景，又有经济收益的职业。

（三）社会认知比较清晰

社会认知是自我认知和职业认知的更高级认知形式。从调查数据来看，新生代农民工的社会认知比较清晰。当被问及“你对当前社会就业形势的了解如何时”时，15.2%的人选择了“非常了解”，59.1%的人选择了“比较了解”，14.2%的人选择了“不太了解”，只有11.5%的人选择了“很不了解”。如图4－3所示：

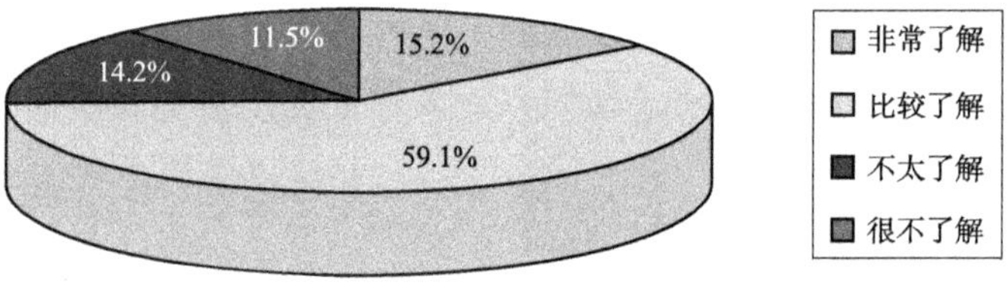


**图4－3　新生代农民工对社会就业形势了解情况**

从上图可以看出，大部分新生代农民工对社会就业形势都有所了解。这主要是源于信息网络的日益发达，他们可以便利地从大众媒体以及网络等传播媒介来获取有关社会就业形势的信息。同时，也得益于新生代农民工对就业信息的关注度提高，他们在城市就业过程中，已经意识到了就业信息对寻找就业机会的重要性。因此，在日常生活中，他们会有意识地关注和谈论社会就业形势，主动地了解就业政策，以帮助自己找到一份满意的工作，享受政府政策支持。

（四）就业规划不太明确

从就业认知来看，新生代农民工无论是对自我，还是职业本身，还是社会就业整体来说，都有着比较清晰的认知。这表明了新生代农民工的就业观具有比较积极的一面，但由于新生代农民工自身以及社会制度因素的制约，也存在消极的一面，如就业规划不太明确。这就形成了就业认知清晰而就业规划不清晰的矛盾现状。当被问及“你对未来有何就业规划”时，11.1%的人选择了“先在城市积累资本，然后回家乡创业”，这部分人对未来的就业规划很清晰；10.1%的人选择了“找一份自己感兴趣的工作，以后能留城市就留城市，不能留城市就回农村”，这部分人对未来的就业规划比较清晰，但是在留城市和回农村之间还有比较大的不确定性；33.6%的人选择了“长远的就业规划没有想过，但希望通过就业尽可能地留在城市”，这部分人对未来的就业规划不太清晰，但至少有明确的城市就业倾向；45.2%的人选择了“没什么就业规划，走一步算一步，留城市或回农村都无所谓”，这部分人对未来的就业规划很不清晰。

同时，当被问及“到目前为止，你一共换过几份工作”时，4.6%的人选择了“一直没换过”，38.2%的人选择了“1～3份”，45.2%的人选择了“4～6份”，12%的人选择了“7份以上”。如图4－4所示。

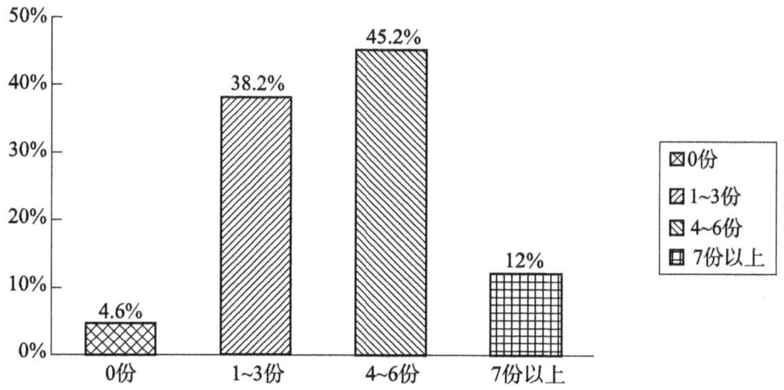


**图4－4　新生代农民工更换工作情况**

从上图可以看出，新生代农民工对未来的就业是不确定的，未来就业规划不明确，更换工作的频率偏高。有调查结果显示，新生代农民工首次就业的流失率高达40%，一般工作三个月就辞职，就业稳定性差（韦芳芳，2010）。规划作为生活的一项重要行动指南，对个体未来发展具有重要引导作用。当前新生代农民工在这方面的缺失将在很大程度上影响他们的城市就业和未来发展。

## 二、就业态度整体积极，但就业期望值偏高

就业态度可以反映新生代农民工对待就业的基本看法和重视程度。随着市场经济的快速发展，市场竞争日益增强。为了更好地在城市就业，新

生代农民工的就业态度普遍很积极。他们在找工作的过程中，倾向于多渠道主动地找工作，遇事积极乐观，灵活性强。这些都是新生代农民工积极正面的就业观体现。但同时，在对待就业选择的过程中，他们也存在就业期望值过高的消极体现。具体如下：

（一）多渠道主动就业

新生代农民工已然抛弃了传统的、被动的“等”工作态度，整体呈现出明显的积极主动态度。他们不再一味地依赖传统社会关系网络寻找工作，而是主动地通过网络应聘、人才市场招聘、报刊招聘及中介公司介绍等来获取工作机会。当被问及“你是通过何种渠道获取现在这份工作的”时，29.3%的人选择了“通过人才市场招聘”；19.2%的人选择了“通过网络招聘”；13.3%的人选择了“通过报刊或者杂志广告招聘”；还有38.2%的人选择了“通过亲戚、朋友、老乡等介绍”。如图4-5所示：

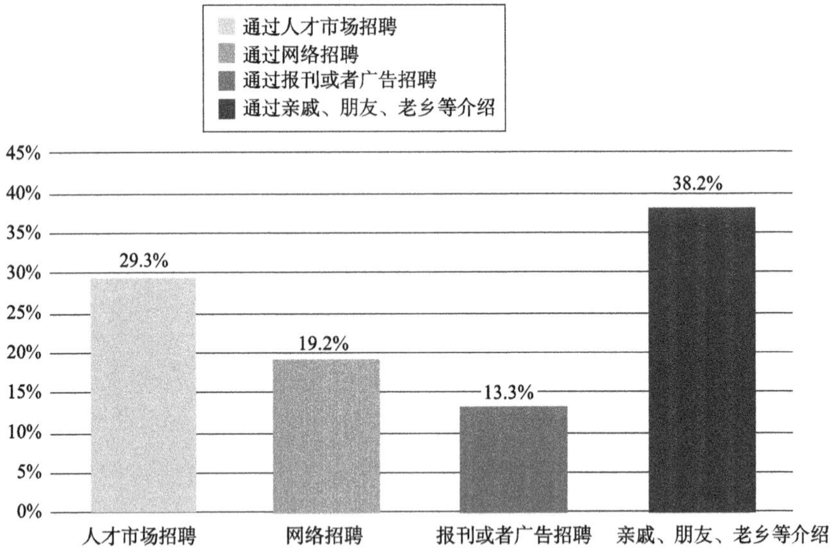


图4-5　新生代农民工就业渠道分布情况

从上图可以看出，新生代农民工在找工作的过程中，抛弃了传统社会关系网络来获取工作的传统就业形式，转向依靠自己积极主动获取工作的就业形式。这反映了新生代农民工在就业态度上与上一代农民工的不同。上一代农民工主要是依赖亲人、朋友介绍才能实现城市就业。一般来说，他们自己积极主动找工作相对而言更好，成功率也更高。之所以出现了如此大的就业态度转变，主要是由于网络信息的发展，新生代农民工可获取信息的渠道和能力增强。他们依靠自身就可能找到自己满意的工作，因此，他们更倾向于通过报刊、杂志、网络以及人才市场等实现就业。由此可见，自主就业已经成为了新生代农民工实现就业的主要途径。同时，在城市就业过程中，新生代农民工积极主动地争取就业机会也充分说明了他们对就业过程的重视程度。只有他们积极主动地依靠自身力量去争取就业机会，才能够尽可能地展现自身优势，并在这一过程中找到自己满意的工作。这也是他们为了适应日益激烈的人才市场竞争需求而做出的策略调整，因为被动、消极的等待态度只会将他们排斥在就业机会外。

（二）积极乐观面对就业

对自己就业前景的态度在很大程度上反映了新生代农民工的就业态度，同时，也在很大程度上影响着新生代农民工的就业状况。当新生代农民工积极乐观地面对自己的就业前景时，他们更能够努力工作，并最终实现自己的就业规划；当新生代农民工消极低沉地面对自己的就业前景时，他们可以会不思进取，陷入不良就业的恶循环中。因此，对自己就业前景的主观评价和态度影响深远。调查数据表明，大部分新生代农民工对自己就业前景是持乐观态度的。当被问及“你对你未来的就业前景持何态度”时，28.2%的人选择了“很乐观”；57.4%的人选择了“比较乐观”；8.2%的人选择了“不太乐观”；只有6.2%的人选择了“很不乐观”。如图4－6所示：

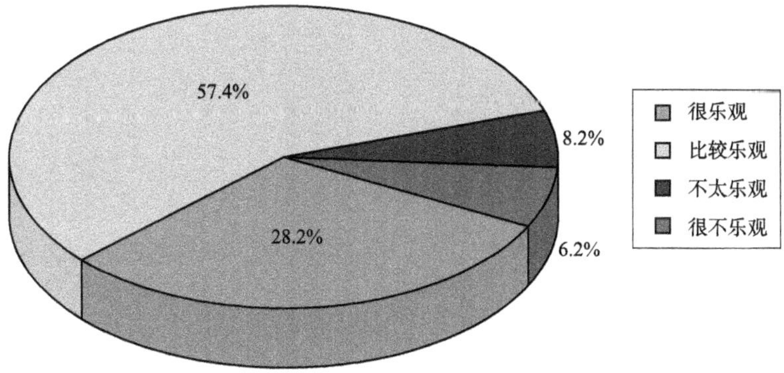


图4－6　新生代农民工对未来就业前景的态度分布情况

从上图可以看出，即使在我国就业形势比较严峻，就业竞争比较激烈的大环境下，还是有85.6%的人表示对自己就业前景相对乐观。这说明了新生代农民工对自身以及对社会就业形势的自信。在城市的就业过程中，他们的就业能力和适应能力得到了进一步的提升，对未来的把握能力也日益增强。积极向上的就业心态可以帮助新生代农民工找到一份适合自己的工作，同时实现自身价值和社会价值。

（三）灵活应对就业挫折

就业市场供大于求，就业竞争日益白热化背景下，职业对人才的需求日益趋向高文凭化、专业化，这就使得部分学历不高的新生代农民工在就业过程中可能遭遇到就业挫折。如果新生代农民工在就业挫折面前变得颓废、消沉，那势必影响到他们的未来发展；而如果新生代农民工在就业挫折面前依然积极乐观、灵活应对，那么这些挫折势必成为他们成功的宝贵财富。当被问及“你是否遭遇过就业挫折”时，92.6%的人都表示遭遇过，如长时间找不到工作，或者找不到自己满意的工作等等。这说明，就业挫折对于新生代农民工来说，也是相对普遍的。同时，当被问及“当你在城市没有找到满意工作时会如何应对”时，33.2%的新生代农民工选择了“慢慢找，总会找到合适的”，43.2%的人选择了“先找一个，然后再找更好的”，23.6%的选择了“不找了，回农村”。如图4-7所示：

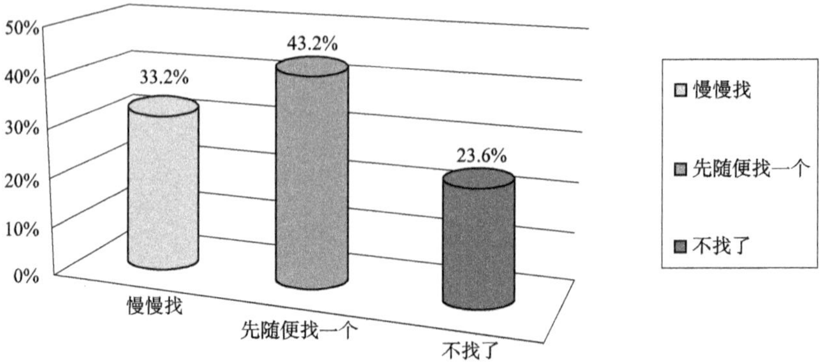


**图4-7　新生代农民工在没有找到满意工作时的应对方式分布情况**

从上图可以看出，新生代农民工在城市就业过程中遭遇挫折时，应对方式比较灵活。这与上一代农民工固守一份工作有着很大的区别，新生代农民工比较执着于寻找一份自己满意的工作，但同时他们也不是固执的。当没法在短时间内找到一份自己满意的工作时，他们倾向于先找一份过渡性的工作，再去找自己满意的工作，以保障自己在城市的基本生活需求。这一方面是新生代农民工对自我价值的追求，也是由于新生代农民工对自我能力的自信和对就业前景的乐观。

（四）就业期望值偏高

就业期望值是指就业时对自身以及社会的一种期待，包括对工作稳定性、薪酬待遇、职业性质、工作环境以及发展空间等的主要期待。上一代农民工的就业期望主要表现在经济收入方面，只要有工作，而且这份工作经济收入不错，不管多累、多脏的工作，他们也会坚持做。而对于新生代农民工而言，他们的就业期望表现在多方面，既包括经济收入，也包括职业地位、职业声望、工作条件、就业培训机会以及自我发展前景等等。因此，他们宁愿找一份工作待遇没有那么高，但工作环境相对轻松、舒适的工作。总之，与上一代农民工相比，新生代农民工具有"三高一低"的特征，即受教育程度高、职业期望值高、物质和精神享受要求高、工作耐受力低（王正中，2006）。大多数新生代农民工在就业领域选择上，都倾向于文秘、销售、管理、经商、工程技术等以脑力为主，互动性强的工作。这表明新生代农民工已经从体力型逐步向脑力型和技术型人员发展。新生代农民工对职业的追求与其现在所处的专业技能知识缺乏的现状形成鲜明对立（姜国辉、许丽娟，2010）。

同时，当被问及"你想要找的工作种类是什么"时，11.1%的人选择了"适合自己的工作种类就行"；35.2%的人选择了"只要就业前景好的工作种类就行"；31.2%的人选择了"只要体面的工作种类就行"；32.5%的人选择了"只要是自己喜欢的工作种类就行"。如图4－8所示。

当被问及"你想要从事的就业领域是什么"时，23.5%的人选择了"制造业"；52.3%的人选择了"服务业"；14.1%的人选择了"建筑业"；10.1%的人选择了"其他行业"。这说明新生代农民工在就业时所期望从事的领域主要集中在服务行业，其次是制造行业。这主要是由于新生代农民工倾向于选择工作较为轻松，工作环境较为优越的行业就业，这在很大程度上造成了建筑业和制造业出现的"民工荒"现象。

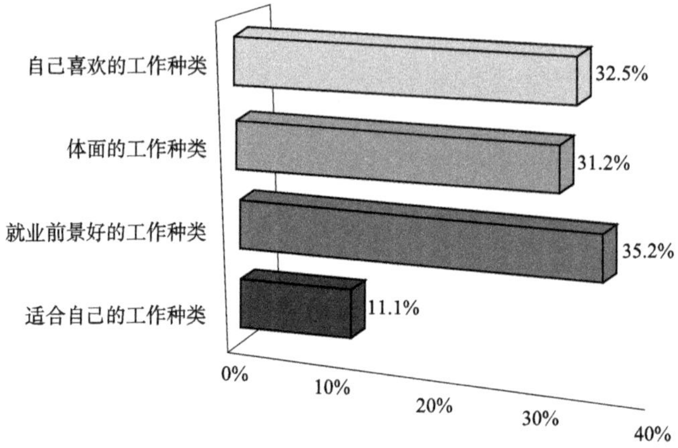


**图 4-8　新生代农民工期待工作种类分布情况**

同时，当被问及“你对月工资的期望值是多少”时，选择 1500 ~ 2000 元的占 2. 1%；选择 2500 ~ 3000 元的占 25. 7%；选择 3000 ~ 3500 元的占 43. 7%；选择 3500 元以上的 28. 5%。可以看出新生代农民工所期望的工资标准大都在 3000 以上，较上一代农民工的工资期望标准有所提高。

另外，当被问及“你对工作稳定性有何期望”时，13. 5% 的人选择了“期望工作稳定性非常强”；50. 3% 的人选择了“期望工作稳定性比较强”；23. 3% 的人选择了“期望工作稳定性一般”；12. 9% 的人选择了“对工作稳定性没有期望”。这说明新生代农民工对工作稳定性的要求也比较高。

以上调查数据表明，新生代农民工比较注重工作性质、工作稳定性以及工作环境。但由于这类工作的要求较高，大多数新生代农民工并不符合要求。因此，使得不少新生代农民工在就业期望值与自身能力以及社会需要之间存在差距。新生代农民工在就业的过程中，不考虑自己是否有能力胜任这份工作，不考虑这份工作是否适合自己，不考虑自己的期望值是否符合实际，不考虑自我和社会需求之间的关系，而是片面地追求体面、轻松的工作。因而大多数新生代农民工很向往大城市就业，而不向往小城市或乡镇就业。这在很大程度上造成了就业期望与社会需求以及就业期望与自身能力的脱节，使得就业变得相对困难。

新生代农民工就业期望值过高，表现了他们在就业目标上的理想化，脱离了自身及社会的实际需求，这将严重影响他们未来的就业状况。因此，对于新生代农民工消极的就业观，我们需要进行正确的引导，使新生代农民工能够结合自身能力、理想和社会需求，准确定位自我，树立符合实际的就业期望值。

## 三、就业动机多元化，但就业动机功利意识明显

就业动机是个体进行就业的内在动力。从就业动机来看，一方面新生代农民工的就业动机呈现出多元化的积极因素；另一方面也呈现出就业动机功利意识明显的消极因素。具体如下：

### （一）就业动机多元化

就业动机与内在需求是一个紧密相关的概念。随着内在需求的增加，就业动机也呈现出多元化的倾向。农民工的就业动机主要分为挣钱养家型、回乡创业型以及城市移民型三种类型（杜书云，2008）。对于上一代农民工而言，挣钱养家是其主要目的；而对于新生代农民工而言，后两种类型的比例也在逐渐增加。即他们在选择外出务工时，在考虑挣钱的同时，更多考虑的是把外出务工经商作为改变生活状态和追求城市生活方式的一种途径（王春光，2007）。

调查中，当被问及“你外出务工的主要动机是什么”时，39.2%的人选择了“赚钱养家，城市收入多”；20.3%的人选择了“不喜欢农村生活，向往城市生活”；22.5%的人选择了“外出寻找发展机会”；11.6%的人选择了“外出锻炼，学习技能”；3.7%的人选择了“不清楚，大家都出去我也跟着出去”还有2.7%的人选择了“其他”。如图4－9所示：

从图4－9可以看出，新生代农民工的就业动机呈现出多元化趋势，他们中有人是为了追求经济利益，有人是为了追求城市生活，有人是为了追求自我能力提升，有人是为了追求自我发展机遇。但同时，也有人就业动机模糊。但总的来看，为了见世面，学经验，锻炼自己，寻找机会的比例越来越多。因此，新生代农民工与上一辈农民工相比，就业动机是存在很大差异的，新生代农民工的就业动机包含物质和精神需求，上一代农民工的就业动机主要是物质需求。

另外，当被问及“你会乐意接受各种培训机会吗”时，21.2%的人选择了“非常乐意”，53.1%的人选择了“比较乐意”，18.1%的人选择了

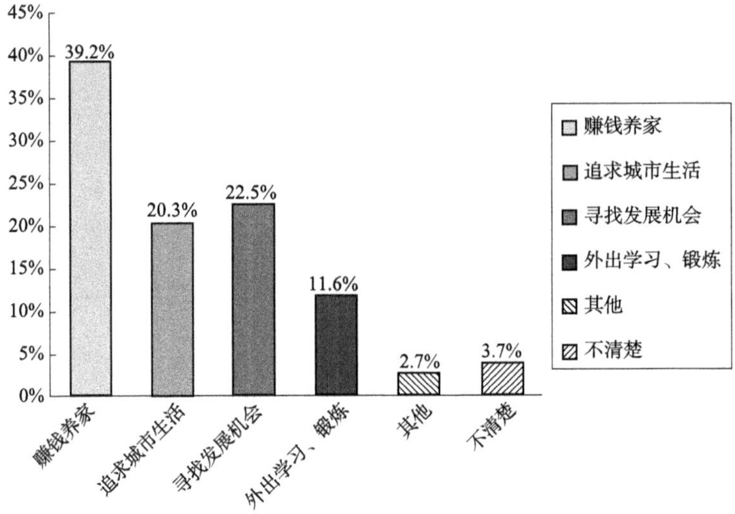


**图 4－9　新生代农民工外出务工的动机分布情况**

“不太乐意”，只有 7.6% 的人选择了“很不乐意”。由此可见，新生代农民工中，大部分人都很乐意接受培训机会。因为对他们来说，培训机会有利于帮助他们提升就业竞争力，有利于帮助他们实现立足城市的理想。在访谈的过程中，也有不少新生代农民工表示，即使就业单位缺乏这样的培训机会，他们自己也会主动寻找进修和学习的机会，以不断提高自身素质。

（二）就业动机功利意识明显

在市场经济的发展背景下，新生代农民工受到个人主义、现实主义、功利主义以及享受主义等观念的影响。这就使得新生代农民工在就业选择的过程中，比较注重个人的经济收入、社会地位、职业声望以及发展机会等因素，而忽略社会需求。在大多数的新生代农民工意识当中，为社会主义事业做贡献的就业动机已经缺失了，在很大程度上使得自身需求与社会需求出现了脱节现象。可以说，这种现象无论是对个人发展还是对社会发展都是不利的。概括来看，新生代农民工就业动机的功利意识主要体现在以下三方面：一是为了追求经济理想，可以放弃职业理想；二是为了个人利益，可以放弃集体或国家利益；三是为了短期效益，可以放弃长远效益。具体如下：

当被问及“经济理想与职业理想相冲突时，你会作何选择”时，62.2%的人选择了“为了经济理想，牺牲职业理想”；22.7%的人选择了“不清楚”；只有15.1%的人选择了“为了职业理想，牺牲经济理想”。这说明虽然新生代农民工的就业动机有所变化，但当经济理想与职业理想相冲突时，大多数新生代农民工还是倾向于选择经济理想。

当被问及“当个人利益与社会利益相冲突时，你作何选择”时，77.5%的人选择了“为了个人利益，牺牲社会利益”；10.9%的人选择了“不清楚”；只有11.6%的人选择了“为了社会利益，牺牲个人利益”。这说明新生代农民工比较缺乏社会责任感、集体观念和奉献精神。在就业过程中，他们首先考虑的不是社会利益，而是个人利益。尤其是在个人利益与社会利益相冲突时，大多数人都选择了牺牲社会利益，顾全个人利益。这表现了他们就业观中消极的一面。如果不对其进行正确的引导，新生代农民工的这种个人主义倾向将日益明显。

当被问及“最希望在怎么样的城市生活”时，65.4%的人选择“在大城市生活工作”；19.7%人选择“在中小城市生活工作”；10.7%的人选择在城镇生活工作；4.2%的人选择“在农村生活工作”。这表明，新生代农民工在选择就业地域时，绝大多数人都希望在大城市生活工作。这主要是由于大城市机会多，短期内可获得的收益多。但是，在选择大城市就业的过程中，他们缺乏全局、长远的战略思考和人生定位，忽略了长远效益。

社会主义市场经济的发展背景下，新生代农民工追求物质利益以及个人利益是可行的。但是，新生代农民工不能一味地追求这些利益，而忽略甚至牺牲精神去追求社会利益。

## 第二节 影响新生代农民工就业观的因素

就业观是一定价值观和生活观的体现，是新生代农民工在社会生活环境中逐步形成的，是新生代农民工社会化过程的产物。因此，就业观是家庭环境因素、同辈群体因素、社会文化因素、社会制度因素以及个体自身因素共同作用的结果。当前，新生代农民工的就业观受到了其社会生活环境中的各种因素的影响，通过日常生活中的思想渗透、价值熏陶，新生代农民工形成了独特的就业观。同时，这一就业观并不是一成不变的，而是随着其社会生活环境的变化而变化。因此，深入分析新生代农民工就业观的影响因素，对于我们准确认识新生代农民工的就业行为、就业状况有着重要意义。概括来看，当前新生代农民工就业观的影响因素主要包括五大类：一是社会文化因素，二是社会制度因素，三是家庭环境因素，四是同辈群体因素，五是个体自身因素。

## 一、社会文化因素

人是生活在各种社会文化因素里的主体，人创造了社会文化，同时又受到了社会文化的形塑。社会文化因素对人的塑造、教化是广泛和深刻的，它不仅仅能够建构人的思想观念和价值观念，同时也能够塑造人的思维模式和生活模式。也就是说，社会文化因素通过内化使得个体逐步习得了一套稳定的角色规范和行为准则。

在农村的社会生活中，在农村社会文化环境的熏陶下，在农村社会交往互动的强化下，新生代农民工已经获得了一套适应农村社会生活的行为逻辑和行为规范。但是，这种具有“乡土特色”的农村文化与城市文化是有很大差异的，甚至在很多方面都是相互冲突的，这就使得新生代农民工从一个“熟悉”的、“安全”的农村社会文化环境进入到了一个“陌生”的、“缺乏安全感”的城市社会文化环境时，面临着文化震撼。所谓文化震撼主要是强调生活在一种特定社会文化中的人，在初期接触另外一种社会文化时所产生的内在焦虑感和不安感。对于大多数新生代农民工来说，在他们刚接触城市文化时，难免会产生各种心理不适应，甚至导致价值混乱。但是，由于新生代农民工年轻，乐于接受新鲜事物和新思想，社会适应力强。在经过一段时间的城市生活后，大多数新生代农民工的思想观念和就业观都受到了城市文化的渗透和影响。总的来说，社会文化对新生代农民工就业观的影响主要体现在两个方面：

### （一）社会文化影响就业动机

随着新生代农民工思想观念的解放，他们在就业时越来越多地注重职业对其自身未来发展的影响。也就是说，传统的乡村文化对新生代农民工的影响在逐渐减弱，而现代的城市文化对新生代农民工的价值导向在日益强化。城市文化中突出强调的“主体本位”思想越来越多地指导着新生代农民工的就业行为，激发了他们的就业动机，促使他们追求职业声望更高、就业待遇更高、就业环境更好、就业保障更多的职业。

（二）社会文化影响就业标准

在不同的社会文化中，就业标准是存在差异的。在传统的农村文化中，由于“面子”文化的影响，大多数农民工在就业过程中更加注重职业声望等因素，而较少关注就业岗位的提升空间。而在现代的城市文化中，在“以人为本”思想文化的影响下，新生代农民工在就业过程中将不仅仅注重就业所能够带来的经济收入，同时也更加注重就业岗位的发展机遇和职业声望。在大多数新生代农民工看来，他们和父辈一代在就业观上的最大差别是，上一代人是为了生存而就业，而他们是为了生活而就业，更加强调自我价值的充分发挥和日益提升。

## 二、社会制度因素

对于新生代农民工而言，健康、理性就业观的形成不仅仅取决于他们所生活的家庭环境和社会文化环境，同时还取决于他们所生活的社会制度环境。可以说，社会制度的公平程度在很大程度上制约和影响着新生代农民工的就业观。由于我国城乡二元结构的长期存在，新生代农民工在户籍、就业以及社会保障等“二元”制度的制约下，不可避免地遭遇到了各种社会不公、社会排斥以及社会权益受损。其社会流动也受到各方面政策的隐性或显性阻碍。这些挫折和阻碍都将对他们的就业态度和就业观产生消极的影响。

（一）户籍制度

长期以来，我国实行城乡分离的“户籍制度”，不同的户籍性质可以享受不同的医疗、住房、教育、就业、养老以及社会保障等福利待遇。可以说，以户籍制度为核心的一系列制度安排成为了维持社会秩序、资源分配的基本制度化体系（郑杭生，2006）。因此，在一定程度上，户籍管理制度是新生代农民工流动的最大制度成本和城市融入的最大障碍（张铁军，2010）。但近几年来，随着城市对劳动力需求的日益增加以及新生代农民工对城市生活的日益向往，越来越多的新生代农民工即使是在户籍制度的制约下，也主动选择了进城务工，这说明户籍制度对新生代农民工社会流动的控制力在下降。可是，我们不能忽略户籍制度对新生代农民工城市就业以及生活的影响。总体而言，户籍制度对新生代农民工的城市生活具有更加明显的制约作用。它在很大程度上边缘化了进城务工的新生代农民工。这主要是由于大多数新生代农民工进城以后，只是实现了职业转型，而尚未实现社会身份转型以及社会角色转型，他们依旧无法获得城镇户口以及与此相应的市民权利和社会福利待遇。

随着我国户籍制度改革的深入，户籍制度对新生代农民工的制约作用有所改善，这在本次的调查研究中得到了进一步的证实。调查数据显示，有37.5%的新生代农民工认为户籍制度对其就业的影响较小，有42.5%的新生代农民工认为户籍制度对其就业的影响一般，只有20%的新生代农民工认为户籍制度对其就业的影响较大。但户籍制度改革是一项相对长期的社会事业，需要长时间的推进才能获得实质性的改革效果。从目前的实际情况来看，户籍制度对新生代农民工就业观的稳定性还是具有重要影响的。户籍制度改革以后，不少地方开始逐步放开户籍准入条件，推行农民工积分制入户城镇政策，这对于新生代农民工来说，是获得城市户籍的重要渠道。但过高的进入门槛，依旧使得大部分新生代农民工无法实现社会身份的转变。在此大背景之下，大部分新生代农民工就业的稳定性不强，就业流动性较高。这主要是由于现有户籍制度的存在影响了新生代农民工城市就业的归属感和安全感，进而影响到了新生代农民工就业观的稳定性。

（二）就业制度

我国就业市场分化严重，大致上分为人才市场、技能市场以及劳务市场三类不同等级。人才市场主要是针对高等教育培育出来的专业人才而言，技能市场主要是针对享有一门或多门的专业技能人才而言，劳务市场主要是针对无技能的广大社会劳动者而言。虽然，当前新生代农民工的整体文化素养、教育水平以及专业技能比起上一代农民工有所提升，但比起城市居民来说还具有很大的差距。大部分新生代农民工还只能在劳务市场找到工作。在调查中发现，不少新生代农民工都有着学习一门技艺的强烈愿望，但在现有就业制度下，学习技能的成本较高，渠道有限。因此，大多数新生代农民工都只能实现非正规就业，少数新生代农民工经过多年努力才能实现正规就业。非正规就业一般是从事体力劳动，对技能要求较低，但同时就业环境、就业待遇以及就业保障较差。这主要是因为新生代农民工与城镇职工相比，仍旧不具备较强的竞争力，劳动力的可替代性强。

就业市场的等级设置造成了市场的分割现象，这种现象对新生代农民工的就业观将造成两方面的影响：一是积极影响。在就业制度以及生存压力的影响下，新生代农民工能够深刻地认识到提升自我技能对其城市生活的重要性，并化压力为动力，努力学习新的知识和技能以跻身到技能市场、人才市场寻找工作。对于这部分有着积极就业目标的新生代农民工来说，他们一般都对自身有着较高的就业期望值，并严格要求自己以实际行动去达到这一期望值。二是消极影响。当新生代农民工确定了较高的就业期望值，并尽自己最大的努力去实现，但受现实各种因素影响而没有成功时，部分新生代农民工可能产生严重的挫败感，甚至放弃自我。

## 三、家庭环境因素

家庭是新生代农民工社会化的主要环境，新生代农民工的很多价值观、生活观都是在家庭环境中逐渐习得并强化的。同时，在中国传统文化的熏陶下，家庭不管是在老一辈人心里还是在新生代农民工心里都是摆在首位的，父母在家庭中依然承担着传递社会文化的任务，新生代农民工在与父母的日常互动，逐渐内化了父母的思想观念和行为规范，并把努力满足父母对其的期待作为孝顺父母的主要方式。基于以上论述，我们可以得知，家庭环境对新生代农民工就业观的形成具有重要影响。

### （一）家庭经济条件

家庭环境是新生代农民工就业观形成的第一环境，其次才是社会环境。因此，家庭环境中父母对子女思想观念和价值观的影响颇深，这主要是由于新生代农民工在家庭中生活的时间最长，受家庭环境因素的影响最深。家庭环境可以划分为家庭物质条件和家庭互动氛围两大类。对于经济条件较好的家庭来说，子女进城就业的机会和渠道相对而言更多。这部分新生代农民工进城务工的目的不是为了养家活口，而是要过更体面的生活，他们的父母以及自身对进城就业都有着较高的期望值，且这种期望更多地体现在工作环境以及提升机会方面。在访谈中，我们发现部分新生代农民工的父母虽生活在农村，但家庭经济条件比起部分城市家庭来说都要更好。对于这部分新生代农民工来说，父母更多的是希望他们通过就业实现社会身份以及社会地位的转变，最终实现农民角色向市民角色的转变，而不仅仅是获取一份收入。在父母的期待下，这部分新生代农民工也更倾向于找一份体面、舒适、有保障的工作，而不是简单的就业。而对于经济条件相对较差的家庭来说，父母更多的是希望子女能够找一份收入较多的工作，对其就业的期望值主要体现在收入增加这一指标上。因此，对其就业形式和就业性质没有过多的期待。

（二）父母文化素养

父母文化素养的高低直接影响着父母的思想观念、生活态度以及教育方式，不同文化素养的父母对知识的掌握不同，对子女的教育方式不同，对生活目标的追求不同，这些差异都可以直接影响到子女价值观、生活观以及就业观的形成。可以说，新生代农民工的就业观在很大程度上是在与父母的日常互动过程中形成的。对于文化素养较高的父母来说，他们一般受过较多教育，对子女的教育更倾向于采用民主的方式，也更加注重培养子女的自主性和独立性。在这样一种良好的互动氛围下，子女能够更加独立自主地思考问题、追求职业理想，并从一开始就形成健康、理性的就业观。而对于文化素养偏低的父母来说，由于受自身文化水平的制约，他们对子女的教育问题重视不够，或者采用了错误的教育方式，使得子女在价值观和就业观方面产生了偏差。这主要是由于文化素养偏低的父母对子女往往采用专横、粗鲁的教育方式，让子女在缺乏民主和爱的家庭环境中成长，使他们失去了对合理生活目标的判断和追求。同时，文化素养作为一种软影响力，其影响是潜移默化的、逐渐渗透的，只有通过频繁的日常互动才可能实现人际之间的相互影响。父母作为子女学习和模仿的榜样，其示范作用具有不可忽略的影响力。文化素养较高的父母一般来说比文化素养较低的父母有着更健康、更理性的就业观，他们往往注重从小就给子女灌输正确的就业观，这有利于他们最终形成符合自身实际能力的就业观。而对于父母文化素养偏低的新生代农民工来说，他们的成长环境中缺乏就业观的正确引导，使得他们在进城务工以后，在各种社会环境因素的影响下，形成了脱离自身实际情况的就业观。

（三）父母期望值

从调查和访谈的实际情况来看，大多数父母对其外出打工的子女都有着较高的期望值，这种期望也潜移默化进入到了新生代农民工的意识层面，使得大部分的新生代农民工对进城就业有着较高的期望值。他们大多数在进城务工以后，都希望能最终在城市落脚，以为了不辜负父母的期待，也为了回农村时更体面，更有面子。因此，大部分新生代农民工都希望找一份相对体面、收入较高的工作，而这与他们的就业能力和就业机会存在着一定的差距，这在一定程度上使得新生代农民工对就业形成了一些错误的观念。如图 4 – 10 所示：

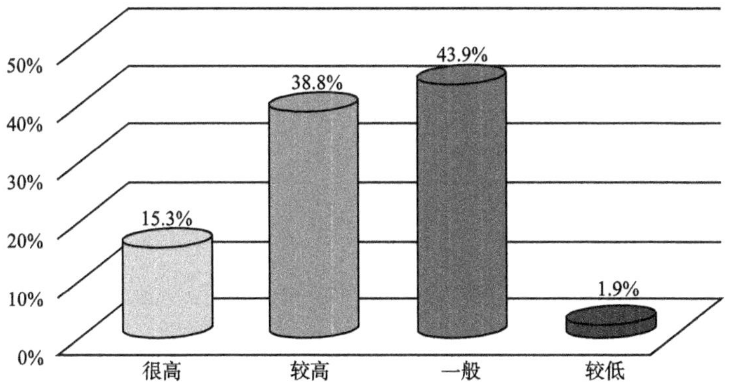


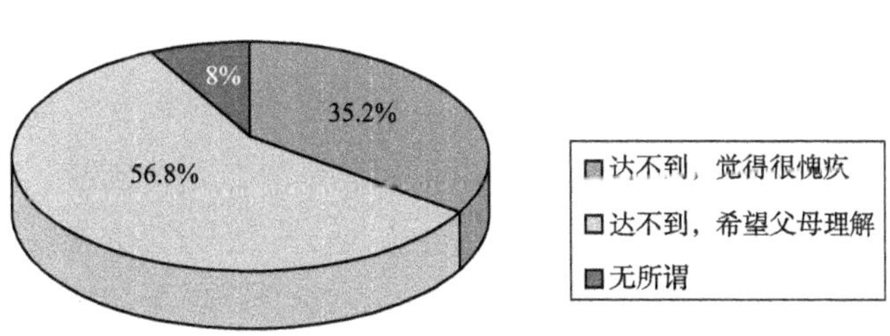


**图 4 – 10　新生代农民工对父母期望值的认知**

由上图可见，父母对新生代农民工的就业期望值偏高，有 54.1% 的父母对其子女的就业期望值在较高水平以上。同时，在对父母就业期望值的认知层面，有 56.8% 的人认为达不到父母对其的期望会觉得愧对父母，并认为是自身的原因；有35.2%的人认为达不到父母对其的期望也很无奈，主要是形势所迫，并不是自身不够努力的原因；而只有8%的人认为即使达不到父母对其的期望也无所谓。从该比例可以看出，中国传统文化对代际之间的关系和文化传递具有重要的影响力。在当前的社会文化环境下，父母对子女的期望对子女未来的发展方向具有重要的引领作用。也就是说，父母较高的期望值在很大程度上影响了子女对进城就业的期望值，无形当中提高了新生代农民工的就业期望值，使得他们不仅仅关注经济收入，同时也关注工作环境、工作条件、工作福利待遇以及工作提升空间。而当期望值与自身能力不匹配时，就容易产生各种问题。比如“民工荒”问题，一方面是有大量的无业人员，另一方面是有大量的就业岗位。因此，可以说，新生代农民工的就业观受到了父母期望值的影响和制约，且这一因素的影响力是不可磨灭的。

## 四、同辈群体因素

对新生代农民工来说，重要的社会化环境除了家庭以外，还有同辈群体。由于年龄、成长背景、生活经历、思想观念等的相似性，使得他们很容易产生共同的兴趣，达成一致的共识。概括来看，同辈群体对新生代农民工就业观的影响主要是通过两个群体实现，一是内群体，二是外群体。

### （一）内群体

内群体是与新生代农民工关系较亲密的群体，外群体是与新生代农民工关系较疏远的群体。对于新生代农民工来说，当他们从农村社会交往场域退出，进入城市社会交往场域后，受陌生环境的影响，他们的社会交往圈子比较狭隘，无法在短时间内形成新的城市社会交往圈，往往是局限于与原有社会交往圈内成员的交往，如老乡、亲戚以及朋友。这就使得新生代农民工很容易受周围同龄人老乡、亲戚以及朋友群体就业观的影响。调查结果表明，有67.1%的人认为，自己的就业观在很大程度上受到了周围同辈群体的影响；有23.2%的人认为，自己的就业观在一定程度上受到了周围同辈群体的影响；只有9.7%的人认为，自己的就业观没有受到周围同辈群体的任何影响。

由此可见，同辈群体的就业观在很大程度上将影响新生代农民工的就业观，尤其是就业期望值。在访谈中，不少调查对象表示，当周围人对就业的期望值都很高的时候，自己对就业值的期望不自觉地就提高了。

另外，在我们的调查对象中，有70%以上的新生代农民工表示，在找工作的过程中一旦遇到烦心事，如需要在多份工作中做选择时，在纠结是否辞职的过程中，在是否要去创业的决策中都倾向于和同辈群体沟通和商量，而不是和父母商量。这说明，虽然一方面新生代农民工受到了父母意见的很大影响，但在具体的就业过程中，他们更愿意和同辈群体保持频繁互动，而不希望父母过多地参与其就业过程，而是对父母呈现最终的就业结果。

我们的调查结果表明，新生代农民工在就业时更乐于听取同学、朋友的意见，26.5%的人表示会听取普通同学的意见；39.5%的人表示会听取朋友的意见；25.7%的人表示会听取父母的意见；还有8.3%的表示会听取老乡中长辈以及其他人的意见。

由此可见，对新生代农民工来说，同辈群体对其就业行为和就业观念同样具有重要的影响力。同辈群体之所以对新生代农民工具有如此巨大的影响力，主要是源于以下两大原因：一是，不同于与父母不平等地位的社会关系，新生代农民工与其同辈群体之间是相互平等的，是个体自主选择的社会关系。他们大多是基于共同的兴趣爱好而建立的亲密关系，彼此已经形成了基本的信任感；二是作为同辈群体，新生代农民工与其群体成员有着一套自身的群体规范和群体价值观念，他们在这样的群体范围内很容易找到共同的话题，产生一种归属感。

（二）外群体

除了受到内群体的影响，新生代农民工的就业观还受到了外群体的影响。对于新生代农民工来说，虽然他们与城市同辈群体的直接交往机会较少，但他们通过大众媒介对城市同辈群体的认识日益增多，城市同辈群体的思想观念、就业倾向也日益通过示范效应渗透到新生代农民工的认知层面。同时，新生代农民工也愿意去学习和吸收新思想、新观念和新信息。通过与外群体建立新的直接或间接的社会关系，新生代农民工受传统思想的影响逐渐弱化，受现代思想文化的影响逐渐增强，其就业观也随着思想观念的转变而发生了转变。调查数据表明，在面对与同龄城市同辈群体，主要是城市朋友群体的差距时，70.5%的人表示各方面差距很大，为拉小差距应向他们学习；22.3%的人表示各方面差距较小，没有必要什么都学习城市人；只有7.2%的人认为几乎不存在什么差距，也没有什么需要特别向他们学习的地方。

由此可见，大部分新生代农民工来到城市后，在结识同龄城市朋友群体的过程中，都认识到了客观存在的差距，认为无论是在思想观念、生活方式、消费方式、专业技能以及职业追求等方面都存在或多或少的差异。同时，在认同倾向上，大多数的新生代农民工更倾向于认同城市文化，并在实践中通过学习和模仿城市同辈群体的思维模式和行为方式来适应城市生活，这其中必然使得其就业观发生变化。从这里我们可以看出，当新生代农民工从农村进入城市以后，他们的社会交往圈以及参照群体标准不再仅仅局限于原有的农村体系，而是日益延伸到城市同辈群体身上。他们的参照群体包括了农村内群体和城市外群体两大群体，这就使得他们的就业期望、就业倾向、就业渠道选择以及创业意愿受到了深入影响。

## 五、个体自身因素

新生代农民工的就业观不仅仅受到了宏观社会文化、社会制度以及中观家庭环境的影响，同时也受到了个体自身因素的影响。新生代农民工的生理、心理特征以及生活经历、工作经历都会对其就业观的形成产生不可忽略的影响。具体包括以下几大因素的影响：

### （一）价值观

价值观是人们关于客观对象的价值的总观点、总看法（袁贵仁，2006）。不同的人对不同的社会现象有着不一样的评价和态度。可以说，价值观在很大程度上影响着新生代农民工对生活的基本态度以及对就业的基本观念。

当前，我国是一个价值观多元化的社会，整个社会充斥着各种价值观，包括积极的和消极的，传统的和现代的。新生代农民工是一个相对而言比较年轻的群体，因此在价值观方面存在发展不平衡和不成熟的现象。部分新生代农民工在家庭教育的正确引导下，能够有选择地吸收积极正面的价值观，这有助于他们形成健康理性的就业观，有助于他们从自身实际出发定位就业目标，努力实现自我价值和社会价值，而不是一味追求与自身实际能力不相符的职业。但同时，也有部分新生代农民工在面临众多价值选择时，陷入了混乱状态，对就业形成了一定偏差。

（二）个体特征

相对于上一代农民工而言，新生代农民工一般年龄偏小，文化水平较高，社会阅历较少，在生理和心理特征方面与上一代农民工具有显著差异。他们一般都是80年代以后出生的，思维比较活跃，乐于接受新的生活方式和社会文化。

由于大多数新生代农民工还处于青春期的典型时期，心智发展还不够成熟，价值观和人生观还处于塑造的过程中。因此，在此阶段，新生代农民工的就业观也正处于不断被建构的过程中，尚未形成一套稳定、系统的就业观。同时，由于新生代农民工在心理状态和精神状态方面存在诸多不稳定因素，他们极易受外界社会环境的影响，抵抗外界诱惑的能力偏低。再加上处于青春期的人群，普遍存在对外界社会强烈的好奇心和尝试欲，并在前途未定型的情况下，对未来充满着美好的憧憬，不会过多地考虑可能存在的风险。因此，在就业的过程中，新生代农民工更加注重自我体验和心理满足感，更加敢于追求自己的职业理想和人生理想，更加愿意挑战自己的能力极限和环境约束。调查数据表明，在个体素质因素中，年龄是一个重要的影响因素，这主要是由于随着年龄的增长，新生代农民工的心理特征会逐渐趋于稳定和成熟，家庭责任感会逐渐增强。在此次的调查过程中，年龄超过25岁的新生代农民工中，有70.3%的人表示对未来就业有比较清晰的规划，更希望能够找一份适合自己的且相对稳定的工作；而在25岁以下的新生代农民工，有80.2%的人表示对未来就业没有清晰的定位，还在不断挑战和冒险过程中，更希望找一份自己喜欢的工作。

## 第三节　新生代农民工就业观培育

新生代农民工就业观的形成受到了社会文化、社会制度、家庭环境、同辈群体以及个体自身等多重因素的共同影响。总体来看，在这些因素的共同作用下，新生代农民工的就业观既有积极的一面，也有消极的一面。

新生代农民工与上一代农民工相比较而言，总体的特征可以归纳为“三高一低”，即教育水平较高、就业期望值较高、物质和精神追求较高，而工作耐受力较低。但由于现实生活中各种因素的制约和阻碍，新生代农民工在面临理想与现实之间的“鸿沟”时，难免陷入焦虑和不安中，使得更换工作的频率较高。因此，加强新生代农民工健康理性就业观的培育具有至关重要的作用。可以说，正确的就业观是实现新生代农民工有效就业的思想基础和价值前提。党的十七大报告也明确指出：要“加强就业观念教育”，通过教育手段逐步转变劳动者的陈旧观念，使其在思想上与时俱进，形成与社会发展相适应的新就业观。而对于新生代农民工的就业观的培育途径来说，应包括政府、社会、企业、家庭以及个人等多个层面，以构建“多层次、多渠道”的就业观培育系统，有效引导新生代农民工从客观实际出发，树立既符合自身职业发展需要，又被社会环境所认可的就业目标。具体可以从以下几方面进行：

## 一、政府层面：日益强化制度的保障作用

新生代农民工就业观的形成受到了社会制度的制约和影响。社会制度的公平与否影响着他们的价值取向。公平、合理的社会制度有利于他们形成健康理性的就业观，而不公平、不合理的社会制度则可能导致他们形成非理性的就业观。因此，新生代农民工就业观的培育离不开政府层面的努力，离不开社会制度的保障作用。而与新生代农民工就业紧密相关的社会制度主要体现在户籍制度和就业制度两方面。具体培育路径如下：

### （一）深化户籍制度改革

当前我国在整体上依然实行城乡二元化的户籍制度，这就使得拥有农村户口的新生代农民工在城市无法享受平等的社会福利待遇，他们在城市生活中被边缘化为“边缘群体”，在一定程度上受到了城市居民和社会政策的排斥。在这样受排斥的社会环境下，新生代农民工很可能产生偏激的社会心理，对通过正规就业来实现社会流动表示出绝望的心态。而这样的社会心理都是消极负面的，无论是对城市社会的和谐稳定还是对于新生代农民工个人的发展提升都是有害的。如果大量的新生代农民工都存在这样的社会心理，则可能给社会稳定带来隐患，严重时还可能危害到整个社会

秩序。因此，要深化户籍制度改革，“分步骤、分阶段”地推进符合条件的新生代农民工转为城镇户口，并最终实行一元化的户籍制度管理，使得新生代农民工享受医疗、教育、住房、就业以及社保等社会福利的同等待遇，以此为新生代农民工形成健康的就业观奠定社会基础。

（二）深化就业制度改革

由于户籍制度的客观存在，我国在很大范围内形成了二元化的就业市场。这种二元化的就业市场主要表现为对城市居民就业和农村居民进城就业的区别对待，政府在很多时候，倾向于将更多的就业资源分配给城市居民，甚至在很长一段时间，为了保证城市居民就业而排斥外来务工人员。这种职业隔离制度的存在使得大部分新生代农民工只能实现非正规就业（李强等、唐壮，2002），严重影响到了一元化就业市场的形成。因此，应尽快打破二元就业市场，努力实现跨行业、跨地区的合理流动，以实现公平就业。同时，政府还应该适当地将就业资源向新生代农民工倾斜。如为新生代农民工提供更多的就业信息、就业机会以及培训机会，以为他们提升自我素质、实现自我价值创造有利的社会环境；为新生代农民工创业提供更多信息、技术、人才以及物质支持，以鼓励他们通过创业来实现就业。除此之外，政府还应该加强对新生代农民工的就业保障，以保障他们的合法权益，使得他们在城市生活中也能够获取一份安全感和归属感。

## 二、企业层面：有效激活企业的引导作用

企业是个体实现就业的主要场所，是个体实现自我提升的重要场域，是个体实现社会价值的重要平台。一个好的企业能够为个体发展提供较大的空间，能够为个体学习提供较多的机会，能够为个体工作提供较好的环境。总之，企业对于个体潜能的激发，就业观的健康形成也具有不可忽略的作用。因此，企业应该承担起更多的社会责任，为新生代农民工的就业保障、就业环境以及就业机会提供相应支持。具体如下：

（一）提供物质保障

新生代农民工通过劳动获取社会生活的物质条件。企业作为物质条件的主要提供者，应按照法律规定以及既定规则按时按量向新生代农民工发放酬劳，依法保障他们的合法权益。只有当新生代农民工的辛勤劳动得到

相应回报时，他们的基本生活才能得到保障，他们的职业认同才会相应提高，他们的职业追求才会逐渐提高。而如果新生代农民工的合法权益屡遭侵害，他们很可能在维权无路或维权失败的情况下，做出偏激行为，危害社会秩序。

（二）丰富文化生活

新生代农民工与上一代农民工不同的是，他们不仅仅有着更高的物质追求，同时，也有着更高的精神追求。他们在选择职业的过程中，更加强调就业环境的重要性，更加期待在一种和谐、温馨的企业文化氛围下工作、生活。而对于枯燥、单一的就业环境感到极度的厌倦和不适应。因此，为了满足新生代农民工对文化生活的多元化需求，为了提供一个有利于新生代农民工理性就业观形成的企业环境，企业相关部门要深入细致地做好思想政治教育和培训工作，帮助新生代农民工提高思想道德素质和技术技能素质，加强企业文化建设（秦秀清、胡庆林，2011）。如广泛开展企业文化活动，鼓励员工自组织发展，以增强新生代农民工对企业的归属感和认同感。

（三）增加培训机会

培训是企业提供给新生代农民工提升自我的机会，也是企业吸引和留住新生代农民工的重要条件。但在现实生活中，不少企业为了节省培训费用，总是设置众多门槛将新生代农民工排斥在就业培训外，使得新生代农民工缺乏就业培训机会，就业提升渠道也因此受限。这在很大程度上限制了新生代农民工健康就业观的形成。因此，企业应该承担起应有的培育义务和责任，将新生代农民工的入职培训、岗位培训、任职培训作为重要任务来做。这不仅有利于提升新生代农民工的职业技能，同时也有利于将企业文化传播给每一个员工，从而有利于提升新生代农民工对企业以及职业的认同，有利于他们形成稳定的就业观。

## 三、家庭层面：充分发挥父母的示范作用

家庭是个体成长的重要场所，个体的价值观和生活观在很大程度上是在家庭环境中形成的。而父母作为家庭的权威和核心人物，对子女的性格和处世态度具有不可替代的作用。父母的价值观和人生观在日常生活中就

能够潜移默化地影响到子女生活的方方面面。由于新生代农民工群体具有年龄偏小、阅历偏少的一般特征，他们在社会生活中极容易受到各种社会因素的影响。因此，家庭在新生代农民工的就业观形成过程中需要承担引导和示范作用。父母正确的引导对于新生代农民工形成健康理性的就业观具有至关重要的作用。具体来说，家庭应该从以下三方面发挥其引导作用：

（一）有效灌输传统道德文化

中国传统道德文化强调诚实守信、吃苦耐劳、脚踏实地以及节约俭朴等道德品质。新生代农民工的父母大多受传统道德文化的影响深远，继承了肯吃苦、不怕累、不怕脏、朴实善良的传统美德。而新生代农民工在城市生活的过程中，受到了各种价值观的影响，在选择就业的时候可能会片面地强调个人理想和物质享受，做事不够踏实。因此，在新生代农民工的成长过程中，应该充分发挥父母的引导作用，在日常的互动过程中潜移默化地向他们灌输传统道德文化，从小培养他们养成诚实、踏实、朴实的传统美德，使其自觉地形成吃苦耐劳、踏实苦干的优良品质。这样当他们进城务工时，才不会轻易地被各种诱惑所吸引，而是会始终坚持基本道德原则，充分发挥传统美德，准确定位自我实力，合理制定就业目标，从而在城市社会中获得一席之地。

（二）充分发挥“以身作则”作用

个体的社会行为和价值取向在很大程度上是在家庭环境中被建构起来的，家庭对子女价值观的影响是方方面面的。可以说，父母的行为模式和思维方式在很大程度上是被子女无条件复制过来的。因此，父母正确的就业观能够有效引导新生代农民工培育出正确的就业观，父母错误的就业观能够导致新生代农民工形成错误的就业观。这充分说明了父母以身作则的重要性。但关键的问题是，对于新生代农民工来说，他们的父母大多数也是农民工，对于新生代农民工而言，父母对他们的教育重视不够，与他们的沟通交流不足，与他们的日常相处不多，这最终导致父母对他们的示范作用弱化。对于这一部分新生代农民工的父母来说，他们更应该加强与子女的日常交流，努力创造相处的机会，并自主提升自身素质，以强化子女对他们的认同。通过以身作则，将善良、正确对待财富以及朴实等优秀社会品质传递给新生代农民工。

## 四、个体层面：充分调动个人的自我提升作用

新生代农民工就业观的形成和调整归根结底还是取决于自身，外部环境的改善只能为他们就业观的培育提供外部条件。健康理性就业观的培育最终还是需要新生代农民工充分发挥其主观能动性，需要他们积极调整自我期望值，客观评价自我，不断提升自我素质。只有这样，适应时代要求，符合自身需求的就业观才能够培育起来。可以说，个体层面的努力是至关重要的，是其他社会主体所无法取代的。具体来说，新生代农民工应从以下几个方面发挥自我的提升作用：

### （一）准确定位自我

准确定位自我、端正自我意识是新生代农民工进行自我提升、自我调整的前提和基础。从当前新生代农民工就业观反映出来的消极方面来看，主要体现为不能准确地定位自我，对自我的认识和评价不够客观。个体对就业的需求是多层面、多层次的，而社会对新生代农民工的就业供给是单一、底层次的，这就使得新生代农民工面临着个体需求和社会供给断裂所带来的心理失衡。为了弥补理想和现实之间的“鸿沟”，既需要社会做出努力，为新生代农民工理想的实现提供支持和保障。同时，也需要新生代农民工自身做出努力，不断依据自身条件和社会需求做出相应调整，以客观评价和准确定位自我。

新生代农民工对自我的客观评价不能仅仅从自我认识出发，而是应该结合自我评价和他人评价，客观地对自身的心理素质、知识储备、职业技能以及思想道德等各个方面进行评价。因此，新生代农民工在日常生活中不能仅仅活在自我的世界里，而是应该乐于接受他人对自身的赞赏和批评，以诚恳的态度接纳自身的优势和劣势，注重扬长避短。但同时，新生代农民工也不应该因为自身农民工的身份而感到自卑。总的来说，就是新生代农民工在评价自我的过程中，既要看到自身的优点，也要看到自身的缺点和不足。只有这样，他们才能走出盲目自信和过度自卑的心理误区，才能树立自信和自尊的自我意识，才能不断培育出乐观主动、积极向上、敢于争取、敢于拼搏的社会心态。

（二）不断提升自身素养

新生代农民从农村跨入现代都市，这一过程中会产生角色冲突，因此，新生代农民工要在城市进行长远的发展，一定要进行角色转变、进行角色的学习与扮演。在现代化过程中，新生代农民工要学习的东西是多方面的。一方面，新生代农民工要主动学习与吸纳都市文化与都市文明，学习城市文明规范、城市生活常识等，多参与社区、社团等集体活动，增加与当地城市居民的沟通与交流，积极融入当地的文化与习俗；另一方面，应延长自身的学习时间，不仅要学习基础的文化知识，企业管理知识，同时要提高自身的劳动技能，增强自身在城市中的适应能力、就业能力与将来的自主创业能力。

# 第五章　新生代农民工就业能力

## 第一节　新生代农民工就业能力构成要素

### 一、新生代农民工就业能力概念的界定

就业能力的内涵和外延是什么？在文献综述里，对西方就业能力的概念按照社会发展的历史做了一一的分析（Fugate M，2004），通过分析可以看出，国外就业能力是一个动态的概念，随着社会经济和劳动力市场的不断发展和完善，在不同的发展阶段具有不同的内涵。目前我国政府面对就业困难群体，积极地采取各种就业促进措施，例如设立大学生村官职位、为下岗工人送公益性岗位、农民工职业技能培训、设立职业资格技能认证体系等来提高个人就业能力，通过与西方国家就业能力概念和政策的发展阶段来比较，可以看出，目前我国就业能力的研究与实践阶段应该与国外20世纪50、60年代的阶段所采取的措施很类似。

结合中国目前劳动力市场的发展情况，以国际劳动组织对就业能力的定义为基础，本文将新生代就业能力分为两个组成部分：一个是在劳动力市场中获得就业岗位的能力，称为初级就业能力。另一个是在工作中获得职位、薪酬晋升等机会，并能顺利应对劳动力市场发生的各种变化的能力，例如产业结构调整、技术更新换代、经济危机的出现，称为高级就业能力。

下面谈谈新生代农民工就业能力的构成要素。

就业能力构成要素是指劳动者在劳动力市场中实现顺利就业、维持就业并实现职业的发展所应该具备的能力，也被称为就业能力结构、就业能力构面、就业能力模型、就业能力维度等，就业能力构成要素在就业能力

理论的研究中处于基础地位，是研究就业能力的首要问题。本文通过德尔菲法与AHP层次分析法，确定新生代农民工就业能力的构成要素以及各个构成要素在整个结构的权重，为后面的新生代农民工就业能力的供需分析打下基础。

新生代农民工就业能力构成要素是一个复杂的多维度体系，它的构成受到多个因素的影响，为了建立科学的、实用的、粗细适宜的新生代农民工就业能力指标体系，在建立的过程遵照了以下原则：系统性和层次性，各个层次的因素以及各个因素之间都是独立的，相互之间没有重叠，但下个层次的因素会影响和决定上一个层次的决策和判断，新生代农民工就业能力的构成指标是复杂繁多的，为了提高该指标体系的可用性和可操作性，需要按照帕累托定律，选择能够体现新生代农民工就业能力的80%的指标，反映出新生代农民工就业能力最核心的部分，不能设计得十分完善，面面俱到，这样会降低指标适用性和实用性。

为提高新生代农民工就业能力构成要素构建的科学性，本书首先进行了访谈，通过访谈的结果来探寻构成要素的初始指标。访谈法是指通过访谈者与被访谈者面对面的深度交流与沟通，直接获取所要研究问题信息的调研方法，是劳动经济学研究的一种基本方法，采访对象一般是对所访谈的问题有深刻认识并具有代表性的群体。本文采用结构化访谈的方式，围绕“新生代农民工实现就业及发展、个人成长所应该具备的就业能力有哪些”，实地采访了山西省5家以新生代农民工为主的企业，他们的主营业务分别为家装制造、电子制造、铁路建设、物流、酒店服务，访谈对象主要是企业高层管理人员、人力资源管理人员、车间班组长等，共计访谈20余人。他们直接或者间接地从事新生代农民工的管理工作，对新生代农民工的现状、就业能力的缺口等问题具有较深入的客观认识。通过整理、综合访谈的结果，来研究新生代农民工的就业能力由哪些构成要素组成。

综合访谈的结果，选择具有代表性的1位主管人力资源管理工作的副总经理，2名人力资源主管（一名负责招聘、一名负责培训）、5名车间主任的观点进行分析，并对他们进行了编码，副总代码为V，HR－1，HR－2，分别代表两名人力资源主管，5名车间主任分别为W－1，W－2，W－3，W－4，W－5。

为了提高面谈的有效性，首先进行了充分的准备工作。查阅搜集所访谈企业的一些基本资料，比如工作流程、组织结构、人员构成、人力资源质量等，以及该新生代农民工岗位的基本情况，比如岗位名称、工作内容、工作条件、薪酬福利待遇等。其次，创造一个良好的面谈环境。一般会选择安静的、温度适中、空气流通好、光线充足的会议室，面谈开始的时候，采用一些轻松的话题开始，向被访者说明访谈的目的、访谈所需要持续的时间、向被访问者承诺会对面谈的内容保密等，这样会打消参加面谈者的疑虑，从而保证能够进行顺利的交流和沟通。访谈的内容一般是被访谈者曾经经历过的具体事例，一定是亲身经历的。这样，被访谈者会回忆过去的经历，记录员记下访谈内容。最后，在一对一的面谈中，让被访谈者多说，进行访谈的工作人员不能过多地表达，主要发挥组织、控制整个面谈的作用，被访谈者说话的时间应该占整个面谈时间的95%以上。在小组团体面谈的方式中，安排1名经过训练的、而且具有实际引领会议经验的专业人员来参与讨论，主要作用是控制、推动这个讨论的进行，在讨论中会出现跑题、争执等现象，推动者应该通过恰当的方式解决这些偏差，但不能发表倾向性的意见，不能对被访谈者的观点下结论，鼓励被访谈者改进自己的观点，推动整个讨论顺利进行，以便得出更多的结论，最后在众多的结论中归纳总结出理想的结果。

将在访谈中获取的信息进行整合，合并同类项，去除无用的信息，统计归纳出新生代农民工就业能力的构成指标有哪些。

Ⅰ. 家装制造型企业主管人力资源的副总经理

问：请介绍企业新生代农民工基本情况。

答：在我们这个企业里，新生代农民工占比高达90%以上，是整个企业的主力军，和他们的父辈相比，他们有很大的自主性，员工流动性较高，我们的人力资源部整天为了招聘忙得就晕头了。

问：对新生代农民工来说，如果想在企业顺利发展，最重要的技能是什么？请举例说明？

答：我觉得最重要的技能应该是较高的责任感和吃苦耐劳的精神。说实话，我们是一家生产制造型的企业，工作的技能要求不高，初中毕业生来干一个礼拜，也就会做了，关键是订单量大，工作时间长，劳动强度大，因此一感觉有点累，就选择离职了。

问：在贵企业，新生代农民工最缺乏的技能是什么？请举例说明。

答：随着近几年家装行业竞争不断加剧，房地产行业发展放缓等外部因素，我们企业的发展遇到了很大的障碍，为了应对这些不利因素，我们引进新的生产技术，比如我们锻造车间的新型切割机，是从德国引进的比较新的高精度的生产机器。我们安排了两个礼拜的专门培训，手把手地传授相关方法和步骤，但是最后的效果并不好，生产的产品次品率很高，不是因为机器的问题，而是因为岗位上的员工操作技能不熟练。后来，我们就发现受教育程度的高低直接影响企业的生产，比如专科生的学习和动手能力在一定程度上会高于普通的高中生，可是我们企业的农民工大多是初中、高中学历，接受能力和学习能力方面还需要进一步的提高。

问：你觉得理想的农民工应该具备哪些基本的技能？

答：上面我也谈到了一些，我觉得关键的有这么几个，比如原来所接受的教育水平，也就是学习能力，当然最好具有相关的工作经验，这两个是基础，最关键的是责任感，能够负起责任来，不仅仅是完成工作，而是要有把工作做好的心态，同时能够很好地团结同事。希望他们能多走出去，多学习新知识，增强自己的技能，这无论对企业还是对自己的未来的发展都是有好处的。

从对主管人力资源副总经理的访谈可以看出新生代农民工就业能力包括教育水平、责任感、一定的社交圈。希望新生代农民工能够接受更多的教育，学历能在大专是最理想的，另一方面一定要担负责任，把分配的工作完成，能够接受企业的工作安排。

Ⅱ. 人力资源主管（HR－1 电子制造业负责招聘，HR－2 物流企业主要负责培训）

问：对新生代农民工来说，如果想在企业顺利发展，最重要的技能是什么？请举例说明。

HR－1：能踏实下来，用心来做。我们这里喷漆车间有个小伙子 20 多岁，人很聪明，学习东西也很快，来了两个月，技术方面已经是比较不错的了，但是最近提出了离职。询问原因，是和主管不和，主管说话喜欢用命令的口气，这让他接受不了。最后离开了，从事了别的工作，发展潜力挺大的一个人才，因为受不了这样的委屈，失去了一个不错的发展机会。

HR－2：我觉得还是学习能力吧。新生代农民工年轻，精力足、冲劲大，抓住机会不断学习提高自身技能，技不压身嘛，有了这样的技能，还怕在企业里不受重用吗。

问：在贵企业，新生代农民工最缺乏的技能是什么？请举例说明。

HR－2：好像更多的新生代农民工不太主动去学习，去改变自己的未来，做事情的动力不是很足，很容易满足现状，因此我觉得比较缺乏的是主动性、积极性，态度消极。最近我们组织了岗位基本技能培训，主要传授岗位上的操作技能，培训完成后，安排书面考试，一个员工竟然把笔记拿出来抄袭，我就没收了他的试卷，后来又给了他补考的机会，他竟然又拿出笔记抄袭，最后因为这个事情，被开除了。这件事情感觉比较遗憾，感觉他们太随意了，不太在乎很多的事情，给自己的发展带来了很多的不利影响。

通过以上对人力资源主管访谈结果的分析，可以看出，企业中需要的就业能力包括，良好的心理承受能力，遇到挫折能够保持平和的情绪，良好的主动学习能力、遵守纪律等。

Ⅲ. 车间主任、班组长、带班经理等

问：对新生代农民工来说，如果想在企业顺利发展，最重要的技能是什么？请举例说明。

W－1（家装制造）：迅速掌握生产制作流程，这是基础，业务技能是最重要的。

W－2（物流企业）：我们这个行业工作时间长，而且时间不规律，有的时候，出长途的司机，工作起来，根本没什么休息时间，对我们来说，体力是最根本的技能，没体力，做物流这个行当，根本不可能。

W－3（电子制造业）：他们一般就在流水线上生产，不需要太多的沟通和交流，更多的是熟练手，因此在自己负责的工序中，提高熟练度变得十分重要了。

W－4（铁路建设）：我们这个班组负责铁路信号的装配、检修，首先是个技术活，没学历不行，虽然他们是劳务工，但几乎都是铁路专业学校毕业的，另一方面，信号工作是铁路安全的一个重要方面，因此需要他们具有强烈的责任心。

W-5（酒店服务）：我认为最重要的是责任感，经常的顾客出现高峰，为了招待好客人，只能安排加班和倒班，可是他们这个时候，会提出一大堆的理由来请假，不能和酒店共渡难关，最后只能通过硬性的命令来进行安排了。

通过对车间主任、班组长、带班经理等人的采访，可以看出最需要的就业能力包括工作经验、身体素质、责任感等。

## 二、就业能力构成要素的分步研究

### （一）初始指标

在针对新生代农民工就业能力访谈的基础上，查阅国内外文献，构建新生代农民工就业能力构成要素初始指标（第一轮）。

就业能力构成要素是一个抽象带有主观成分的概念，由于研究时间、劳动力市场成熟程度不同，会有不同的内涵和外延，“就业能力具有双重性，即绝对性和相对性”。通过理论文献研究综述，可以总结出，在国外较成熟的理论中，就业能力指标构成要素基本上包括基本技能、高层次技能和个人特质三个方面。

借鉴国内外学者的观点（Donald E. Super，1981），结合我国劳动力市场发展阶段，访谈部分专家的意见，设立初始指标如表5-1所示：

**表5-1　新生代农民工就业能力构成要素初始指标**

| 一级指标 | 二级指标 | 来源 |
| --- | --- | --- |
| 社会资本 | 流入地的家人、亲戚朋友数量 | Fugate，2004；林竹、朱伯清、张新岭，2010；访谈 |
| | 一般关系的支持 | Fugate，2004；张雨，2011 |
| | 社会地位 | 刘叶云、游钊，2011 |
| | 社区设施的使用 | Fugate，2004 |
| | 寻找工作的途径 | Mcquaid Lindisay，2005 |

续表

| 一级指标 | 二级指标 | 来源 |
| --- | --- | --- |
| 人力资本 | 教育水平 | Forrier，2003；罗恩立，2010；任武、张林月，2009；访谈 |
| | 工作经验 | Law，Wong，Moley 等，1996；访谈 |
| | 性别 | Forrier，2003 |
| | 培训次数 | Fugate，2004 |
| | 身体素质 | Forrier，2003；罗恩立，2010；访谈 |
| 心理资本 | 责任感 | Knight，2002；访谈 |
| | 市场适应能力 | Pallard，Hillage，1998 |
| | 纪律性 | Ggainer，1998；访谈 |
| | 团队合作 | McLuaghlin，1995 |
| | 积极性 | Knight，2002；刘叶云，王思媛，2011；访谈 |

（二）评价指标实证遴选（第二轮）

通过文献阅读，访谈专家后设立的新生代农民工就业能力构成要素初始指标进行整理，形成专家调查问卷。本研究选择了 40 名专家进行了问卷调查，所选择的专家主要集中在三个领域：首先是新生代农民工集中的生产制造业、建筑业、服务业的企业高层管理人员、人力资源管理人员、车间（项目、班组）管理人员，他们处于管理新生代农民工的一线，对新生代农民工了解深刻；其次是高校老师，主要是对就业及新生代农民工有深入的研究的老师；再次是国内外研究就业能力构成模型的专家，他们长期在国内外，以管理顾问的角色，帮助企业建立能力模型（杨晓军、陈浩，2012），对模型的构建具有丰富的经验。此次调查共收回有效问卷 35 份。

对有效问卷进行了隶属度分析，把新生代农民工就业能力构成要素视为一个模糊集合，根据公式 $R_i = Mi/35$（R，代表第 i 构成要素的隶属度；M，代表某构成要素被专家选择的次数），计算初始构成要素的隶属度。如表 5 - 2 所示。

**表5-2　新生代农民工就业能力构成要素隶属度表**

| 一级指标 | 二级指标 | 隶属度 |
|---|---|---|
| 社会资本 | 流入地的家人、亲戚朋友数量 | 0.71 |
| | 一般关系的支持 | 0.29 |
| | 社会地位 | 0.57 |
| | 社区设施的使用 | 0.37 |
| | 寻找工作的途径 | 0.6 |
| 人力资本 | 教育水平 | 0.97 |
| | 工作经验 | 0.74 |
| | 性别 | 0.43 |
| | 培训次数 | 0.91 |
| | 身体素质 | 0.49 |
| 心理资本 | 责任感 | 0.86 |
| | 市场适应能力 | 0.11 |
| | 纪律性 | 0.6 |
| | 团队合作 | 0.23 |
| | 积极性 | 0.66 |

本研究以50%为隶属度临界值，删除隶属度低于50%的构成要素，保留隶属度高于50%的构成要素，确定新生代农民工就业能力构成要素如表5-3所示：

**表5-3　新生代农民工就业能力构成要素表**

| 总指标 | 一级构成要素 | 二级构成要素 | 要素含义 |
|---|---|---|---|
| 新生代农民工就业能力构成要素 | 社会资本 | 社会地位 | 新生代农民工在城市里处于什么样的位置，是否被城市重视、尊重与关注，社会认可度高或者低 |
| | | 寻找工作的途径 | 主要是指通过何种有效的途径能够迅速找到体面的工作 |
| | | 流入地的家人、亲戚朋友数量 | 主要是指在工作的流入地基于血缘、亲缘、事缘而相互依赖的群体 |

续表

| 总指标 | 一级构成要素 | 二级构成要素 | 要素含义 |
|---|---|---|---|
| 新生代农民工就业能力构成要素 | 人力资本 | 教育水平 | 接受国民系列教育的时间长短 |
| | | 工作经验 | 工作经历以及在工作中掌握的技能，主要是通过工作年限来体现 |
| | | 培训次数 | 接受由社会或企业提供的职业培训次数 |
| | 心理资本 | 责任感 | 自动自发的尽职尽责工作，无论遇上何种困难，能在内心坚定不移，通过不屈不挠、永不停止的行动达到目的 |
| | | 纪律性 | 遵守有关规定、惯例、标准或者上司的指示，忠于职守、有秩序地进行工作 |
| | | 积极性 | 能够经常主动地完成各项工作，不需要指示和命令，自主地思考并改进工作方法 |

概述以上结论，可以将新生代农民工就业能力构成要素概括为SHP模型（赵泽洪、李传香，2011）：S（社会资本）、H（人力资本）、P（心理资本），基本含义是社会资本主要是劳动者个体在社会中的地位，通过社交网络或者所处的地位获取资源的能力。社会资本从20世纪70年代开始受到经济学家、社会学家、组织行为学家的兴趣，一般是指社会网络、共同的行为规范和相互之间的信任，说得简单些就是个人在一定的社会结构中，由于所处的位置，而带来的收益，一般外显为某个人的声誉、信任、口碑等，俗话说就是所谓的“关系”，关系越多，社会资本就越高，个人收益越大。例如有效工作寻找渠道的选择对就业成功率有积极影响。社会资本对于个人职业生涯成功的作用主要表现在三个方面：获得信息、赢得资源以及在职业生涯中得到帮助。有学者认为，农民工在城市再建构的社会网规模越大，其在城市获取的资源数量就越多（郭立场、陈吉，2012）。

社会资本可以分为微观、中观、宏观，我们主要关注作为微观的新生代农民工的社会资本。社会资本高，关系多，所获得的工作信息就多，就业的机会自然就多了，同时，通过熟人介绍，雇主比较信任，雇佣意愿较强，同时被介绍的劳动者，碍于介绍人（同乡、同事、同学等）的面子。社会资本方面主要设定了以下三个方面的内容，首先是社会地位，即新生代农民工在城市里处于什么样的位置，是否受到城市的重视、尊重和关注，社会认可度高或者低。其次是寻找工作的途径，一般包括了家人、亲戚、朋友介绍，职业介绍所，招聘会和网络。再次是所在流入地的家人、亲戚朋友的数量。

决定一个劳动者人力资本高低的是其投入的多少，首要的人力资本投资就是教育，这里主要是指接受正规的国民教育系列的时间长短，接受正规教育水平越长，教育水平越高，掌握的知识和技能越多，人力资本存量越大，自然进入劳动力市场后，就业能力就比较具有竞争力。其次是工作的经验，每个人的工作经验是不一样的，不同的工作经验产生的生产力也是不同的，工作经验丰富，生产力就高，就业竞争力就强，现在社会上不断发生“民工荒”的报道，深入探究就会发现，“民工荒”的本质是具有丰富经验的技工的缺乏，特别是高级技工，是一种结构性的供需失衡。再次是培训次数，这是新生代农民工进入城市工作的基础因素，通过社会或者所服务的企业提供的各种技能培训，可以提高新生代农民工的专业技能，从而促进就业能力的提升（董振华，2013）。

心理资本主要指新生代农民工的价值观、心理成熟度、在工作中所持的态度等。影响一个人成功的主要因素有三个，IQ（智商）、EQ（情商）和AQ（逆商），而其中起决定作用的不是智商，而是作为心理资本组成部分之一的情商，智商高的人不一定就业能力高，但是情商高的人一般就业能力较高。心理资本同样对于新生代农民工的顺利就业具有重要的促进作用，主要设定了三个指标：责任感，是指自觉的尽职尽责工作，无论遇上任何困难都能不屈不挠、永不停止；纪律性，遵守有关规定、惯例、标准或者上司的指示，忠于职守、有秩序地进行工作；积极性，能够经常主动完成各项工作，不需要指示和命令，自主地思考并改进工作方法（刘俊威，2012）。

## 第二节 新生代农民工就业能力供需

在劳动经济学研究范式中，供需差距分析是重要的方法之一，它是指分析某项指标的现实供给水平，再研究该项指标的理想状态，也即客观的需求水平，通过对两方面的比较，探寻、确认供给与需求之间的差距，这个差距被称为“缺口”。在确认供需差距后，可以实施针对性的提升措施，从而确保达到理想的结果。在为数不多的新生代农民工就业能力的研究中，更多地偏重于能力指标构成的研究、职业培训方面的研究等，而采用供需差距分析进行新生代农民工就业能力研究在过去几乎没有引起研究者的注意。

在第一节确定的新生代农民工就业能力构成要素及权重的基础上，研究其供给水平、需求水平及二者之间的差距，即新生代农民工就业能力缺口，为探寻新生代农民工就业提升路径奠定研究基础。根据本文对就业能力的定义，对就业能力的供需分析分为初级就业能力供需分析与高级就业能力供需分析两个部分（张秋秋、金刚，2012）。

## 一、初级就业能力的供需分析

初级就业能力主要是指在劳动力市场中寻找到工作的能力水平，即新生代农民工能否满足企业的招聘条件。文章通过调研职业介绍所、参加现场招聘会、浏览新生代农民工寻找工作比较集中的网络媒体，例如手递手报、赶集网等，收集企业针对新生代农民工的招聘广告，进行汇总、整理、分析，可以寻找出企业对新生代农民工的就业能力需求水平。在新生代农民工就业能力供给方面，选择在职业介绍所、街道劳动服务所、新生代农民工劳务集中地等地方，针对寻找工作的新生代农民工发放问卷，通过问卷的整理、汇总，分析出新生代农民工初级就业能力的供给水平。

### （一）新生代农民工初级就业能力需求分析

招聘广告是企业为了满足生产和服务的需要，在劳动力市场中发出的关于用人的需求、能力素质要求等，一般通过网络、招聘会或者职业介绍所发布。在招聘广告中，一个最重要的组成部分是对所招募员工的素质要求，也就是岗位的胜任能力，这个部分直接表达出了企业对于需要招聘人员就业能力的需求，下面就通过企业对外发布的招聘广告，来整理、分析企业对于新生代农民工就业能力直观的要求。

获取企业招聘新生代农民工广告的途径主要有两个：一个是在相关的网站或者报纸的招聘版块上进行查询，例如赶集网、手递手报等；另一个主要通过参加各区、街道办事处开办的职业介绍所公布的农民工需求信息，其中包括职业介绍所举办的新生代农民工专场的招聘会。由于公布招聘需求的企业数量众多，而且需求各种各样，很难进行全面的统计和分析，因此通过以上的获取招聘广告的途径，选择20家较大型的制造型企业中的生产类的岗位和20家服务类企业中的服务类的岗位。通过统计整理40家企业的招聘广告，总结出企业对新生代农民工就业能力方面的基本需求。

通过统计分析制造型企业的招聘广告，可以总结出一份完整的、基本涵盖所调查企业的针对生产制造岗位的招聘广告，如下：

1. 男女不限，年龄在18周岁至40周岁，身体健康
2. 学历为初中或者高中以上
3. 接受过专业技能培训，有相关的工作经验为佳
4. 能适应加班工作
5. 吃苦耐劳，具有较强的责任心和认真的工作态度，服从领导工作分配；
6. 无传染病，无色盲，无先天性身体缺陷等

通过这份招聘要求，我们可以看出制造型企业对新生代农民工就业能力的一般要求：首先关注应聘者的基本自然情况，比如性别一般没有限制，年龄的要求在18岁到40岁之间，这个年龄段是人的一生中体力处于最佳状态的时期，并且要求身体健康。在自然生理情况的基础上，关注其学习能力和以前的工作经验，由于制造型的企业，大多数岗位是需要通过体力劳动来进行的，因此动手能力、操作能力，身体协调、灵活等显得十分的重要，同时如果从事过此类工作，具备了此类工作的工作经验，节省了企业培养的过程和成本的投入。

在具备了自然生理情况和业务能力后，开始关注工作时间和工作态度方面的要求，一般都要求能加班，特别是能够适应“三班倒”或者白班、黑班等，有的企业还要求员工住在企业的宿舍里，方便加班，这也体现出了农民工的工作时间比较长，工作强度大，没有一个健康的身体，是很难

应付的。以上几条就是从客观方面提出的要求，第 5 条从心态方面提出了要求，基本包括对工作负责，能够吃苦，能够遵守企业的管理规章制度，服从领导安排。最后是一个排除条款，针对身体存在残废的进行了排除，身体存在残疾的难以承担时间负荷大、工作强度高的工作任务。

通过统计分析服务类企业的招聘广告，可以总结出以下一份比较完整涵盖服务类职位的招聘广告：

1. 男女不限，年龄在 18 周岁到 30 周岁之间，有一定的身高要求
2. 学历为高中或者中专以上
3. 身心健康，形象端庄，亲和力佳
4. 有相关工作经验
5. 具备良好的语言表达能力、较强的服务意识
6. 有较强的服务意识和团队协作精神

通过这份招聘要求，可以发现服务业的招聘新生代农民工的基本要求，首先也是关注自然情况，比如性别、年龄，特别是对身高有一定要求，通过对比，能够发现由于服务业的特殊情况，其要求的年龄和身高等比制造业的要严格，比如岁数要求范围较小。学历方面也比较高，一般要求高中或者中专以上。第三条应该是服务比较特殊的要求，对劳动者的形象有比较高的要求，能够具备一定的亲和力和影响力。一般要求具备相关工作经验，制造业的要求没有这么高，可以没有类似的工作经验。最后两条，对服务业的能力提出了具体的要求，包括沟通能力、服务意识等。

通过对以上两个行业的招聘广告的分析，可以总结整理出企业对新生代农民工的需求一般包括基本的自然生理条件、学历条件、良好的工作态度三个方面。自然生理条件一般需求较高，在 18 岁到 40 岁之间，身体健康，学历一般要求初中以上，对于学习能力和工作经验有一定的要求，对于良好的工作态度需求较高，能够服从领导安排，具备强烈的责任感，时间上能够接受长时间加班的要求，能够与其他同事友好相处，相互协作。初级就业能力的需求主要集中在新生代农民工就业能力构成要素的人力资本方面的教育水平、身体素质，与心理资本的责任感、纪律性等方面，汇总至表 5 - 4：

表5－4　企业对新生代农民工就业能力需求表

| 一级构成要素 | 二级构成要素 | 企业需求 |
|---|---|---|
| 社会资本 | 社会地位 | 没有提到 |
| | 寻找工作的途径 | 没有提到 |
| | 流入地的家人、亲戚朋友数量 | 没有提到 |
| 人力资本 | 教育水平 | 初中以上 |
| | 工作经验 | 相关工作经验 |
| | 培训次数 | 接受过专业技能培训，具备基础性专业技能 |
| 心理资本 | 责任感 | 较强 |
| | 纪律性 | 较强 |
| | 积极性 | 较好 |

（二）新生代农民工初级就业能力供给分析

本文依据新生代农民工就业能力构成要素设计调查问卷，人力资本方面的指标包括：教育水平，设定了四个档次：小学、初中、高中和大学，选择工作年限来衡量工作经验，一般来说工作经验随着工作年限的增多，会不断地提高，因此是通过工作年限的长短来体现工作经验的多少，设定了四个档次：1～3年、4～6年、6～8年和8年以上。培训次数设定了4个档次：1次、2～3次、4～5次、5次以上。对于以上三个指标，四个层次分别赋值1，2，3，4。

心理资本的构成要素，主要是隐藏在内心的心理活动，主要包括责任感、纪律性与积极性，"一般而言，员工自评具有较强的主观性，他们常会给予自己较高的分数，使用自我评价时应该特别小心"，因此对于心理资本的问卷调查，不直接让新生代农民工自身直接对自己的责任感、纪律性与积极性等要素直接进行评价，对自己的主观的自我评价一般较高，失去了客观性。本研究采用通过提问的方式，了解新生代农民工对工作过程中的实际关键事件的态度来体现其心理资本的高低。责任感的问题是工作中发生的某项工作需要额外的付出能完成，你愿意吗？在是或者否的答案里选择一项；纪律性的问题是对于企业的行政管理规定，你会遵守吗？在是或者否的答案里选择一项；积极性的问题是工作中你会主动向上司提出改进工作的建议吗？在会或者不会的答案里选择一项。

本部分研究抽取样本容量中的106份问卷，各个指标的描述性分析结果如表5－5：

表5－5　总体描述性统计分析表

| | 教育水平 | 工作年限 | 培训次数 |
|---|---|---|---|
| 份数 | 106 | 106 | 106 |
| 平均值 | 2.36 | 2.27 | 2.7 |
| 标准差 | 0.65 | 1.065 | 1.044 |
| 最大值 | 1 | 1 | 1 |
| 最小值 | 4 | 4 | 4 |

从对106名求职的新生代农民工的教育水平分析结果来看，初中占比为70.8%，高中占比19.8%，初中以上学历占比为99.1%，企业的需求为初中以上，所调查的群体能够满足企业对教育水平的需求。如表5－6所示。

表5－6　教育水平描述性统计分析表

| | 次数 | 占比（%） | 累计次数 |
|---|---|---|---|
| 小学 | 1 | 0.9 | 0.9 |
| 初中 | 75 | 70.8 | 71.7 |
| 高中 | 21 | 19.8 | 91.5 |
| 大学 | 9 | 8.5 | 100 |
| 总计 | 106 | 100 | |

从工作年限的统计分析结果来看，1～3年的占比为30.2%，4～6年的占比为28.3%，6～8年的为25.5%，整体平均值为2.27，平均工作年限在4年左右，企业的需求是具有相关的工作经验，所调查的群体能够满足企业具备一定工作经验的需求。如表5－7所示。

表 5-7　工作年限描述性统计分析表

| | 次数 | 占比（%） | 累计次数 |
|---|---|---|---|
| 1~3 年 | 32 | 30.2 | 30.2 |
| 4~6 年 | 30 | 28.3 | 58.5 |
| 6~8 年 | 27 | 25.5 | 84 |
| 8 年以上 | 17 | 16 | 100 |
| 总计 | 106 | 100 | |

从培训次数的描述性统计分析结果来看，2~3 次的占比为 36.8%，5 次以上的占比为 31.3%，说明大多数的新生代农民工接受了一定的培训，具备从事专业工作的基本工作技能。如表 5-8 所示。

表 5-8　培训次数描述性统计分析表

| | 次数 | 占比（%） | 累计次数 |
|---|---|---|---|
| 1 次 | 13 | 12.3 | 12.3 |
| 2-3 次 | 39 | 36.8 | 49.1 |
| 4-5 次 | 21 | 19.8 | 68.9 |
| 5 次以上 | 33 | 31.1 | 100 |
| 总计 | 106 | 100 | |

从表 5-9 对心理资本的统计数据来看，在责任感方面，69% 的人选择了是，说明这个群体多数是具有责任感的；在纪律性方面，94% 的人选择了是，说明绝大多数是具有较强纪律性的；在积极性方面，78% 的人选择了会，说明了多数人具备一定的积极性。企业对新生代农民工的需求为较强的责任感、纪律性与较好的主动积极性。

表 5-9　心理资本调查表

| 心理资本 | 是（会） | 否（不会） | 选择是的占比 |
|---|---|---|---|
| 工作中发生的某项工作需要额外的付出才能完成，你愿意吗（责任感） | 72 | 32 | 69% |
| 对于企业的行政管理规定，你会遵守吗？（纪律性） | 99 | 5 | 94% |
| 工作中你会主动地向上司提出改进的建议吗？（积极性） | 81 | 23 | 78% |

通过以上的数据分析结果，可以看出新生代农民工在人力资本与心理资本方面能够满足企业的招聘需求，即新生代农民工在劳动力市场中具备初级就业能力，能够找到工作，实现就业。

## 二、新生代农民工高级就业能力供需分析

新生代农民工高级就业能力是指在工作中获得职位、薪酬晋升等进步，并能顺利应对劳动力市场发生的各种变化的能力，例如产业结构调整、技术更新换代、经济危机的出现等。本研究首先采用问卷调查法掌握处在就业状态的新生代农民工的就业能力的供给水平，然后通过文献研究与问卷调查法掌握对于新生代农民工高级就业能力的需求，进而研究两者之间的差距，从而探究新生代农民工的主要能力缺口。

### （一）在职新生代农民工就业能力供给水平

处在就业状态中的新生代农民工的实际就业能力所处的水平是研究其与高级就业能力水平差距的基础，首先根据新生代农民工就业能力构成要素，编制了在职新生代农民工就业能力现状调查表。

社会资本方面包括三个方面的内容，首先是寻找工作的途径，包括了家人、亲戚，朋友介绍，职业介绍所，招聘会和网络。其次是在打工流入地的家人、亲戚朋友的数量，设定了四个档次：很少、有几个、较多和很多，前两个主要是从劳动者个人的角度出发，第三个是社会地位，设定为很低、较低、一般、较高四个等级。人力资本与心理资本方面的内容设计与调查新生代农民工初级就业能力相同的问题。在人力资本与社会资本描述性统计分析中，对四个层次分别赋值1、2、3、4。

本部分研究抽取样本容量中的358份问卷，根据分析的结果，测量新生代农民工现在就业能力中的社会资本、人力资本、心理资本的现实水平，描述性统计分析结果如表5－10所示：

**表5－10　就业能力描述统计表**

| 项目 | 份数 | 极小值 | 极大值 | 均值 | 标准差 |
|---|---|---|---|---|---|
| 教育水平 | 358 | 1 | 4 | 2.63 | 0.805 |
| 工作年限 | 358 | 1 | 4 | 2.23 | 1.123 |

续表

| 项目 | 份数 | 极小值 | 极大值 | 均值 | 标准差 |
| --- | --- | --- | --- | --- | --- |
| 培训次数 | 358 | 1 | 4 | 2.55 | 1.083 |
| 寻找工作的途径 | 358 | 1 | 4 | 2.19 | 1.164 |
| 流入地家人、亲戚朋友数量 | 358 | 1 | 4 | 2.03 | 0.965 |
| 社会地位 | 358 | 1 | 4 | 1.54 | 0.704 |

首先从均值（如表 5－11）来看，教育水平数值为 2.63，处在初中和高中之间，在对教育水平的单独的占比分析中，其中初中生所占的比例最大，为 51.1%，高中生的比例也比较大，占到了 28.2%。初中生和高中生的总体占到了 79.3%，成为了新生代农民工主要的组成部分。

**表 5－11　教育水平描述统计表**

| | 次数 | 占比（%） | 累计次数 |
| --- | --- | --- | --- |
| 小学 | 8 | 2.2 | 2.2 |
| 初中 | 183 | 51.1 | 53.4 |
| 高中 | 101 | 28.2 | 81.6 |
| 大学 | 66 | 18.5 | 100 |
| 总计 | 358 | 100 | |

从均值（如表 5－12）看，平均工作年限为 2.23，说明调研对象参加工作平均在 4 年左右，具备以一定的工作经验。从对工作年限单独的占比分析来看，1～3 年的占到 33.5%，4～6 年占到 29.9%，两个部分合计 63.4%，工作 8 年以上的占比为 20.4%，也是重要的组成部分。

**表 5－12　工作年限描述性统计表**

| | 次数 | 占比（%） | 累计次数 |
| --- | --- | --- | --- |
| 1～3 年 | 120 | 33.5 | 33.5 |
| 4～6 年 | 107 | 29.9 | 63.4 |
| 6～8 年 | 58 | 16.2 | 79.6 |
| 8 年以上 | 73 | 20.4 | 100 |
| 总计 | 358 | 100 | |

从培训次数的描述性统计分析的结果（如表 5－13）来看，参加过

2~3次培训的占比为36.6%，占比最高，参加过1次的占比为18.2%，两者合计54.8%，5次以上的占比为27.9%，说明新生代农民工接受过一定的专业技能培训。

表5-13　培训次数描述性统计分析表

| | 次数 | 占比（%） | 累计次数 |
|---|---|---|---|
| 1次 | 65 | 18.2 | 18.2 |
| 2~3次 | 131 | 36.6 | 54.7 |
| 4~5次 | 62 | 17.3 | 72.1 |
| 5次以上 | 100 | 27.9 | 100 |
| 总计 | 358 | 100 | |

对寻找工作的途径进行频次分析（如表5-14），通过朋友介绍的有效占比为51.4%，新生代农民工更多的是通过同学、原来的同事、朋友等来寻找工作，这是和第一代农民工差异很大的地方。家人、亲戚占比为27.1%，也是寻找工作的主要途径，这两种方式占比高达78.5%，说明了新生代农民工寻找工作主要是通过亲缘和血缘，招聘会和网络占比为17%，说明新生代农民工接触网络较多，通过网络来寻找工作。职业介绍所占比只有4.5%，这个占比是比较低的。

表5-14　寻找工作的途径描述统计表

| | 次数 | 占比（%） | 累计次数 |
|---|---|---|---|
| 家人、亲戚介绍 | 97 | 27.1 | 27.1 |
| 朋友介绍 | 184 | 51.4 | 78.5 |
| 职业介绍所 | 16 | 4.5 | 83 |
| 招聘会 | 33 | 9.2 | 92.2 |
| 网络 | 28 | 7.8 | 100 |
| 总计 | 358 | 100 | |

从均值（如表5-15）来看，流入地家人、亲戚朋友的数量是2.03，从占比来看，选择“有几个”的占到38.8%，两个数值反映出新生代农民工一般在工作的地方都有几个家人、朋友、同学等，具有一定的亲脉、友脉。

**表 5－15　流入地家人、亲戚朋友的数量描述统计表**

| | 次数 | 占比（%） | 累计次数 |
|---|---|---|---|
| 很少 | 123 | 34.4 | 34.4 |
| 有几个 | 139 | 38.8 | 73.2 |
| 较多 | 58 | 16.2 | 89.4 |
| 很多 | 38 | 10.6 | 100 |
| 总计 | 358 | 100 | |

在社会地位的调查（如表 5－16）中，有 90.5% 的被调查农民工选择很差或者一般，说明其在城市中的社会地位比较低下，没有被主流社会所接受和认可，社会认可度较低。

**表 5－16　社会地位描述统计表**

| | 次数 | 占比（%） | 累计次数 |
|---|---|---|---|
| 很差 | 158 | 44.1 | 44.1 |
| 一般 | 166 | 46.4 | 90.5 |
| 很好 | 31 | 8.7 | 98.9 |
| 很信任 | 4 | 1.1 | 100 |
| 总计 | 358 | 100 | |

从表 5－17 的统计数据来看，在责任感方面 79% 的人选择了“是”，这说明多数是具有责任感的，在纪律方面 97% 的人选择了“会”，这说明绝大多数人具有纪律性的，在积极性方面 84% 的人选择了会，说明大多数人具备一定积极性的。

**表 5－17　心理资本调查统计表**

| 心理资本 | 是（会） | 否（不会） | 选择是的占比 |
|---|---|---|---|
| 工作中发生的某项工作需要额外的付出才能完成，你愿意吗（责任感） | 283 | 75 | 79% |
| 对于企业的行政管理规定，你会遵守吗？（纪律性） | 346 | 12 | 97% |
| 工作中你会主动地向上司提出改进的建议吗？（积极性） | 301 | 57 | 84% |

## 第三节 新生代农民工就业能力缺口及影响因素

在前文论证了新生代农民工就业能力缺口后，为了提高提升新生代农民工就业能力途径的针对性，需要探寻能力缺口背后的原因。新生代农民工的就业能力缺口主要体现在教育水平偏低、社会地位不高、缺乏责任感等三个方面，下面依次进行探究导致这些能力缺口的原因与根源。

### 一、新生代农民工教育水平偏低的原因剖析

新生代农民工教育水平的提高，主要依赖两个方面：国民系列教育、社会与企业提供的职业培训。接受充足的教育与职业培训，是新生代农民工进入劳动力市场的必要准备。表 5 – 18 是新生代农民工教育水平的实际统计表：

表 5 – 18 新生代农民工教育水平现状（占比：%）

| | 第一代农民工 | 新生代农民工 |
|---|---|---|
| 教育年限 | 8.8 | 9.8 |
| 不识字或识字很少 | 2.2 | 0.4 |
| 小学 | 16.7 | 6.3 |
| 初中 | 65.2 | 64.4 |
| 高中 | 12.4 | 13.5 |
| 中专 | 2.1 | 9 |
| 大专及其以上 | 1.4 | 6.4 |
| 参加职业培训 | 26.5 | 30.4 |

数据来源：国家统计局 2009 年调查报告

从表中可以看出，新生代农民工的教育年限为 9.8 年，第一代农民工为 8.8 年，相比有了提高。高中以下人员占比，第一代农民工人数占比 96.5%，而新生代农民工人数占比为 84.6%，中专以上，第一代农民工人数占比为第一农民工占比为 3.5%，而新生代农民工人数占比为 5.4%，从数据来看，新生代农民工所接受国民系列教育相对于第一代农民工有了较大的提升，但是高中以下学历占比高达 84.6%，仍然处于较低的水平。由

于历史与现实的各种原因，我国在教育机制、教育理念、教育财政投入、职业培训等方面存在不足，导致新生代农民工的教育水平不高，产生了对教育培训的需求巨大和教育机会缺失的矛盾。

在国民系列教育方面，首先教育资源分配不合理，目前的分配主要是建立在地域划分的基础上，资源配置的主体是以县级政府机构。在这样的分配机制下，教育资源产生了严重的倾斜。表5－19是2001～2010年分区域地方财政教育经费支出分配情况，从历年的平均数据，33%东部地区学生占了46%的费用，而在新生代农民工主要输出地的中部、西部、东北地区，67%的学生，只占用了54%的费用，这是一个巨大的费用反差，导致在农村的学生所接受的教育水平，难以与城镇中学生接受的教育比较。

**表5－19 分区域地方财政教育经费支出分配情况（%）**

| 年份 | 义务教育在校生占全国的比例 | | | | 教育经费支出比例 | | | |
|---|---|---|---|---|---|---|---|---|
| | 东部 | 中部 | 西部 | 东北 | 东部 | 中部 | 西部 | 东北 |
| 2001 | 33.8 | 29.9 | 29.3 | 7 | 46.8 | 19.5 | 24.7 | 9.1 |
| 2002 | 33.3 | 30.3 | 29.5 | 6.8 | 47 | 19.9 | 24.3 | 8.8 |
| 2003 | 33.1 | 30.3 | 29.9 | 6.6 | 47.9 | 19.5 | 23.9 | 8.6 |
| 2004 | 33 | 30.1 | 30.4 | 6.5 | 47.7 | 19.8 | 23.9 | 8.7 |
| 2005 | 33.1 | 29.8 | 30.8 | 6.4 | 47.5 | 19.7 | 24.1 | 8.7 |
| 2006 | 32.8 | 29.5 | 31.6 | 6.2 | 46.1 | 20 | 25.1 | 8.7 |
| 2007 | 32.7 | 29.6 | 31.6 | 6.1 | 45.6 | 20.5 | 25 | 8.9 |
| 2008 | 32.6 | 29.8 | 31.5 | 6 | 44 | 20.7 | 26.4 | 8.8 |
| 2009 | 32.5 | 30.2 | 31.4 | 5.9 | 43.5 | 20.8 | 27.3 | 8.4 |
| 2010 | 32.6 | 30.5 | 31 | 5.8 | 44 | 20.2 | 27.7 | 8.1 |
| 平均值 | 33 | 30 | 30.7 | 6.3 | 46 | 20.1 | 25.2 | 8.7 |

数据来源：来自中宏数据库数据

其次，教育管理体制较为封闭。大多数重要的教育政策是建立在户籍制度的基础上，两者关系紧密。例如参加高考的机会，大多数地方规定，只有拥有本地方的户籍，才可以在本地参加高考，这个规定直接剥夺了小时候随第一代农民工进城，并在城市里长大的孩子的高考的权利，除非选择回户籍地接受教育，如果回到户籍地教育，远离父母的管束，在祖父母一代的看护下长大，由于他们的溺爱，对学业也不是很重视，导致这个群体的孩子不重视学习，在外部社会环境的影响下，在初中、高中辍学的比例大大增加。如果选择在城市里接受教育，城市里的学校收高昂的择校费，阻断了他们进入学校的可能性。在这样封闭的规定下，农民工的子女不能接受城市里的教育，教育水平偏低，只能从事脏苦累的工作，依次往复，形成恶性循环，导致社会阶层流动性低下。

与教育紧密相连的是企业和社会提供的职业培训。从新生代农民工教育水平现状的表中，可以看出，只有30.4%的人数参加了职业培训，总体占比较小。新生代农民工进入企业后，企业承担通过培训提供其教育水平的职责。大多数的企业认为新生代农民工流动率较高，而且从事的是简单的、重复性的体力劳动，对他们进行过多的人力资本投资，会产生“人力资本外溢”的可能性，即培训后的新生代农民工会跳槽、甚至到竞争对手的企业里工作，在这样的心理假设下，在企业中举办培训资源更多地倾向于中高层管理人员，新生代农民工接受培训的机会少，教育水平难以提升。

另一方面，政府有关部门组织部分的社会培训，并建立了部分职业的岗位资格认证体系，对于提升新生代农民工教育水平起到一定的助推作用。但是前期需求调研不深刻，培训内容陈旧落后，培训方式简单，并不能满足新生代农民工的真正的急迫的需求，更多地沦为走形式的结果。社会上的职业培训机构主要针对城镇人口，专门为新生代农民工提供职业培训机构是缺失的。某些职业机构提供的就业能力培训，收费一般在1000元到2000元之间，对新生代农民工来说，相当于一个月的工资，他们难以接受这样的价格。

以上分析了导致新生代农民工教育水平偏低的原因，教育水平偏低直接导致其人力资本不高，而人力资本是新生代农民工在劳动力市场顺利就业、晋升、转换工作岗位的决定性因素（吕楠，2010）。

## 二、新生代农民工就业能力缺口带来的影响

从事生产劳动是劳动者维持自身及家庭生活和延续的基础保障，也是构成其生涯的最重要的组成部分，就业能力是劳动者进入劳动力市场，从事生产劳动的前提条件，新生代农民工就业能力的缺失对其在劳动力市场从事生产的过程产生了多种多样的负面影响，主要包括宏观和微观两个部分。

（一）就业能力缺失对劳动力市场的影响

从宏观上来看，新生代农民工就业能力缺失的现状，造成的直接后果是在劳动力市场中，农村劳动力就业总量上过剩与结构性失业矛盾并存：一方面，大量新生代农民工找不到合适的工作，在遇到经济波动的情况下，成为首先被裁员的对象，就业稳定性不高。另一方面，经济和社会发展、产业结构的升级换代，缺乏大量高素质的人力资源供给，人口红利优势减弱。例如我国2009年农村剩余劳动力1亿左右，比2005年减少1500万左右，但从2002年开始，劳动力市场就开始出现熟练技术工人供不应求的现象。2003年开始，广东、上海、浙江、江苏等沿海地区对农民工的需求不断增加，而四川、重庆、湖南、湖北、安徽、江西等传统输出大省的农民工供给增长放缓，农民工供求的区域矛盾开始突出。2005年以后“民工荒”现象开始蔓延到内陆一些地区，出现新生代农民工“就业难”和企业“招工难”状况并存的现象。

从微观角度来分析，新生代农民工就业能力的缺失主要对其就业质量、生活质量产生较大的影响，甚至导致某些新生代农民工走向了犯罪的道路。

（二）就业能力缺失对就业质量的负面影响

新生代农民工就业能力的高低与其就业稳定性有着直接的关系，就业能力高，其就业机会多，就业稳定性高，反之，就业能力缺失，导致就业机会少，就业稳定性低，因为“企业倾向于生产效率较高的劳动者，而不是生产效率较低的劳动者，并且不能达到某个特定水平的劳动者是不能够被雇佣的”。在2008年的金融危机中，新生代农民工的就业流动情况如表5－20：

**表5－20 2009年春节前返乡农民工的人口特征**

| 特征变量 | 2008年外出农民工 | 2009年春节前返乡的农民工 | 2009年春节前因金融危机返乡的农民工 |
| --- | --- | --- | --- |
| 男性（%） | 64.8 | 67.9 | 69.7 |
| 年龄 | 29.4 | 30.2 | 29.1 |
| 受教育年限（年） | 9.4 | 9.1 | 9 |

续表

| 特征变量 | | 2008 年外出农民工 | 2009 年春节前返乡的农民工 | 2009 年春节前因金融危机返乡的农民工 |
|---|---|---|---|---|
| 受教育程度（%） | 小学及以下 | 11.6 | 18.7 | 14.2 |
| | 初中 | 66.2 | 68.2 | 68.2 |
| | 高中或中专 | 18.5 | 15.9 | 15.3 |
| | 大专及以上 | 3.7 | 2.2 | 1.3 |
| 参加过职业培训（%） | | 30.2 | 29.5 | 29.1 |
| 工作经验（年） | | 3.1 | 2.9 | 2.5 |

数据来源：国家统计局农民工监测调查中 2009 年春节前的摸底表数据和 2009 年第一季度监测调查数据

从该表数据来看，金融危机而返乡的农民工调查对象的年龄在 29.1 岁，这个群体主要是新生代农民工。2008 年所有外出农民工中高中及以上文化程度的比例为 22.2%，其中，春节前返乡的农民工中高中以上文化程度的占 18.1%，而因金融危机而返乡的农民工这一比例仅为 16.6%。2008 年外出农民工中参加过培训的比例为 30.2%，而春节前返乡的农民工和其中因金融危机而返乡的农民工参加培训的比例分别降至 29.5% 和 29.1%。从外出工作经验看，2008 年外出农民工的平均工作经验为 3.1 年，而春节前因金融危机而返乡的农民工仅为 2.5 年。通过该数据的分析可以看出，由于新生代农民工就业能力的最重要组成部分——人力资本，包括受教育年限、培训、工作经验等较低，容易受到金融危机的影响，流动率较大，就业稳定性较低。

新生代农民工就业能力与其就业的行业也有着直接的关系，就业能力高可以从事劳动强度低，社会地位较高的工作，反之，就业能力缺失，只能从事劳动强度高，社会地位低的行业。目前，新生代农民工主要集中在制造业、建筑业、服务业等脏苦累的行业，国家统计局 2009 年调查表明，农民工平均每个月工作 26 天，每周工作 58.4 小时，每周工作时间多于《劳动法》规定的 44 小时的占 89.8%。他们很难进入劳动强度较低，社会地位较高的金融行业、国有企业、教育等行业。例如根据《2005 年中国就业报告》，从技术等级看，无技术等级的就业人员主要分布在制造业

(19.1%)，批发和零售业（17.5%)、居民服务和其他服务业（12.7%)；初级技工主要集中在制造业（28.9%）和交通运输业（13.7%)；中高级技工也主要集中在制造业，分别占32.5%和28.1%；高级专业技术人员主要集中在教育行业，其比重将近30%。

新生代农民工的就业能力是决定着其工资水平的重要因素，就业能力高，工资高，就业能力低，工资偏低。图5－1、图5－2是2002年至2009年农民工与城镇居民工资的数据，从数据可以看出，农民工的工资绝对数量与增长速度相对于城镇居民一直处于相对较低的水平（2008年除外)。国家统计局2009年调查发现，外出务工人员工资普遍较低，收入增长缓慢，外出农民工月平均收入仅为1417元，比上年增加77元，增长5.7%，低于国家经济增长速度和居民收入提高速度。

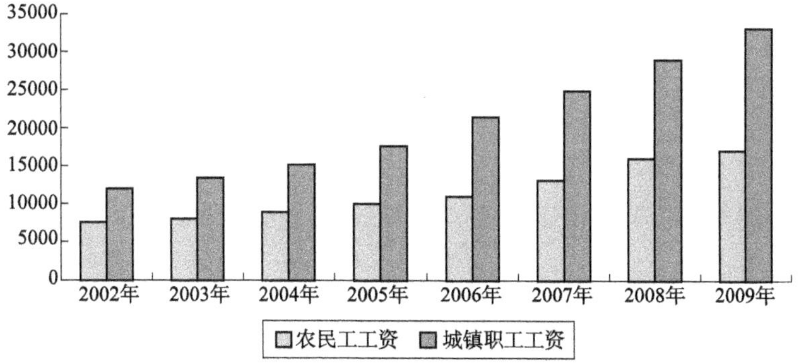


图5－1　2002～2009年农民工与城镇职工工资比较

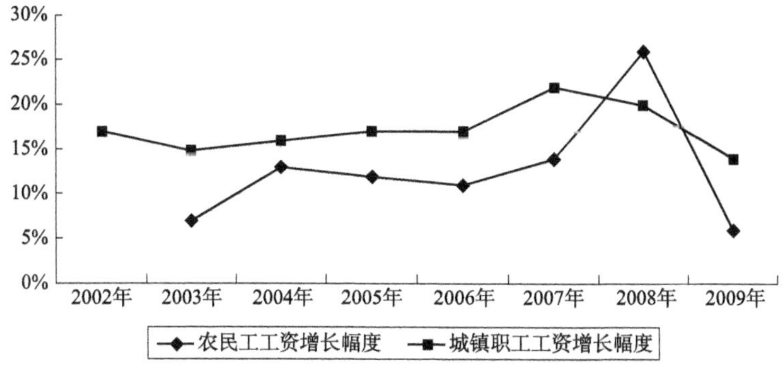


图5－2　2002～2009年农民工与城镇职工工资整张幅度比较

资料来源：2002～2004年农民工工资数据来自国家统计局农调队；2005～2006年农民工工资数据来自国家统计局农村司；2007年农民工工资数据来自农业部（韩俊：《中国农民工战略问题研究》，上海远东出版社，2009年，第86页)。

（三）就业能力缺失对生活质量的负面影响

居住条件的好坏是决定生活质量的重要因素，表5－21是2009年国家统计局针对新生代农民工的居住条件进行的调查结果。

表5－21 新生代农民工的居住情况（%）

| 住所类型 | 所有外出农民工 | 上一代农民工 | 新生代农民工 | 夫妻一起外出的新生代农民工 |
| --- | --- | --- | --- | --- |
| 单位宿舍 | 37.4 | 27.2 | 43.9 | 32.7 |
| 工地工棚 | 11.3 | 18.9 | 6.5 | 5.4 |
| 生产经营场所 | 8.4 | 8.6 | 8.2 | 7.3 |
| 与人合租住房 | 19.3 | 16 | 21.3 | 18.5 |
| 独立租赁住房 | 18.8 | 24 | 15.5 | 32.7 |
| 务工地自购房 | 0.9 | 1.3 | 0.7 | 2 |
| 其他 | 3.9 | 4.1 | 3.8 | 1.4 |

从以上统计数据来看，43.9%新生代农民工居住在单位宿舍，宿舍一般是集中的简易房间或者地下室，生活设施简单，缺乏洗澡设备，与别人合租或者自己租赁住房的比例占到36.8%，由于新生代农民工收入较低，一般选择偏远的地方租房，以地下室或者简易房为主，缺乏卫生设施，生活条件恶劣。能够自己购买房子的比例只有0.7%，这个比例很少的一个部分能够购买自己的房子。从以上的分析来看，新生代农民工的住房条件是恶劣的，直接导致其生活质量偏低。

新生代农民工发生疾病，由于无法享有城镇居民社会保险等公共服务，更多的是选择回老家治疗，或者求助于江湖游医，治疗结果堪忧；由于工作环境恶劣，容易发生职业病，但是由于相关劳动保障部门执法不力，很难享受到国家相关的待遇；同时，社会上普遍存在的歧视现象，严重伤害新生代农民工的自尊心，使其变得自闭，不愿意与外人交流，逐渐地脱离主流社会，成为城市里一个非主流的被隔离和忽视的群体。

综上所述，新生代农民工由于就业能力缺失，难以实现向上的社会流动，在住宿、社会保障、个人尊严等方面没有得到和他们的付出相对应的回报，导致生活质量堪忧。部分的新生代农民工，为改变生活质量低下的境况、为满足城市消费生活和内心的欲望，难以自我把持，走向了犯罪的道路，“民工罪犯中九成以上在26岁以下；八成犯罪的新生代农民工在幼年时期被留守农村无人看管，近六成属于盲目流入城市犯罪”。一方面新生代农民工数量巨大，其已经占到城市刑事犯罪的三分之一，另一方面犯罪危害性较大，一般表现为暴力的侵财犯罪，并且具有团伙化、流动化，这两个因素决定对新生代农民工的犯罪问题，是需要整个社会重视起来的大问题，而就业能力的缺失是导致其走向犯罪道路的重要因素之一（王超恩、张林，2010）。

## 第四节　新生代农民工就业能力提升路径

新生代农民工的就业能力缺口主要体现在较低的教育水平、较低的社会地位以及责任感的缺失，本文在讨论提升新生代农民工就业能力路径时，参考国外经验，主要围绕这三个能力缺口进行分析，最后提出提升新生代农民工就业能力的若干政策建议。

### 一、提高新生代农民工教育水平

人力资本是衡量新生代农民工就业能力高低的重要指标，是提高就业能力的内因，其中最重要的是提高教育水平，包括义务教育和职业教育。

可以从三个方面来提高教育水平：教育政策：新生代农民工享受到和流入地城镇居民相同的教育机会和教育资源；教育内容：设置以培养具有创新精神、独立思考的学生为目的的教学内容；教育方式：抛弃灌输式的教育，顺应学生本性，采用开放式的、思辨式的教学方式，因为“正确理解的教育就是智力培养，智力培养对社会的所有人都是有益的，其他一切都是智力培养的工具”，“大学的真正目的并不是学习和掌握知识，而是在掌握知识的基础上形成思想和理性”，“被动地接受知识并不能发展智力，只有积极地思考、对学习的知识进行比较，并将它系统化，才能发展智力”，经过以上三个方面的努力，形成以市场为导向、产学结合新生代农民工教育体系，劳动者个人素质和劳动技能等可以通过教育和培训被传授，但“教育和培训并不是唯一提高就业能力的途径，它还能通过实习和就业经验等其他途径获得”。

这里要强调的一点是对新生代农民工心理健康的教育。一定的社会排斥与歧视对新生代农民工产生心理伤害，而心理融合是社会融合的“最终标志和根本表现。新生代农民工一般在 18 岁到 30 岁之间，这个阶段的青年人，可塑性强，充满了活力，积极进取，但是容易受社会上不良风气的影响，再加上远离父母，没有了可以约束和倾诉的人，这容易让新生代农民工内心很寂寞、无奈，情绪容易压抑和暴躁，这一切就会导致有的新生代农民工走向犯罪的道路，因此在学校的时候，安排相关心理课程，掌握保持心理健康的基本方法，从而形成一个良好的积极向上的心态，使其在社会上能够克服各种挫折。

## 二、提高新生代农民工社会地位的途径

新生代农民工的社会地位决定着他们的未来，也决定着社会和谐发展的未来，提高新生代农民工的社会地位主要依靠政府，可以从以下几个方面入手：

首先，改善社会歧视新生代农民工的落后观念。由于历史的原因，农民工的社会地位较低，歧视农民工的观念十分普遍，发展到了现在，这种观念并没有根本的改善，在社会生活中歧视新生代农民工的新闻时常可以见到，政府可以采取各种社会管理措施，例如广播电视、媒体报道等途径，来宣扬“人人平等”的观念，新生代农民工和城里人一样是靠劳动吃饭，尊重他们就是尊重我们自己。最近，名人请新生代农民工吃饭的事件，是打破城镇居民和新生代农民工之间隔阂的良好的开端。同时提升企业管理水平，改变简单的、粗暴的管理模式，尊重新生代农民工，让他们有被尊重的感受，从而提高心理舒适感。

其次，进一步改革以户籍制度为核心的导致城乡二元结构的社会管理制度。由于我国的户籍附带很多社会公共福利，只有城镇户口可以享受社保、教育、住房等方面的优待，但是农村户口却没有，例如新生代农民工的孩子如果在城市里就读，就要承担额外的大额费用，经济适用房等住房福利新生代农民工也享受不到，这对新生代农民工来说都产生巨大的反作用，让他们感觉只是“城市过客”，难以真正融入城市，实现市民化。因

此要改变户籍制度这种弊端，建立以身份为基础的户籍管理制度，不让户籍制度和其他方面的福利连接在一起，从而建立公平的新生代农民工和城镇居民平等享受社会福利的管理制度，包括子女教育、住房、医疗保险、养老保险、精神文化生活等方面。目前的状况下，立刻废除户籍制度不现实，可以设定一个时间表，例如在未来几年内逐步解决户籍问题，可以按照所具备就业能力的不同层级，按照大学生、具有较高技能的新生代农民工、技能较欠缺的新生代农民工的顺序，解决其户口问题。新生代农民工的社会保险也可以采用类似的思路解决，先解决对于新生代农民工具有紧迫意义的工伤与医疗保险，然后依次解决其他种类的社会保险。

再次，确保新生代农民工以土地为核心的财产权利，包括土地承包权、宅基地使用权、集体财产收益分享权。新生代农民工离开农村后，对农村、农活等已经没有太多的感情，同时由于自身的就业能力偏低，在城市里就业不稳定，在失业的时候，虽然从情感和意愿上，不愿意回到农村，但是他们以土地为核心的财产权利是他们最后的保障，在城市里没有经济收入，生活不下去，可以回到农村，通过以土地为核心的财产权利转让、交易等获得一定的收益。确保并实现新生代农民工以土地为核心的财产权利是提升新生代农民工社会地位的关键，是中国城镇化进程顺利进行的关键，是拉动内需，提振经济的关键。

最后，新生代农民工开始更多利用同学、朋友、同事的关系构建自己的社会资本网络，并取得了一定的效果，但总体水平还是相对落后的。网络成员的社会经济地位越高，求职者的工作稳定性、专业与职位匹配度越好。因此新生代农民工应该加强个人社会资本网络的建设。首先要认识到提高社会资本，自己的努力很重要，在日常工作和生活中，不断学习业务知识和通用技能，能够积极主动地帮助团队成员，搭建良好的人际关系，注意自己的言行，说到做到，形成良好的信誉，成为别人愿意信任和依赖的人；再次在日常生活中，积极参加各种公益性活动，比如各种志愿者活动、老乡会等。平时注意积累寻找工作的信息、探寻不同的寻找工作的途径，学习提高面试能力，为以后的工作转换打下基础；最后就是要不断扩展人脉，提高社会网络的水平和质量，不能仅仅局限在自己的家人、亲戚的圈子，通过各种途径，比如参加成人高考、各种职业技能培训班等，认识更多的人，为自己就业能力的提高打下良好的基础，社会资本的机遇偏重于有准备的人。

## 三、新生代农民工责任感提升路径

2000年诺贝尔经济学奖得主海格曼针对就业能力形成过程进行了比较详细的研究，他认为“技能的形成是一个动态的过程，由若干相互影响和制约的重要因素组成，技能本身能够催生新的技能，而软技能是赢得成功的重要决定因素”，我国目前针对就业能力的形成研究较少，熊通成、曾湘泉提出软技能分为天赋层、修炼层和应用层，并针对各个层次的形成做了探索研究。下面结合心理资本的形成过程，来分析新生代农民工责任感的培育路径。

心理资本的形成和提高是一个复杂的过程，受各种因素的影响，而且它是潜藏在劳动者体内的，难以观察。在决定一个人的业绩的各种因素中，潜在的能力素质起着关键的决定作用，“一种在可能积极主动心态下的而不是消极被动的行为，会为雇员带来许多好处”。外在的知识和技能可以在短时间内经过学习和培训获得，但是潜在的能力素质形成的过程一般比较慢，而且很多能力特征很难进行改变，比如品质、性格等，即所谓的“江山易改、本性难移”，人在年轻的时候，可塑性强，心理资本容易养成，这个阶段一般分为儿童时期、少年时代。

儿童时期是责任感、独立思考能力等素质的形成和培养的关键时期，如果教育与开发得当，效果会很好，否则的话，在儿童时代养成的坏习惯，可能一生就难以改变，因此必须重视儿童时期心理资本教育与开发，比如在孩子每天在幼儿园放学回家后，询问一个问题“今天在幼儿园，帮老师和小朋友做了哪些事情”，如果孩子能说出来，就进行表扬和鼓励，由于儿童特别是3岁到6岁的儿童，模仿能力特别强，特别喜欢被表扬。在他帮助别人后，得到表扬和鼓励后，他就会不断地帮助别人，从而形成了乐于帮助他人，团队合作能力强的心理资本，这样可以增强新生代农民工的责任感。比如，在孩子放学后，询问“今天你问了老师什么问题”，以此来培养孩子的发现问题、思考问题、解决问题的独立思考的能力。

在少年时期，积极性、乐观、纪律性等人生态度逐渐形成，其发展受到家庭教育的影响较多。一个儿童时代幸福的孩子，心态健康，在受到挫折和压力的时候，就会采取积极的措施来应对，学会改变自己，遵守各种规则，提高自身纪律性，而不是在挫折和压力面前，变得更加的脆弱，不敢自己面对问题，把苦难和压力交给父母来处理。这个时期，父母应该以身作则，通过身传言教，向孩子传递积极、乐观、负责任的生活态度。

综合以上分析，可以发现形成新生代农民工责任感的最好的时间段在儿童、少年时代，而且家庭和学校在其中需要发挥关键的作用。在新生代农民工成年并进入企业后，可以采用以下两种手段来促进其责任感的提升，一种是敏感性训练，这是从人的内部的心智模式的角度进行的，另一种是通过技能工资的方式，是从外部的激励约束的角度进行的，分别阐述如下：

敏感性训练是由利兰·布雷福德在 1947 年提出来的，主要的理论基础是通过人内心深处的意识互动，来改变人的行为。人在成长过程中，由于各种内部和外部的因素的影响，一般会封闭自己，关闭自己的“心门”，不愿意在别人面前展示真实的自我，同时也不愿意去感受别人的情绪，从而带来人际交往的障碍。而敏感性训练就是克服这个问题、促进责任感提升的一个有效的方式。敏感性训练，这种训练不在乎培训的结果，而在乎培训的过程，不是内容的传授，而是更关注情感的体悟，通过反复的练习，可以很好地提高一个人的敏感性和责任感。

敏感性训练过程包括四个环节，整个过程中，活动的组织者的作用十分的重要，需要高超的讨论引领技术，同时发挥作用的时候，不是权威的命令，而是无形中通过提问进行的。

首先是开始阶段，大家聚在一起，一般 10 人左右，进行漫无边际的谈话，谈话的主题限制在“此时此地”的事情。然后，进入有意识训练阶段，主持人开始以别人明确感知到的方式开始引导讨论，大家的话题开始慢慢地集结到与责任感有关的某个问题上，并自然地产生一个讨论的组织者。再次，进入人际关系发展阶段，经过前期的讨论，组织者开始引导参与者慢慢地感受自己内心的真实想法，走出自己所扮演的“角色”，开始聆听内心的想法，开始关注别人的想法，聆听别人的内心感受，并产生了同理心，从封闭开始走向开放，开始体悟到在人际交往和工作过程中，责任感如何发挥作用。最后一个环节，共同结论阶段，大家回忆形成共识的过程，确认并形成有关责任感的心智模式，并承诺将这种心智模式转化到自己以后的工作和生活中。

成年进入企业后，人的责任感基本成型，这个阶段需要一种外界的激励约束机制来引导他自发地提高其责任感，技能工资是薪酬管理中的一种工资方式，它可以把劳动者的责任感作为决定薪酬高低的重要技能，通过利益这个中介引导劳动者进行责任感方面的提升，如何来保证技能工资在就业能力形成过程的作用呢？一般要考虑以下几个关键节点：

1. 基本前提。不是所有的行业和企业都是可以运用技能工资的，一般来说，生产制造型的企业，特别是非标准化生产为主的制造型企业比较适合，而服务业，一般不适合技能工资制。企业的管理机制一般是官僚式的、集权的，实行技能工资制的效果不会很明显，技能工资制需要在一个开放的、有利于劳动者参与的企业文化氛围中进行，劳动者拥有较多的自主权，拥有较多的对技能工资方案的参与的权利，其积极性才会高涨。

2. 技能工资制设计的科学性。技能工资制度本身的组成部分、技能模块之间的薪酬差异、薪酬的决定依据和决定过程等都是影响技能工资制效果的因素。一般来说，技能工资在劳动者的工资总额中的比例应该比较高，才会产生预期的激励作用，至少是50%以上，比例过低，员工就不会重视，产生不了预期的效果。

3. 建立能力评估体系。技能工资是依据能力决定薪酬，和依据职位决定薪酬有很大的不同，因此首先要建立技能评估体系，只有评估出劳动者的技能水平如何，达到哪个等级，才会给予相应的待遇。一般来说，责任感这种能力的形成不是短时间的事情，需要长时间培育的过程，在不同的时期进行检测，确定处在技能水平的哪个阶段，从低阶段不断地往高阶段发展，这样员工的目标就会明确，知道自己前进的方向和需要努力提高的素质。

综上所述，新生代农民工责任感的形成与提升是一个长期的过程，贯穿于人的一生，在儿童与少年时代，主要是责任感的形成阶段，在责任感初步形成的基础上，进入了成年阶段，主要是责任感的提升阶段，可以通过新生代农民工的内部的心智模式的改变和外部的激励约束机制相结合的方式来提升其责任感，具体的操作方法包括敏感性训练与以责任感为主要考虑因素的技能工资制。

## 四、配套的新生代农民工就业能力提升政策

以上针对新生代农民工就业能力的三个缺口，详细阐述了弥补的路径，新生代农民工就业能力的提升是一个系统的综合工程，围绕着这三个能力缺口的提升措施，还需要相应的配套措施与政策来支持，主要包括以下几点：

第一，建立就业信息发布体系，提升就业指导工作的科学性。首先建立就业信息发布、分享机制，拓宽发布途径，现在仅在地方的人才中心、街道办事处等通过电子屏来公布，而且信息很少，借鉴英国通过全方位的立体的传播，信息量大，让失业者和就业信息保持“零距离”，可以考虑通过报纸、电视台、网络、手机短信等途径进行发布，实现岗位及求助者信息在供需双方能及时获取。英国完善的“职业指导师”制度，进行一对一的针对性的就业能力辅导，并结合个人素质特点，推荐相关的岗位，这个制度在我国劳动力市场中尚未开始，所以可以首先培养职业指导师，然后建立失业者个人信息库，在这两个工作的基础上，逐步推进细致的就业指导工作。

第二，整合现有就业管理机构，同时发挥民间机构的力量。新生代农民工就业能力的建设，需要一个统一的机构进行管理，但是目前新生代农民工就业问题由很多国家政府部门都在参与管理，比如人力资源和社会保障部、农业部等，可以将管理职能统一为某个职能机构负责并建立全国统一的各个层级的分支机构，有利于推进新生代农民工就业能力建设政策的落实。同时调动社会各种民间机构、团体的力量，如英国的就业援助协会，通过严格的科学的流程：人职匹配、工作推广、工作岗位分析、全过程的工作支持。从人、岗的匹配两个角度入手，提供系统的就业援助，取得了良好的效果。我们可以成立类似的就业援助协会，鼓励民间团体来成立，吸引针对就业感兴趣的志愿者，从人力资源开发角度切入，提供扎实的就业指导工作。

第三，改革失业保险制度，建立就业保险制度。现在的失业保险制度指具备一定的救济作用，采用失业补贴的方式，领取条件比较简单，审核程序不严格，增加了社会公共开支的负担，同时导致部分新生代农民工寻

找工作的意愿不强烈，不能发挥激发失业者积极进行工作搜寻的作用，更不用说提高其就业能力了，因此需要完善失业保险制度，提高其覆盖面并形成以下的机制：在采取积极的促进失业者返回劳动力市场的措施的基础上，个人工作搜寻的表现与失业救济的领取挂钩的联动机制，从而提高失业者寻找工作的积极性。首先是将求职者补贴和跟踪式职业指导结合在一起，失业的新生代农民工需要两周到就业服务中心一次，与指定的就业指导师进行交流，汇报上个时期进行寻找工作的努力和过程，职业指导师在了解情况后，可以提供针对性的建设意见，比如改进某方面的技能、提供相关就业需求信息等。同时，职业指导师掌握其生活困难程度、生活成本等问题，为确立合理的求职者补贴数量提供参考。在这样的管理制度下，失业的新生代农民工，有动力积极地寻找工作，因为寻找工作中的表现，会影响到其领取求职补贴的数量。如果在一定的时期内，不积极地寻找工作、不接受就业服务中心推荐的工作或者不与就业服务中心的相关工作人员见面，都会减少甚至停发其求职补贴。

第四，实行新生代农民工预防长期失业的分类机制。从荷兰的经验分析来看，失业概况分析已经成为国外解决长期性失业的重要工具，但目前我国尚没有相关的研究和实践，因此在荷兰经验的基础上，设计适合我国目前国情的预防长期失业人员的失业概况分析方法，基本方法设计如图 5－3：

根据新生代农民工就业能力诊断结果与就业意愿（主要通过调查表来判断工作搜寻的积极性），设计出一个长期失业概况分析四维模型，按照以下四种类型对新生代农民工进行分类。

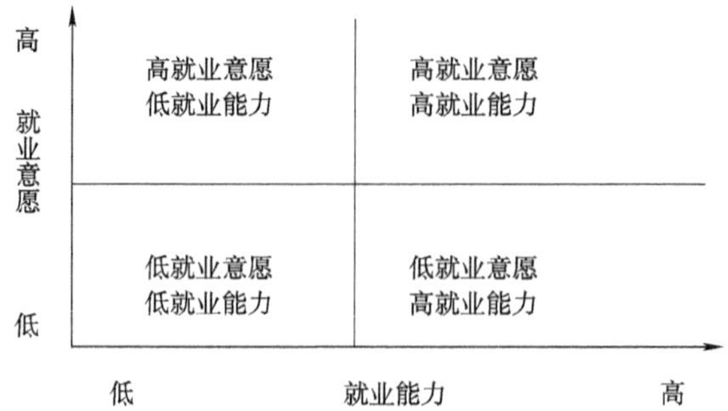


**图 5－3　预防新生代农民工长期失业分类**

针对以上的新生代农民工长期失业的四种类型，采用不同的政策进行预防，预防方案见表 5－22：

**表 5－22　不同类型长期失业新生代农民工对策**

| 类型 | 对应措施 |
|---|---|
| 低就业意愿，低就业能力 | 建议退出劳动力市场，通过社会救助、低保等手段维护其生活 |
| 高就业意愿，低就业能力 | 针对能力的欠缺，提供针对性培训，并提供各种就业机会 |
| 低就业意愿，高就业能力 | 减少补助，甚至停止补助 |

为了预防新生代农民工成为长期失业者，必须设置就业安置官的职位，该职位可以设在就业管理职能部门，该职位的工作人员应该熟知就业能力的理论，精通能力测评的各种方法和工具，掌握人力资源开发的途径和方法（培训、在职训练、情景模拟等等），这样就可以精确地把握失业者的“短板”是什么，并提供最恰当的能力弥补建议，同时就业安置官应该具有悲天悯人的心怀，能充分地为他人考虑，具备强烈的同情心，以帮助失业者返回劳动力市场为自己的终极责任。现在我们这方面人才的培养是不够的，可以从目前高校中心理学和人力资源管理专业的学生中进行选拔，然后进行针对性、系统性的培训，这支队伍的素质高低将直接影响我国解决长期失业现象工作的好坏。

失业概况分析这个工具，由于诞生的时间不长，其带来负面作用的风险也很大。如果按照这种思路，把新生代农民工区分为不同的等级体系，并给予不同的福利待遇，而且区分的标准不是完全定量化的，包含很多人为的主观随机性因素，这样的政策可能带来社会阶层的相互歧视。

另一方面容易出现分类错误。很多被别人认为就业能力较强的劳动者，不一定会顺利地找到工作，找工作不仅仅取决于劳动者的就业能力，在某些条件下，也受到劳动力市场状况和雇主的偏好的影响，这类人也有可能成为长期失业者，也必须接受政府提供的早期的就业扶持，但失业概况分析有可能会忽略这类人群。同时，经过失业概况分析，被确立为重点关注的群体，有可能在接受了就业扶持，比如教育和培训后，离开了劳动力市场或者自然退出了劳动力市场（工伤、退休等），这笔就业扶持资金就没有发挥最大的社会效益。如果所使用的标准是科学的、精确的，那就可以避免分类错误，如果只是根据某个并不准确的判断标准，区分失业风险高低，那么高失业风险的失业者获得了扶持，而低失业者就失去了被扶持的机会，如果判断标准是不准确的，可能导致分类的结果也不合理，因此需要在使用的过程中，根据实际情况的发展，不断地修正判断依据和标准。

为了避免分类错误，可以采取每六个月进行一次长期失业风险的评估。这样第一批高失业风险者，在享受了失业扶持后，就撤销注册。六个月后，可以再对下一次的风险评估，确认相对失业风险较低的劳动者，新确认的一批就业困难的劳动者受到扶持。这样第一批失业高风险者也可以通过六个月的教育、培训、工作后，根据自己的情况来确定自己失业的主要原因是什么，是因为自身人力资本和社会资本低下，还是因为劳动力市场本身的供需不平衡导致，这样就可以采取针对性的措施，来提高自己的就业能力，实现重新就业。

# 第六章　新生代农民工就业支持与保障

## 第一节　社会融合对新生代农民工就业的影响

### 一、新生代农民工社会融合的内涵

新生代农民工社会融合主要研究的是新生代农民工和城市居民之间的交流沟通和互动情况。城市居民主要是指具有本地非农业户口的城市市民。参考 Alba 和 Nee（AlbA R、Nee V，1997）对美国移民社会融合的定义，悦中山等将农民工的社会融合定义为“农民工与城市市民之间差异的消减”（悦中山、李树茁、费尔德曼，2012）。根据这一定义，从市民角度对新生代农民工的社会融合问题进行研究具有重要的意义。

学者普遍认为可以从多个维度对新生代农民工社会融合问题进行研究。新生代农民工从乡村社会进入城市社会，他们要融入城市就必须“适应城市社会的生活方式，逐步提升自身的社会经济地位，完成一个从农业人到工业人，从农村人到城市人的转变”（悦中山、李树茁、费尔德曼，2012）。“适应城市社会的生活方式”主要是指新生代农民工要完成文化上的转变，在工作的过程中实现“文化融合”。新生代农民工要实现“文化融合”，一方面需要适应现代化的生活方式，另一方面要适应当地的文化。“逐步提升自身的社会经济地位”是指新生代农民工在工作的过程中要完成社会经济的融合，它在新生代农民工社会融合过程中发挥着基础性作用。“完成一个从农业人到工业人、从农村人到城市人的转变”不仅需要进行文化方面和社会经济方面的转变，更需要进行心理方面的转变。所以，新生代农民工的社会融合包括文化融合、社会经济融合和心理融合三个方面。

文化融合是“具有不同文化背景的不同群体的个体们在不断地发生接触以后，其中一个群体或者所有群体的原有文化特征发生变化的现象”（REDFIELD R，LINTON R，HERSKOVITS M，1936）。农民工文化融合主要包括适应现代化的生活方式和适应当地的区域文化两个方面。一直以来，能够熟练运用迁入地语言进行交流是衡量文化融合的重要指标（MYERS D、GAO X、EMEKA A，2009）。

社会经济融合是指在社会经济地位的获得上，与城市主流社会中和自己社会经济背景相同的阶层相比，农民工逐渐达到这个阶层的平均水平或者高于平均水平的过程（ALBA R、NEE V，1997）。

心理融合是指新生代农民工从心理上和感情上融入城市，实现自己对城市的心理认同。新生代农民工社会融合实现的最主要标志是心理融合的实现。

新生代农民工社会融合的三个维度之间相互联系，相互影响。在新生代农民工社会融合的过程中，首先遇到的是文化融合的问题，但是社会经济融合在新生代农民工社会融合过程中发挥着重要的作用，心理融合是新生代农民工社会融合过程中最深层次的融合。文化融合和社会经济融合影响心理融合的实现。

## 二、新生代农民工社会融合的现状

### （一）就业方面

在就业方面新生代农民工的社会融合现状主要表现在以下几个方面：首先，在就业机会方面新生代农民工不能与城市就业者享受到同等的待遇。与城市就业者相比，新生代农民工的就业范围相对狭窄，很多岗位都将新生代农民工排除在外，甚至有些岗位明确规定不招聘新生代农民工。其次，一线操作工一般是新生代农民工从事的主要工作。与城市就业者相比，新生代农民工大多从事脏、累、差的工作，劳动时间长，工作强度大。最后，不完善的就业、劳动保障体系。新生代农民工不仅在就业机会方面和城市就业者存在差别，在就业和劳动保障体系方面也存在差别。主要表现为以新生代农民工在就业过程中经常会遇到克扣工资、遭受工伤、人身攻击等，同时又没有完善的就业和劳动保障体系来保障新生代农民工的基本权益。

（二）居住方面

新生代农民工的主要居住区域是城乡接合部，城乡接合部的生活成本相对较低，离工作地点也相对较近。在有些城乡接合部新生代农民工的数量已经高于城市居民。很多城市居民都迁出了这个地区，城乡接合部成为新生代农民工集中居住的地区。同时还有一部分新生代农民工居住在市中心的旧房和老城区中，这些地区的城市居民以房租作为生活的主要来源。虽然新生代农民工与城市居民居住的地区较近，但是他们与城市居民之间的交流和沟通比较少。同时城乡接合部卫生人员混杂，生活环境狭小，健身场地少。

（三）社会交往方面

新生代农民工主要通过血缘和地缘关系构建自己的社会网络，社会网络具有狭窄的特征。很多关于新生代农民工社会网络的研究指出，新生代农民工大多是通过非正规渠道获得就业信息，通过亲戚或者同乡的介绍找到现在的工作。同时他们在城市以血缘和地缘的基础进行聚居。例如北京出现了新生代农民工聚居的“浙江村”、“新疆村”等，上海出现了新生代农民工聚居的“四川村”，以及新生代农民工在长三角、珠三角等地区的聚居等，都说明了新生代农民工在城市没有建立广泛的人际关系。首先，人际关系的狭窄阻碍了新生代农民工与城市居民之间的互动；其次，城市居民的歧视也在对新生代农民工融入城市构成了障碍。新生代农民工在城市社会生活中处于边缘化地位，被城市主流社会所排斥，不能很好地适应城市、融入城市。

（四）社会保障方面

新生代农民工虽然可以进入城市工作，但是城市并没有完善相关的社会保障制度来保障他们利益的实现。虽然新生代农民工的社会保障问题已经开始得到国家的重视，在我国农村也普遍建立了医疗保险制度和养老保险制度，但是我国还没有建立完善的针对新生代农民工的失业保险和工伤保险制度，导致我国新生代农民工的利益不能得到保障。大部分新生代农民工所从事的工作具有脏、累、差的特点，在工作过程中发生工伤事故的可能性比较大，但是当工伤事故发生时，没有完善的社会保障制度及时对新生代农民工的利益进行保护。

## 三、社会融合对新生代农民工就业的影响

### （一）我国存在的制度性分割是根源

从制度变迁的角度，朱杰堂提出我国新生代农民工不能尽快融入城市的根本原因是城乡分割的二元结构。新生代农民工融入城市困难的核心影响因素是户籍制度，同时法律真空的存在和各部门各自为政进一步加剧了融合的困难。

1. 建立在户籍制度基础上的城乡分割

为了与计划经济相适应，我国建立了户籍制度，对城市居民和农村居民的流动进行限制，从而把城市市民和农民分为两个不同的群体。随着户籍制度的改革，城市居民所享有的特殊利益逐渐被取消，政府逐渐放宽了对农民工的管理，农民工的利益在一定程度上得到保障，但户籍制度并没有从根本上改变。

首先，户籍与身份的分离。随着我国人口流动的不断加速，人户分离的现象越来越普遍。城市内部和城乡之间都出现了大量的人户分离现象。在调查过程中我们了解到山西省城市人口中有20%以上出现了人户分离的现象，而且近三年来在城市中人户分离的现象不断增多。山西省农村中有68%的人口中出现了人户分离的现象。户籍制度在人户分离的情况下，成为社会屏蔽制度的一种，它促使一部分人不能平等地享受社会资源。近年来我国政府开始对户籍制度进行改革，在一定程度上放宽了对户籍的管理，开始取消城市居民享有的特权，这在一定程度上为我国人口的流动提供了便利。但是由于户籍制度的变革与我国经济社会发展的脱节，目前我国还没有建立完善的制度解决人户分离制度带来的种种不便。户籍地计生部门无法了解流动人口的生育状况，无法及时对相关的政策进行宣传。同时流动人口很难迁入流入地，很多地方对迁入条件进行了严格的限制。

其次，在就业条件、薪酬方面与城市就业者存在较大的差别。新生代农民工为了更好地生存而进入城市，由于社会关系的狭窄在就业过程中遇到种种障碍，在就业过程不能与城市就业者享有同等的机会。第一，近年来，在我国一些地区通过就业许可证对新生代农民工进行限制，在农村不

为就业目标不明确的新生代农民工颁发就业证，在城市有的企业在招工的过程中以有务工证为依据。第二，随着我国改革开放的不断深入，我国针对流动人口的政策逐渐放松，消除了农民工就业过程中的许多障碍，但是在就业的压力下，一些地方政府出于各种考虑，制定了各种措施影响了新生代农民工的就业。例如，在调查过程中我们了解到，一些企业在招聘过程中以是本地人为基本条件，一些企业在招聘过程中以“先本地、后外地，先城镇、后农村”为基本原则。第三，新生代农民工很难实现向上流动，新生代农民工一方面所掌握的信息较少，另一方面组织性缺乏。在调查过程中我们了解到，新生代农民工大部分通过非正规渠道就业，通过政府或中介机构等正规渠道就业的新生代农民工较少。

再次，不完善的教育制度影响新生代农民工的就业。第一，在新生代农民工子女教育过程中存在问题。我国宪法和法律规定新生代农民工的子女享有平等的受教育的权利。新生代农民工子女平等的接受教育可以为其融入城市提供保障，但是要平等地接受教育就必须进入公立学校。但是在调查过程中我们了解到，有许多条件限制了新生代农民工子女进入公立学校，例如户籍证明、纳税证明、入读费等。虽然我国新制定的法律明确规定要通过各种方式解决新生代农民工子女就读的问题，但是在实践的过程中，仍需要不断完善。在调查过程中我们了解到，有 60. 3% 的新生代农民工子女在公办学校就读（公办学校是指专门针对农民工子弟创办的学校），有 39. 7% 的新生代农民工子女在民办学校和农民工子女学校就读。其次，在职业教育过程中存在的问题。对新生代农民工进行职业教育，可以提高他们的技术水平，促进他们更好地融入社会。在调查过程我们了解到，山西省新生代农民工在进入城市工作之前有 23% 的接受过职业培训，有 19% 的在接受职业培训的过程中取得了相关的资格证书。同时我们了解到在新生代农民工职业培训的过程中主要存在以下两个问题：一是新生代农民工在失业的过程中，由于经济基础薄弱，不可能自费接受职业培训，这就导致新生代农民工向上流动比较困难。二是针对新生代农民工的培训，政府每年都投入一定数量的经费，但是投入的经费有限，不足导致新生代农民工参加培训的积极性不高。三是培训机构硬件设施不完善，自身实力薄弱。

最后，社会保障制度不完善。新生代农民工进入城市工作身份由务农转变为务工，但是并不能和城市就业者享有同样的公共产品和公共服务。以户籍制度为基础，城市就业者享有医疗保险、养老保险、失业保险等社会保障方面的特殊权利。随着我国流动人口的增加，我国政府不断完善对流动人口的管理，为新生代农民工的就业和生活提供了一些便利，但是并没有改变事实上的不平等，很难抵抗意外事件或者重大的困难。作为企业而言，一般都从利益最大化出发，他们首先保障的是正式员工的利益，他们不会为流动性较大的新生代农民工缴纳养老保险金和工伤保险金。一些小企业甚至为了自身的利益不为新生代农民工缴纳“三险”。

2. 法律的真空地带

当户籍制度不适应我国经济社会发展时，政府便开始对户籍制度进行改革。当社会矛盾由隐性转变为显性时，政府处于种种压力便开始采取一些临时性的措施来缓和矛盾。在促进社会融合方面，我国政府采取了一些措施，但是都具有临时性和松散性的特征，到目前我国还没有建立一部完整的法律来促进新生代农民工的就业。主要表现在以下几个方面：

首先，法律制度改革“雷声大，雨点小”。我国新生代农民工要很好地融入城市社会，需要以完整的法律体系作为支撑。随着我国人口流动的不断增加，相关的法律制度在不断完善，我国采取了许多措施对户籍制度及其相关的制度进行改革，农业户口和非农业户口的差别逐渐被取消，对城乡户口登记进行了统一，开始对户口进行属地管理等。这些措施虽然在一定程度上起到了保护新生代农民工利益的作用，但是对这些改革通常是以约束力不强的《意见》、《通知》等形式规定。此外，对于城市居民的承受能力、影响迁移政策的因素以及应该通过怎样的方式对迁移政策进行调整等学界和政府都没有给予充分的关注。在如何适应我国人口流动的现状、制定完善的户籍制度改革方案方面还没有完善的政策和措施。

其次，应该进一步完善社会保障法。有关农民工的社会保障制度的建立是促使我国社会稳定的必要条件，是推进我国农业现代化和城镇化的必由之路。目前新生代农民工虽然在户籍所在地的农村有医疗保险和养老保险。但是在城市就业的过程中，没有工伤保险和失业保险，这就使新生代农民工在遇到工伤的情况下不能享有相关的权益。在失业的情况下，不可能回到农村务农，也不能在城市享有失业保险，生活境况恶化，向上流动困难。虽然我国政府制定了相关的法律对新生代农民工的利益进行保护，但是相关法规可操作性不强，在实践的过程中不能真正起到保护新生代农民工的作用。

（二）政府管理统一性的缺乏对新生代农民工就业产生负面影响

随着我国人口流动的增加，我国不同区域之间人与人、资源与资源之间的流动增多。而流动人口具有较强的变动性和较大的随意性，这不利于政府的管理。目前我国政府从我国人口流动的实际出发，积极探索如何实现对我国流动人口的高效管理。在调查过程中，我们了解到我国人口管理体制在改革过程中主要出现了以下三种模式：第一种由政法委或综治委领导和组织，基层协管队伍积极参与，在管理过程中把治安放在首位；第二种主要通过成立专门的人口服务管理部门对流动人口进行管理；第三种主要是在大人口观的指导下，通过某一机构来对各个部门的行为进行协调。虽然我国政府在对流动人口管理的过程中，不断促进管理体制的创新，但是在我国流动人口管理过程中还存在许多问题。主要包括以下几个方面：

第一，政府部门之间职能设置存在的问题。流动人口的管理涉及许多个部门，是一个复杂的过程。在管理的过程中公安部门发挥着维持治安的作用，税务机关主要负责对流动人口进行征税、房屋登记等，工商部门发挥着办理工商登记的作用。虽然我国各个部门在对流动人口管理的过程中，都从自身的立场出发制定了符合实际的措施，并在一定程度上加强了对流动人口的管理。但是我国政府各个部门之间也存在交流和沟通不足、各自为政的现象，不利于对流动人口的高效管理。这就导致各个部门在对流动人口管理的过程中，不能进行明确分工，各个部门相对封闭，各个部门之间不能通力合作，这就导致有很多需要不同部门合作管理的事件不能及时得到解决。

第二，没有建立完善的管理平台。管理平台在对流动人口进行管理的过程中发挥着重要的作用。首先，政府没有建立完善的信息管理平台。在对资源进行管理的过程中，各个部门之间不能及时进行信息的交流和共享，导致在信息获取的过程中出现重复登记或登记遗漏的现象。首先，从租房方面对流动人口进行管理。因为流动人口没有固定的工作地点和居住地点，所以要对流动人口进行管理的唯一方式是对其房屋进行管理。在房屋管理的基础上，一些地方政府建立了完备的信息管理平台。例如武汉市公安局为了实现各个部门之间的资源共享，为了实现流动人口管理的透明化，建立了一个完备的信息管理平台。但是在该平台运作的过程中要及时对相关的信息进行监督和反馈，否则就会导致相关部门在监管的过程中出现盲点。其次，政府在对流动人口进行管理的过程中没有实现人性化。在信息进行及时收集的基础上，要逐步实现工作态度的转变，从新生代农民工的立场出发，加强与新生代农民工之间的沟通和交流，及时解决新生代农民工遇到的问题和困难。

第三，资金投入的不足。首先，政府虽然不断增加对于促进流动人口融合的资金投入，但是远远低于西方国家的水平。在美国，主要由警察负责对流动人口进行管理，美国每年都投入大量的资金加强警务管理，在充足的资金投入和强有力的行政管理之下，美国政府很好地实现了对流动人口的管理和信息的收集。我国虽然也不断进行流动人口管理创新，增加资金投入，但是力度有限。例如近年来，北京新增了流动管理员，负责流动人口的登记和管理，有效地缓解了相关部门的压力。同时通过属地管理和量化管理的方式对流动管理员进行管理，对登记的信息进行及时登记和上报。这些措施在一定程度上促进了新生代农民工的社会融合，但是并不能从根本上促进问题的解决。其次，政府鼓励民间资金的注入，但是民间投入不足。国务院发展研究中心成立了中国发展研究基金会，通过中国发展研究基金会民间资本可以参与到我国社会管理中来。2011 年该基金会为了社会融合开展了公共服务竞赛活动。这项活动的目的是征集具有创新性的有利于实现社会融合的公共服务项目，并对实践过程中成功的模式进行推广。但是这次活动并没有采取正规的形式，又没有足够的民间资本投入。随着我国流动人口的不断增加，导致城市公共资源的不足，增加了城市公共设施的承受力，这就增加了政府管理的难度，增加了社会融合的难度。当前在我国行政管理方式和投入都远远低于西方国家的情况下，要不断创新管理方式。

（三）社会融合封闭性特征对新生代农民工就业产生的影响

我国城乡分割在历史发展的过程中长期存在，制度的分割性特征促使我国城市居民享有比农民更多的权利，促使城市居民的社会地位高于农民工。另一方面随着现代化进程的不断推进，城市居民在观念、意识和文化等方面都逐渐地实现了现代化。在两者的相互作用下，我国城市和乡村出现了两种不同的局面，市民和农民也被作为两个不同的群体分割开来。

1. 被迫进入城市，被迫进行社会融合

新生代农民工在长期的生活过程中，受到农村文化和环境的影响，思维和行为方式相对落后，例如没有较强的卫生意识和公共秩序意识。同时新生代农民工在生存的压力下，被迫进入城市，从而导致不遵守法律法规和相关制度的现象，从而导致不关心城市的公共事务。

首先，自身素质的局限性。新生代农民工进入城市之后，会将原有的习惯和风俗带入城市，同时会出现不能及时适应当地的语言和环境的现象。在调查的过程中我们了解到，第一，新生代农民工的学历不高，大部分都是初中和高中学历，大专学历及以上的所占比例比较小。第二，大部分新生代农民工采用的交流方式是方言，这就带来了交流的障碍。第三，新生代农民工的法制意识普遍低下，对于法律知识了解的比较少，不能对法律进行公正性、平等性和客观性评价，缺乏通过法律维护自身合法权利的意识。第四，新生代农民工对社会保障没有足够的了解。有些新生代农民工不知道自己是否有参加社会保障的权利，甚至有些新生代农民工对社会保障概念都不清楚。通过上文的表格可以看到，新生代农民工社会保障的覆盖率不高。

其次，自我认同感的缺失。第一，新生代农民工进入城市之后不能正确地认识自己，在城市文化环境的影响下，新生代农民工在心理上表现为自尊和自卑并存。新生代农民工进入城市的过程中会遇到种种困难，例如生活和居住环境较差，社会支持的不足，信息交流和沟通的不畅，工资较低等，如果不能有效应对就会出现焦虑、自卑等心理状态，导致自身不能及时适应城市生活，不能及时对自己的情绪进行调节。第二，在融入城市的过程中，认为自己是城市的过客。他们从心理上将自己定位为城市的过客，认为城市居民对自己有一种歧视心理，自己不能与城市居民处于同等的地位。第三，对城市归属感的缺失。能够长期在城市生活和工作的新生代农民工，一般都是农村的精英，但是他们在城市中却没有相应的影响力，这就导致他们心理上的落差，从而导致他们对城市归属感的缺失。

再次，社会交往具有内卷化的特征。第一，新生代农民工在社会交往过程中往往会出现封闭性和边缘心理，新生代农民工虽然进入城市，但新生代农民工的社会关系依然主要建立在工友和老乡的基础上，他们的交往范围相对狭小。虽然新生代农民工在工作的过程中，希望增加与城市居民的交往，希望自己可以在城市扎根，但是受到自己社会关系网的局限，新生代农民工只能生活在半熟人社会中。第二，有的新生代农民工由于工作时间较长，劳动强度较大，导致他们没有时间去建立自己的社会关系网络。第三，有的新生代农民工由于自尊心较强，对于各种事情交往敏感，这就影响了其社会关系网络的构建。

2. 城市居民对新生代农民工的排斥

城乡分割的二元结构，使城市居民与新生代农民工相比，社会地位较高，享受的权益较多。因此，在社会交往的过程中，在一些城市居民中间出现歧视新生代农民工的现象。

首先，新生代农民工中存在的城市“中心主义”。新生代农民工在城市工作和生活的过程中，受到城市“中心主义”的影响，并逐渐内化到自己的思想中。城市“中心主义”的主观主义立场，从心理上排斥新生代农民工。美国社会学家萨姆纳认为以群体成员对群体的态度为标准可以将群体分为“内局群体”和“外局群体”两种。从“内局群体”和“外局群体”之间的关系出发，可以对城市“中心主义”进行分析。城市居民属于“内局群体”，文化的演化和发展主要由他们决定，他们中有很大一部分从心理上排斥新生代农民工。新生代农民工属于“外局群体”，他们在城市文化发展过程中处于边缘地位，对城市文化影响较小。

其次，城市居民的区隔性心理的存在。潘泽泉在对社会网络的排斥性特征进行论述的过程中指出，城市居民从自身利益出发，对城市居民和新生代农民工进行了区隔，对新生代农民工本能上存在一种陌生感和危机感。第一，城市居民可以通过各种方式对社会关系进行封闭，在维持群体内部社会关系的同时排斥群体外部的社会关系。这主要表现在新生代农民工工作岗位的边缘化、社会保障的边缘化，以及内卷化的封闭性的社会关系。第二，城市居民通过社会区隔形成了自己的活动空间，并对空间内的资源进行控制，从而导致新生代农民工不能与城市居民平等地享有城市的资源。例如，在大城市普通话是通用的语言，在中等城市普通话在交流中所发挥的作用也越来越大，但是大部分新生代农民工所使用的语言是方言。这就对新生代农民工社会关系的构建形成了障碍。

## 第二节　社会网络对新生代农民工的就业支持

### 一、新生代农民工社会网络的主要形式

新生代农民工在进入城市务工的过程中社会网络也随之发生了变化。在进入城市之前，新生代农民工的社会关系主要建构在血缘、亲缘和地缘的基础上，主要表现为强关系和初级关系，同质性的特点比较明显。在进入城市之后，新生代农民工在维持原有的社会关系的同时也将自己的社会关系网络进一步扩大，所形成的社会关系具有了弱关系、次级关系和异质性的特点。进入城市之后，新生代农民工社会网络的主要形式包括以下几个方面：

（一）对原有的乡土社会网络的维持

新生代农民工进入城市之后继续维持原有的乡土社会网络是新生代农民工链式迁移的结果。

农民进入城市后，移植、复制原有的以血缘、亲缘、地缘为基础的乡土社会网络，可能与中国进城民工的链式迁移有关。顾朝林曾发现一个非常有趣的现象是，“大中城市流动人口的职业与原籍地间具有紧密的关系”。“据北京市实地调查，发现：（1）来自江苏、山东和河北的多数男性流动人口主要从事建筑业的木工、瓦工和水暖工；而来自河南的多数男性流动人口则从事收旧货、翻砂工和清洁工等；来自山东的男性流动人口热衷于贩运蔬菜等。（2）多数来自江苏的女性流动人口喜欢做些小买卖或者纺织工、装配工等；而安徽籍的女性流动人口则进入城市家庭担当管家、保姆、家庭清洁和其他服务；一些来自四川和东北的女性流动人口则主要工作在餐饮娱乐业，如餐馆、旅馆、歌舞厅和其他服务业。（3）来自富裕省区的流动人口则创建他们自己的小企业，而来自相对贫困省区的流

动人口则开办地方风味的小餐馆或摆地摊经营地方特色的小买卖。例如，浙江籍流动人口的职业以服装、制鞋、修理钟表、配钥匙、刻图章及其他修理服务为主。而来自福建和广东的移民则开办建材贸易公司，如福建人经营木材生意，广东人经营铝合金、建材等。一些来自新疆和宁夏的流动人口总是开办穆斯林餐馆，而来自西藏和青海的流动人口则摆地摊出售藏药”（顾朝林，1999）。于是不同地区的农民工出现了聚居的现象，从而形成了“浙江村”、“河南村”等，而同一地区的新生代农民工作为农民工的一部分，也具有这样的同质性特征。

新生代农民工最初来到城市的时候，他们要面对完全陌生的城市社会和完全陌生的社会关系。为什么新生代农民工在最初进入城市的时候主要依靠初级社会关系？李汉林认为，“农民工交往中的强关系选择同质群体以及初级社会关系，实际上他们选择的是信任，他们把他们之间的交往和互动用初级的社会规范来维系，构造在相互间的‘交情’和个人道德基础之上，用乡土社会中的规矩和原则组织和思考他们在城市社会中的交往和互动。很明显，信任是他们交往和互动的基础，是他们构造自己的关系网络以及社会支持系统的一个根本的前提条件”（李汉林，2003）。

边燕杰认为新生代农民工在最开始进入城市的时候主要依靠乡土社会关系主要是因为“强关系”作用的结果。他认为，“社会关系是人情网，人情关系的强弱与获得照顾是正相关的：人情关系越强，得到照顾的可能性就越大；人情越弱或者根本没有人情关系，除了偶然的例外，得到照顾的可能性就非常小或者根本得不到照顾，信息的获得只是人情关系的副产品，借助强关系来获取资源是最节省成本、最牢靠的办法”（边燕杰、张文宏，2001）。我们调查的结果也支持了这一理论。通过上文可以看到，新生代农民工进入城市后大部分通过非正式渠道找到第一份工作。

新生代农民工原有的乡土社会网络，虽然具有“规模小、紧密度高、趋同性强、异质性低的特点”（王毅杰、童星，2004），但是在新生代农民工进入城市寻找第一份工作的过程中发挥着重要的作用，既可以提供与工作相关的信息，也可以对其进行精神支持。但是在工作的过程中，新生代农民工如果不及时构建新的社会关系网络，就会影响其与城市居民的交流，就会导致其不能很好地融入城市，这就对新生代农民工在城市的生活和工作产生影响。

（二）原有的社会网络的扩充，新的社会网络的建立

新生代农民工在原有的社会关系网络的支持下找到了第一份工作，但这只是城市生活的第一步，只是适应的开始。新生代农民工要想在城市稳定下来，要想在城市进一步发展，就必须进一步扩充原有的社会关系网络，建立新的社会网络。促进社会关系网络向异质方向发展，只有在同质关系网络的基础上建立异质的网络，才能更好地适应城市的生活。格兰诺维特从“弱关系假设”的角度对异质社会网络进行了说明。他指出“从社会信息丰富性和可得性的角度来说，人们通过强关系所得到的信息往往会有很高的重复性，其蕴含的信息也没有多少不同。相反，弱关系所承载的信息就有很高的异质性，信息的价值也很大，可以充当信息的桥梁。因此，弱关系对社会流动，特别是职业获得和资源获得来说，具有非常重要的意义”（马克·格兰诺维特，1998）。在调查过程中我们也了解到，新生代农民工社会网络的异质性越强，新生代农民工的职位越高，而具有同质性社会网络的农民工大部分处于所在岗位的底层。

新生代农民工扩充和新建立的社会网络，主要有以下几个方面的特征：

首先，新生代农民工扩充和新建立的社会网络是建立在原有的乡土社会关系的基础上的。在我国当前城乡二元结构影响力依然比较大的情况下，原有的社会关系网络，在新生代农民工适应城市生活的过程中发挥着重要的作用。所以，新生代农民工在对社会网络进行扩展的过程中不可能脱离原有的社会网络。

其次，新生代农民工扩充和新建立的社会网络的主要特点是范围广、异质性强。新生代农民工一般在业缘、友缘等基础上建立新的社会关系网络，社会关系网络超出原有的乡土社会网络的范围，开始与迁入地的居民发生交流和互动，这有利于新生代农民工适应城市生活和在城市的进一步发展。

再次，新生代农民工新建立的社会关系处于不断变化的过程中，强弱关系不断转化。

最后，新生代农民工的新的社会关系网络由非正式向正式转变。城市

的社会关系网络具有正式性、非人格性等特征，新生代农民工的社会网络在发展、扩充的过程中正式成分不断增多。例如在工作的过程中签订合同，成为城市行业协会的成员，参与所居社区的活动等。

（三）社会网络的断裂

有一部分新生代农民工在进入城市之后，既没有维持原有的社会关系，也没有建立新的社会关系，在这样的情况下，新生代农民工既失去了原来的亲戚和朋友，也没有与城市居民建立联系，从而导致自己社会网络的断裂。

新生代农民工如果社会网络断裂，就会导致信息的缺失和精神支持的缺失，从而在遇到问题时出现孤单无助、焦虑，甚至不能解决问题而走上越轨的道路。早期芝加哥学派对这一问题进行了研究，该学派认为由于现代化的发展、城镇化的过快推进，以及城市文化具有的正式性、匿名性特征，会导致在城市化不断推进的过程中产生社会解组现象，主要表现为人与人之间的社会关系疏离，社会成员之间的强关系网络减少，导致在城市中生活的个体产生一种孤独感和陌生感。

## 二、新生代农民工社会网络的主要特征

（一）乡土社会网络对新生代农民工的影响减少

上一代农民工主要通过乡土社会网络进入城市，进入城市之后，他们通过各种方式促进乡土社会关系的维持和发展。对于乡土社会网络的态度，新生代农民工与上一代农民工明显不同。乡土社会网络在新生代农民工就业的过程中虽然也发生影响，但是乡土社会网络对新生代农民工的影响明显减少，甚至在他们找工作的过程中不再发挥主要作用。主要表现在以下两个方面：一是上一代农民工非常注意维持自己的老乡关系，但是新生代农民工则认为老乡关系在自己的关系网络中不是很重要，不会花很大的精力去维持自己的老乡关系。二是上一代农民工虽然在城市务工，但是他们对于家乡有很深的感情。相比之下，新生代农民工对于家乡没有很深的感情，他们对于家乡的依恋大大减少，只是注重维系自己与家人之间的关系和感情。

（二）正式社会网络对新生代农民工发挥的作用越来越大

网络密度的不同是城市和乡村社会网络的主要差别。网络密度是相互认识关系与网络总关系的比值。城市的社会、经济和文化特征导致城市居民建立正式关系的机会比较多，使得城市居民很容易接触到与自己只有某些方面相同的人。同时由于城市社会网络范围的广泛，城市社会网络可能由不同的群体组成，这就减少了相互之间认识的可能性，从而导致城市社会网络的密度较低。农村的社会网络则与此形成鲜明的对比。农村社会网络由于范围狭小，导致彼此之间认识的可能性很大，从而导致农村社会网络密度较高。在调查过程中，我们了解到新生代农民工社会网络的异质性增加，朋友之间认识的比较少，正式社会网络对其影响较大。但是在同一省的农民工中则很少出现这样的现象。

（三）职业对新生代农民工社会网络构建过程发挥着决定的作用

李培林曾经提出，“流动民工在流动中社会生活场发生的变化，并没有从根本上改变他们以血缘地缘关系为纽带的社会网络的边界，影响这一边界的主要函数是社会身份而不是社会职业”（李培林，1990）。在调查过程中我们了解到，对新生代农民工的网络边界起决定作用的是社会职业，社会身份所发挥的作用越来越小。新生代农民工不再重视自己的社会身份，大部分新生代农民工认为市民或者农民身份之间的差别不大。但是社会职业在新生代农民工构建社会网络的过程中所发挥的作用越来越大。例如，一些工作环境封闭、工作时间长、居住集中的新生代农民工与外界接触的机会较少，这就导致他们的社会网络的特征也与上一代农民工相同。但是另一些新生代农民工工作环境开放、工作时间灵活，导致其社会网络正式性特征明显。

（四）居住地在一定程度上影响新生代农民工社会网络的构建

租住私房和集体宿舍是新生代农民工居住的主要方式，新生代农民工租住私房的地区主要是“城中村”，甚至有些“城中村”主要由农民工居住。收入的较低和工作的不稳定影响了新生代农民工居住地的选择，在生存的压力下他们不得不做这样的选择。这就导致他们居住地的相对集中和与城市居民交流和沟通的困难，这就影响了他们的社会关系网络的构建。主要表现在两个方面：一是集体住宿的新生代农民工与城市居民交流的机会较少，仅仅限于偶然的预见和交谈。二是居住在“城中村”的新生代农民工城市社会关系网络的边界也相对有限。“城中村”既有来自不同地区的新生代农民工，也有私房主，他们之间由于租赁关系和居住近而发生联系和交流。在调查过程中，一些新生代农民工表示他们与房东建立了密切的关系，一些新生代农民工通过参加社区活动认识了新的朋友。李培林曾说：“‘城中村’在城市化过程中具有双重的功能，它既是城市异质的边缘，也是替代贫民窟而成为农民工融入城市并转变成新市民的摇篮和桥板”（李培林，2003）。同时由于“城中村”居住的大部分是不同地区的农民工，这就导致他们认同感的下降。此外，随着我国城市化的不断推进，很多“城中村”被拆除，因此如何解决新生代农民工的居住问题，以促使其尽快融入城市，成为在不断推进城市化过程中必须解决的问题。

## 三、新生代农民工社会网络与就业之间的关系

相关的研究表明，新生代农民工的社会网络与就业之间通过工作搜索策略发生关系，同时工作搜索策略也在一定程度上影响新生代农民工社会网络特征和工作满意度之间的关系。因为新生代农民工的社会网络建立在血缘、地缘和业缘的基础上，是与同事、朋友等互动的过程，在此过程中新生代农民工可以及时地获取相关的信息，社会网络特征直接影响了获取信息的多少。当新生代农民工的社会网络异质性特征较明显时，新生代农民工可以扩宽自己的信息了解渠道，及时获得相关的信息，可以及时形成高效的工作搜索策略，他们在找工作的过程中更加自信，从而可以及时找到工作，或者实现向上流动。

进一步的研究表明，新生代农民工的社会网络特征和再就业质量之间的关系在一定程度上受到探索策略和随意策略的影响，新生代农民工的社会网络特征与工作满意度之间的关系完全受搜索策略和随意策略的影响。与上一代农民工相比，新生代农民工的择业观发生了明显的变化，他们更愿意从事劳动强度不高、职位要求不高、待遇相对较高的工作。第二次就业的过程中，乡土社会网络基本上不会发挥作用，业缘、就业信息等发挥了重要的作用。因此，新生代农民工社会网络的范围广泛，网络成员大大增加，网络的异质性进一步增加，这就导致新生代农民工可以更方便地获

取信息，更加有利于新生代农民工进行工作搜索，从而增加了再就业质量和工作满意度。目前，我国新生代农民工知识水平和技术水平的低下，导致新生代农民工处于劳动力市场的边缘。与大学生相比，新生代农民工在寻找工作的过程中选择不多，向上流动的机会较小，因此，集中策略的社会网络特征不利于新生代农民工的再就业和工作满意度的提高。

## 第三节　新生代农民工的就业保障

### 一、就业保障的内涵

就业保障是指为了促进法定年龄之内具备劳动能力又有劳动意愿的劳动者就业平等，为了保障其享有基本的权益，国家通过立法的方式为劳动者提供物质保障和再就业服务保障的制度。

就业保障在我国社会保障工作中占有重要的地位，是社会保障体系重要的组成部分，它是保护劳动者权益的有效途径，是维护社会稳定的重要途径。就业保障主要包括以下三个方面的内容：

一是失业保障，失业预防、失业保险和失业救济是其重要组成部分，它的目的是保障失业人员的基本生活，并为其再就业提供条件。

二是权益保障，是指对劳动者的劳动过程中享有的权益进行保障。

三是就业服务，在劳动者就业的过程中为其提供相关的就业信息、就业指导和工作技能培训。

### 二、就业保障的意义

#### （一）有利于社会公平的实现

共同富裕是我国社会发展的目标。在城乡二元结构的影响下，我国新生代农民工在就业的过程中，促进了城市经济的快速发展，但是他们不能与城市居民享有同样的权益，不能在工作和就业的过程中享受到我国发展的成果，这不利于社会公平的实现。促使社会保障制度的完善，有利于新生代农民工与城市居民享有同等的权益，有利于社会公平的实现。

（二）有利于满足新生代农民工的需要

新生代农民工在务农方面没有经验，不愿意再回到农村从事农业劳作，他们希望自己可以在城市站稳脚跟，可以在城市获得发展。但是很多新生代农民工由于自己能力和技术水平的限制，在就业市场中处于边缘，生活中也遇到种种困难，因此需要建立健全社会保障制度，从而为新生代农民工在城市的生活和发展提供最基本的保障。

（三）有利于国民素质的提高

促进社会保障制度完善，可以为新生代农民工的就业提供最基本的保障，可以在其寻找工作的过程中通过服务和指导促进其能力和技术水平的提高，从而促进其综合素质的提高。与此同时，在新生代农民工能力和技术水平提高的同时，就加剧了就业市场的竞争，从而促进城市劳动者自觉提高自身的素质。

（四）有利于进一步推进城市化

随着我国城市化进程的推进，必然会出现大规模农村人口向城市流动的现象，但是就业保障制度的不健全，影响了新生代农民工在城市的工作和生活，导致他们不能尽快适应城市生活，不能尽快完成向市民的转变。新生代农民工无法回到农村，也无法在城市扎根，这不利于我国城市化进程的推进。因此，促进就业保障制度的完善，可以为新生代农民工的就业和生活提供基本的保障，从而进一步推进我国城市化的进程。

（五）有利于促进“三农”问题的解决，促进我国经济的快速发展

随着我国改革开放的不断推进，促进“三农”问题的解决越来越成为我国经济社会发展的关键，因此，我国党和政府把“三农”问题摆在了经济社会发展的重要位置。与上一代农民工相比，新生代农民工的教育程度明显提高，能力和技术水平明显提高，新生代农民工进入城市就业，在解决城市经济发展劳动力不足的问题的同时，也可以促进“三农”问题的有效解决。因此，促进新生代农民工就业保障制度的完善，可以促进更多的新生代农民工在城市就业，从而进一步推动城市经济的发展。

（六）有利于社会主义和谐社会的构建

随着我国改革开放进入深水区，随着我国市场经济的不断向前推进，我国各种社会矛盾也进入高发区。在二元经济结构的影响下，新生代农民

工进入城市就业，但是却不能成为真正的市民，他们成为城市的边缘人群。在促进城市经济发展的同时却无法在城市立足和发展。由于我国城市就业制度存在的种种问题，导致新生代农民工在城市就业和工作的过程中遇到各种困难，导致他们成为城市流动性最强的一个群体，也是城市里承受力最脆弱的一个群体。如果他们的生活和就业过程中遇到的问题不能及时得到解决，就会影响城市社会的和谐和稳定。因此，尽快完善城市就业保障制度，有利于促进城市社会的和谐和稳定。

## 三、山西省新生代农民工就业保障制度存在的问题

### （一）政府履行职能过程中存在的问题

1. 政府管理过程中存在的问题

新生代农民工在城市中属于边缘群体，而政府管理措施的不当又进一步强化了这一弱势地位。由于政府在企业管理过程中存在的问题，导致新生代农民工在就业的工作中利益不断被企业侵害。例如，在调查过程中，我们了解到，新生代农民工的合同签订率比较低，只有30%左右；新生代农民工在就业过程中企业也没有及时为其购买失业保险和工伤保险；新生代农民工的工资也经常被拖欠，有些企业还扣押新生代农民工的证件；新生代农民工在工作的过程中遇到工伤事故较多，得不到应有的保护。

2. 政府服务过程中存在的问题

政府部门不能及时提供相关的就业信息。新生代农民工就业信息的获取在很大程度上依赖于亲戚、熟人等非正式渠道，政府没有建立完善的就业信息服务系统，有的城市的就业服务机构不提供新生代农民工的就业服务。同时由于城市就业市场的不规范化，导致新生代农民工不能及时获得有关工作的信息，从而影响了新生代农民工的就业。甚至有些就业服务机构承诺为新生代农民工提供就业信息，但是在新生代农民工交费之后却接受不到应有的服务，更有甚者利用新生代农民工急于就业的心理提供虚假信息获取暴利。这就导致新生代农民工不能及时获得相关信息，这就严重影响了新生代农民工的就业。

教育培训过程中存在的问题。虽然与上一代农民工相比，新生代农民工的知识和技能水平较高，但是与城市就业者相比，新生代农民工仍存在

一定的差距，在就业过程中处于劣势地位。同时由于政府相关部门不能及时对其进行职业培训，导致新生代农民工的知识和技能水平不能及时提高。一是当前专门针对新生代农民工的就业培训比较少，培训效率的低。二是政府对于新生代农民工的培训投入不足，相关硬件措施的缺失。三是培训方式单一，不利于新生代农民工参加培训积极性的提高。此外，新生代农民工子女的就学问题也影响了他们在城市的生活和就业。

（二）企业没有充分发挥在新生代农民工就业保障中的作用

新生代农民工供过于求，在就业过程中竞争激烈，企业要招到新生代农民工比较容易，因此，企业不会积极促进新生代农民工的就业保障。甚至，有的企业从利益最大化角度出发，尽量减少企业城市职工的数量，增加新生代农民工的数量，以减少企业在社会保障方面的支出。

（三）工会的作用相对较小

全国总工会不断加强工会建设，但是工会并没有扩展到大部分三资企业、个体企业与私营企业。主要原因包括两个方面：一是企业为了防止工人对企业相关政策的抵制而不愿建立工会。二是由工会自身的特点决定的。我国工会与政府的关系密切，大部分工会工作的开展都从地方经济发展的角度出发。这就导致在工会建立的过程中，政府为了促进本地经济利益的实现，没有对企业抵制工会的行为进行惩罚。同时工会虽然扩展到了有些私营企业中，但是工会不是由工人自发成立，由企业负责人委派工会负责人，这就导致工会在实践的过程中不能发挥保护工人的利益，只是负责组织企业的各种活动。所以，工会发挥的作用较小，工人参加的积极性也不高。

（四）新生代农民工自身的问题

第一，自身能力不足。与城市就业者相比，新生代农民工的能力有待提高，同时在工作和再就业的过程中，由于各种条件的限制，也不能及时参加有关的培训，这就导致新生代农民工不能及时提高自身的素质。由于自身能力的不足，新生代农民工只能从事技术含量较低的工作，在就业市场中处于弱势地位，这就影响了其工资收入和生活水平。

第二，不了解就业保障，不积极参与就业保障。新生代农民工大部分都是处于生存的目的进入城市务工，对就业保障了解比较少，也没有防范风险的意识；同时由于工作在行业和地区之间的流动性较大，大部分新生代农民工参保的积极性比较低，希望企业将工资以现金发放到个人手上。

第三，缺乏维权意识。我国当前劳动力供过于求的情况下，新生代农民工在就业的过程中没有优势。由于急于找到工作，或者不被开除，新生代农民工同意与企业不签订劳动合同。于是有的企业就抓住新生代农民工这样的就业心理，修改劳动合同或者不采取措施保护新生代农民工的安全。此外，由于新生代农民工社会保障意识的缺失，在企业侵害自身权益时，他们不知道通过怎样的方式来维护自身的利益。在调查过程中我们了解到，一些新生代农民工在企业侵害其权益时，不能充分发挥法律的作用，而是采取一些极端的手段，威吓、殴打企业主要负责人，这样就导致自身的利益无法实现，甚至走向犯罪。

## 四、健全新生代农民工就业保障制度建议

### （一）完善农村土地管理

1. 促进有关法律的完善

由于新生代农民工在农村仍然拥有承包土地，但是他们却不能回去耕种，这就要求对他们与土地的关系进行恰当的处理，使他们充分享有与土地相关的权益，从而有利于他们在城市就业和生活。这就要求我国不断完善相关法律制度。主要表现为以下几个方面：第一，要从各个地区的发展实际出发，进一步明确“集体”的内涵，进一步明确土地的所有权、经营权、使用权及处分权等。同时要制定有针对性的、切实可行的措施对土地的经营管理和土地分配收益进行明确的规定。在此基础上要在农村土地集体土地所有制的框架下，要进一步明确农用土地承包权、非农土地使用和收益权。此外，在土地法律和政策制定的过程中要充分听取广大人民群众的意见，要以公平民主原则为指导。通过法律制度为农村土地产权收益和土地流转提供强有力的支持。第二，要进一步理清国家、集体和农民关于土地所有权分别享有哪些权利和义务。在我国当前的形势下，政府应允许农村集体土地流入“一级市场”，在不改变土地用途的情况下进行土地使用权交易，并制定相关的法律对整个交易过程进行规制。这一举措可以增加新生代农民工的土地收益，可以增加新生代农民工的收入，从而有利于新生代农民工在城市的生活和工作。

2. 产权管理机构的设立

完善农村土地关系，不仅需要促进法律法规的完善，还需要设立专门的机构对农民土地的产权进行管理。设立专门的产权管理机构要从民主公平原则出发，构建完善的组织和管理体系，完善的监督机制，完善的财务管理制度等。主要可以从以下几个方面着手：一是通过法律的形式对产权管理机构设立的相关事项进行规定，从而保证产权管理机构在运作的过程中不与农村集体产权相冲突。二是产权管理机构的运作应该坚持民主集中原则，可以通过召开机构全体成员大会的形式来选举相关人员组成执行机构，对产权管理机构的整个运作过程进行管理，从而促进产权管理机构决策的民主化、科学化。三是通过召开机构全体成员大会的形式推选出相关人员组成监督机构，对机构的整个运作过程进行监督。四是该机构要在基层党组织的领导下，在法律的范围内运作，从而确保该机构的工作服务于广大人民群众，从而确保该机构运作过程的合法性。

（二）促进户籍制度的改革

1. 通过各种方式促进户籍制度附着功能的根除

我国新生代农民工的农业户籍不仅是社会身份的象征，而且也是所占有的社会资源的象征，这就严重影响了新生代农民工在城市的就业。因此，要推进新生代农民工就业保障制度的完善就必须对传统的户籍制度进行改革。但是户籍制度在我国人口管理过程中发挥着重要的作用，深化户籍制度的改革，并不是要减弱户籍在对人口管理过程中所发挥的作用，而是要对建立在户籍制度基础上的经济和政治利益进行消除。同时在对户籍制度进行改革的过程中，需要相关政策进行配合和衔接，对相关的政策进行联动改革，才能彻底消除户籍制度的附着功能。例如在对户籍制度进行改革的同时要对公共资源进行合理配置等。在户籍制度改革实践过程中，我国各级地方政府要从减少户籍制度的附着功能入手，从各地的发展实际出发，积极推进本地的户籍制度改革。例如，我国各个地方政府部门要借助网络、电视、广播等媒体及时对户籍制度改革进行宣传，使公众对户籍制度改革有所了解。同时我国政府要开通户籍制度改革专线，并建立专门的协调结构，对政府各级部门、不同地区政府、政府与社会公众之间的关系进行协调。一方面使户籍制度改革过程中出现问题及时被发现，与户籍制度改革相关的信息及时得到传播，同时可以促进户籍制度改革和提前配套改革协同推进；另一方面可以使新生代农民工的建议及时得到反映，从而使改革真正体现人民群众的利益。

2. 促进新生代农民工落户政策的完善

为了对流动人员进行规范化的管理，为了促进流动人口管理可控性的实现，就要促进户籍制度的进一步规范。从我国现有的流动人口增多的趋势来看，要促进户籍制度的规范，就必须在人口自然流动的同时做落户迁移。这就需要促进户籍制度改革的深化，促进落户政策的完善。在我国城乡融合的背景下，必须在户籍制度改革的过程中进行创新。从总体来看，要促进城乡统一的户籍制度的实现，户籍制度改革就必须建立在人口自由迁移的基础上，就必须在进行户籍制度改革的过程中坚持公平的原则，并充分发挥市场的作用，在整个过程中尤其要保障农民工的利益。具体来讲，要对户籍制度管理进行创新可以通过以下的方式进行：要充分发挥市场在人口迁移过程的作用，促使农民工在优胜劣汰机制的作用下自由向城市迁移，形成人口迁移的竞争机制，实现人口迁移的市场化，实现新生代农民工的合理迁移。

从实践来看，我国各级地方政府要从本地的人口迁移实际出发，有针对性地推进当地的落户政府改革，要循序渐进地推进当地落户政策的完善。主要包括以下几个方面：一是在进行落户政策改革的过程中可以遵循“先中小城市，后大城市”的原则。民建中央副主席辜胜阻提出放开中小城市户籍，推进农民工市民化，实现农民工与市民平权，积极应对新生代农民工面临的问题。因此，可以首先放开中小城市落户的限制，允许流动人口在中小城市落户，在中小城市已经取得相关经验和成果的基础上，再对大城市的落户进行改革。二是可以从农民工尤其是新生代农民工的就业情况、生活情况以及未来可能的发展情况出发，采取分类的办法进行迁移。例如可以从农民工尤其是新生代农民工的迁移意愿以及其工作生活情况出发制定有针对性的分类别的迁移政策，从而更好地促进新生代农民工的就业。

（三）促进教育制度的完善

1. 促进教育培训制度的完善

教育培训制度的不完善，严重影响了我国新生代农民工的就业，这就要求促进教育培训制度的不断完善。要促进教育培训制度的完善可以采取以下三个方面的措施：一是要促进与教育有关的法律法规的完善。要促进《职业教育法》的完善，对农民工教育培训机构的从业标准进行明确的规定，对教育培训相关政策的监督进行更加明确的规定；同时对农民工尤其是新生代农民工的职业学历教育进行更加明确的规定，通过法律对农民工职业学历教育的师资、设施和经费进行明确的规定，充分发挥法律在新生代农民工职业教育过程中的作用。二是在政府的指导下，制定相关的鼓励政策，通过税收减免和补助金等形式鼓励社会上的各种机构参与到新生代农民工的培训过程中来，例如职业院校和专业教育培训机构，从而形成政府居于主导地位的、非营利组织积极参与的完善的农民工职业培训体系。三是我国各级政府要加强农民工培训经验的交流，增加对新生代农民工培训的投入，并在教育的过程中充分发挥政府的作用。政府可以从新生代农民工接受培训时间的长短、所需要掌握技术的总类以及所要获得证书的类型，对教育培训资金进行分配，并在实践过程中对其进行调整。

2. 促进农民工子女教育机制的完善

我国新生代农民工子女的教育存在种种问题，严重影响了新生代农民工在城市的生活，因此，应该通过各种措施促进农民工子女教育机制的完善。主要措施包括以下两个方面：一是政府要不断增加对农民工子女的教育投入，并对农民工子女的教育经费制度进行改革，实现“钱随人走”的教育经费制度，将新生代农民工子女的教育经费转到新生代农民工就业的地区，同时流出地政府和流入地政府要进行密切的合作，共同对新生代农民工的就业问题进行解决。同时要通过各种措施促进教育均等化的实现，缩小城市教育和农村教育的差别，从而促进教育资源的公平分配。二是不断促进监督机制和问责机制的完善，对有关新生代农民工子女教育政策的执行进行监督，防止一些地方政府在执行相关政策的过程中出现权利寻租的现象，保证相关政策执行到位，从而促进新生代农民工子女教育机制的完善。

（四）促进社会保障政策的完善

1. 通过各种措施促进社会保险统筹层次的提高

新生代农民工社会保险统筹层次的提高可以为新生代农民工的就业

提供保障，可以促进新生代农民工更好地适应城市的生活。因此就需要从社会保障制度中存在的问题出发来促进新生代农民工社会保险统筹层次的提高。要促进农民工社会保险层次的提高就需要通过各种措施消除社会保障水平在不同区域之间的差别，因此，要提高我国社会保险的统筹层次应先促进社会保障体系在全国范围的统筹。随着我国社会保障制度的改革，我国养老保险省内转移接续统筹得到了实现，但是我国很多农民工在不同省份之间的流动，这就导致如果农民工办理地养老保险就不能及时发挥作用。因此，在实践的过程中，要通过各种方式促进养老保险的全国统筹，同时不断推进其他社会保险的市级统筹进程，在此基础上进一步实现省级统筹和全国统筹。政府各部门可以制定区域统筹的方针政策、相关制度和具体的执行措施，并充分发挥区县级管理机构在社会保险统筹中的作用，从而实现新生代农民工社会保险关系在不同区域之间的流动。

2. 促进社会保险顺利转接

促进社会保障制度的完善，为新生代农民工的就业提供支持，我国各级政府部门不仅要促进社会保险层次的提高，还要促进社会保险的顺利转接。主要应该采取以下几个方面的措施：一是对现有的分散性和冲突性的法规进行整合，并从实际国情出发，在全国范围内制定统一的社会保险政策，促进不同地区社会保险的统一，尽快实现社会保险的全国统筹。二是我国各级地方政府要促进社会保险转接程序的简化，并建立统一的系统负责社会保险的缴存和管理，减少企业在社会保险方面的投入，通过多种方式对企业中农民工的参保情况进行监督。同时要不断完善社会保险转接机制，使农民工由一个地区流入到另一个地区就业时，其养老保险个人账户也跟随转移。此外，要建立全国性的缴纳系统，农民工在就业地就可以缴纳社会保险金或者补缴社会保险金，以便于新生代农民工在流入不同地区就业时可以完成社会保险的转接。三是建立全国统一的社会保险管理中心，通过垂直管理的方式加强对社会保险工作的管理，并协调不同地区的社会保险工作。同时要逐步建立社会保险信息管理平台，对农民工的流动信息进行及时跟踪，为转接工作的进行提供重要的支持。

# 第四节 加强新生代农民工就业支持与保障的策略研究

## 一、双向互动的就业支持与保障策略构想

### （一）制定双向互动就业支持与保障策略的原则

1. 从新生代农民工具有的特点和需求出发

新生代农民工所具有的特点和需求与上一代农民工和城市就业者有明显的不同，因此，在制定双向互动就业支持与保障策略的过程中，要充分考虑新生代农民工的特点和需求。新生代农民工不仅仅是为了生存和取得更高的收入而进入城市就业，他们更希望可以在城市扎根，成为城市的一员，但与城市居民相比，他们在城市中属于边缘群体，工作相对不稳定，生活水平较低。因此，在制定有关新生代农民工的社会保障制度时，既不能沿用已有的城镇就业保障制度，也不能沿用已有的农村劳动就业保障制度。而是要从新生代农民工现有的工作和生活情况出发，制定有针对性的就业保障政策。

2. 处理好与当前城镇就业制度的关系

新生代农民工既是我国经济社会发展的产物，也是我国城乡二元结构的产物。这就使新生代农民工成为一个特殊的群体，他们进入城市工作和生活，但是他们却生长在农村，户籍也在农村。但是随着我国经济社会的进一步发展，我国城乡二元结构的解体，我国新生代农民工必然会融入城市。因此，针对新生代农民工的保障制度必然具有过渡性的特征，在制定针对新生代农民工的政策过程中，要处理好与当前城镇就业制度的关系。

3. 以促进就业为目的

要促进新生代农民工问题的解决应首先解决新生代农民工的就业问题。只有解决了新生代农民工的就业问题，他们才能在城市站稳脚跟，并进一步获得发展。所以，在建立新生代农民工社会保障制度的过程中要以促进就业为目的，为他们就业提供有力的支撑。

4. 从个性不同需求出发

新生代农民工不仅和上一代农民工和城市居民相比有自己的独特特征，同时新生代农民工个体之间需求也有所不同。因此，在制定新生代农民工就业政策的过程中，要充分考虑不同个体的需求，制定灵活、有针对性的政策。

5. 实现权利和义务的统一

权利和义务是统一的。虽然新生代农民工处于城市的边缘，但是在建立专门农民工就业保障制度的过程中，要以权利和义务相统一为原则，对他们应该承担的义务进行明确的规定，例如对缴纳社会保险费用的规定、对信息登记的规定，新生代农民工在履行义务的同时才能更好地享有权利。

（二）双向互动就业支持与保障策略的模式

双向互动就业支持与保障策略是指针对农民工在城市生活和就业、户籍在农村、流动性较强的特点，建立流入地和流出地双向互动的就业保障政策。

这一制度建立在完善的户籍制度和保险制度以及完善的法律体系的基础上，建立统一的新生代农民工的就业保障卡和统一的数据库，政府居于主导地位，同时充分发挥企业、工作和新生代农民工的作用。在这一制度下，就业保障卡可以保证新生代农民工在进入城市之后，当地政府可以获取有关信息，将其纳入就业地管理。同时新生代农民工可以通过就业保障卡查询自己的相关信息。

在这种制度下，就业保障卡发挥着“虚拟户口”的作用。新生代农民工的就业保障信息储存在该卡中，即使新生代农民工从农村进入城市，就业保障部门可以通过就业保障卡查询到新生代农民工的相关信息，从而对新生代农民工进行管理。这就实现了就业保障的双向互动。

双向互动就业支持与保障政策，充分发挥政府、工会、企业和新生代农民工的作用，构建了多元化的就业保障模式（见图 6－1）。

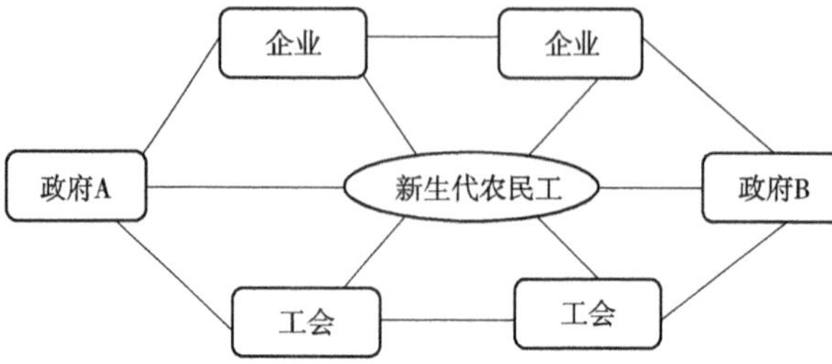


图6-1　双向互动就业保障运行机制

## 二、政府居于主导地位

（一）促进城乡劳动力市场的统一

1. 推进就业制度的统一化

第一，为新生代农民工在城市就业提供制度支持，消除与就业歧视相关的政策，充分发挥市场在新生代农民工就业过程中的调节作用。第二，增加政府的投入，促进针对新生代农民工的就业服务和管理体系的完善。第三，充分发挥价格对劳动力市场供求的调节作用，促进就业质量的提高，为新生代农民工就业提供便利。

2. 促进劳动力市场的规范化，促进中介组织的完善

我国很多中小城市劳动力市场混乱，管理规范化缺乏，但是流入和流出这些城市的新生代农民工数量相对较多，因此，要通过各种措施促进中小城市劳动力市场规范化的实现。将所有就业中介集中起来，建立一个规范化的信息中心，为新生代农民工的就业提供指导，并通过竞争机制提供中介结构所提供服务的质量。这既有利于实现就业市场的规范化，也有利于提高服务的质量和效率，为新生代农民工就业提供便利。与此同时要促进公办中介机构服务对象的扩大，促使新生代农民工可以享有其提供的服务。此外，政府要通过各种方式推进民间中介组织的发展。

3. 促进劳动力市场主体行为的规范

消除在就业方面歧视新生代农民工的法规，消除与新生代农民工就业相关的不遵守竞争原则的政策，促进有关法律法规的完善，严格规制劳动力市场主体的行为，使劳动力市场各个主体的行为能够找到法律依据。我

国国家机关要对劳动力市场的各种制度进行统一化，对侵犯新生代农民工合法利益的行为从法律上予以约束。地方各级政府要严格执行中央的决定。

4. 建立完善的劳动力市场信息系统

加强劳动力信息市场的建设，促进劳动力市场的信息及时有效地传递，并对新生代农民工的就业状况进行跟踪，将劳动力市场的供求情况及时向新生代农民工公布，促进劳动力市场与劳动力市场信息系统的整合，构建完善的劳动力市场信息系统。网络不发达地区在加强网络建设的同时要做好新生代农民工的就业信息收集工作，并在统计之后及时上报。此外，在不同地区之间建立劳动力市场信息沟通机制，对新生代农民工跨区域流动就业进行及时跟踪，从而为新生代农民工就业提供信息保障。

（二）解决新生代农民工就业培训服务中存在的问题

1. 促进新生代农民工就业培训服务机制的完善

统筹兼顾，权责清晰，促进新生代农民工就业领导和组织体系的完善，政府部门之间及时沟通，形成政府主导、非政府组织和公众积极参与的新生代农民工就业培训服务机制。把新生代农民工的就业培训工作放在首要的位置，处理好新生代农民工就业培训和城乡就业工作以及职业培训之间的关系，将新生代农民工的就业培训工作作为政府计划的重要组成部分。充分发挥劳动和社会保障部在新生代农民工就业培训中的综合协调作用，及时制定与新生代农民工就业培训密切相关的培训计划、补贴政策，加强新生代农民工就业前的职业培训和就业过程中的在职培训。政府各部门之间要加强合作，促进新生代农民工的就业培训工作进一步向前发展。

2. 促进劳动中介组织的发展

将劳动中介组织引入劳动力市场，通过多种方式促进劳动中介组织的发展，从而促进就业信息的及时传递，为新生代农民工的就业提供便捷的服务，构建完善的就业服务体系，及时为新生代农民工提供就业信息、相关问题咨询和职业技能培训，对新生代农民工就业过程中出现的问题及时予以解决，对新生代农民工的再就业进行评估，减少由于信息缺失而造成的决策失误。大力推动职业中介机构的发展，及时对劳动力市场的供求状况进行统计和公布，并进一步推进劳动力市场的网络化。此外，还应不断弥补相关法律的欠缺，及时对劳动中介组织的行为进行规范，从而保证新生代农民工在就业过程中权益不被侵犯。

3. 促进培训服务向多元化方向发展

第一，促进免费职业指导和培训补贴制度的完善。通过多种渠道筹集新生代农民工就业培训所需的资金，促进培训服务向多元化发展，对在城市就业服务机构进行登记的新生代农民工给予免费的职业指导。第二，要增进对农村职业培训的投入，参与失业保险的新生代农民工在失去工作时要及时予以补贴，同时要增加新生代农民工就业服务投入。第三，要通过政策优惠鼓励民间资本向新生代农民工培训领域投资，逐步降低非营利组织参加职业教育培训的门槛。

（三）通过多种方式促进乡镇企业的发展

1. 促进本地特色经济的发展

通过多种方式促进地方经济的发展，制定明确的中小城市和乡镇经济发展规划。从“五个统筹”的要求出发，充分发掘本地所具有的优势，制定符合本地发展实际的经济社会发展规划，促进本地特色经济的发展。第一，要挖掘当地的资源、区位等优势，形成地方特色，提升本地经济的竞争力，促进本地经济的发展。第二，要对当地的农林、特产、矿产等产业进行整合，形成企业的集群效应，为新生代农民工的就近就业创造条件。通过各种方式促进城乡产业的融合，在促进经济发展的同时加强生态治理和基础设施建设，从而促进城乡产业的共同发展，促进经济的可持续发展。第三，做大做强本地支柱产业和主导产业，打破行政区划界限，推动资产重组，提高产业聚集度，逐步形成专业化生产、特色化经营、社会化分工协作的经济发展格局（侯晋封，2009）。

2. 通过各种方式促进中小企业和乡镇企业的发展

中小企业和乡镇企业在缓解就业压力的过程中发挥着重要的作用。要增加就业岗位，促进新生代农民工就业问题的解决，就必须通过各种方式促进中小企业和乡镇企业的发展。目前，乡镇企业和中小企业在我国中小城镇经济发展过程中发挥着重要的作用，在拉动当地经济增长的同时在一定程度上增加了当地的就业岗位。因此，我国中小城市应该重点抓好乡镇企业和中小企业的发展，进一步促进相关政策的完善，为乡镇企业和中小企业的发展提供制度的支持。通过各种方式改革产权制度，并促使具备条件的中小企业和乡镇企业进行制度改革，建立现代企业制度，通过相关政策进一步明确企业的归属权，从而为企业的成长壮大提供制度的支持。同时要通过立法的方式对乡镇企业、中小企业及其职工的合法权益进行保护。此外，还要促进政府强化政府的监督，不断推进中小企业和乡镇企业发展环境的改善。

（四）鼓励新生代农民工回家乡就业

1. 把新生代农民工回乡就业放在重要的位置

四川省工商局的资料显示，平均一户个体工商户可以吸纳 2.7 个劳动力；平均一户私营企业可以吸纳 11.2 个劳动力（胡俊波、文国权，2010）。所以，通过相关政策引导新生代农民工回乡就业不仅是促进当地经济快速发展的重要途径，也可以在一定程度上缓解当地的就业压力，吸收当地的剩余劳动力，促进当地劳动力向非农产业的转移。新生代农民工可以把自己在城市积累的资金和经验带回乡村，实现自己梦想，同时也可以在一定程度上促进当地乡镇企业和中小企业的发展，促进当时社会环境的改善，加快当地新农村建设的进程。因此，我国各级政府应把新生代农民工回乡就业放在重要的位置，要把鼓励新生代农民工返乡就业列入政府的工作计划中。国家法律和政策框架内，能够促进中小城市和城镇就业岗位的增加，积极鼓励其在当地投资和发展。

2. 促进政府职能向服务型转变

促进政府职能从管理向服务转变，促进服务水平的不断提升，促进新生代农民工就业环境的改善，为新生代农民工回乡创业提供便利的条件。可以从以下两方面进行的转型，第一，各个地方政府不能违背国家法律法规，阻碍新生代农民工回乡创业。要不断降低创业门槛，不断扩宽项目范围，为新生代农民工回乡就业提供更多的选择。第二，要通过各种方式防止“乱摊派、乱收费、乱罚款”行为的出现。与此同时，司法部门要加强司法力度，对损害返乡创业的新生代农民工利益的行为给予严厉的惩罚。

## 三、充分发挥企业在新生代农民工就业过程中的作用

### （一）促进企业社会责任感的增加

企业社会责任，是指企业在生产经营的过程中要“以人为本”，不仅仅把获取利润作为目标，企业不仅仅要对股东负责，还要对员工、消费者、社会和环境负责。企业社会责任是社会道德的体现，它遵循以人为本的原则，在生产和经营的过程中对人的价值给予密切的关注。要充分发挥网络、电视、报纸和杂志的作用，对企业的社会责任进行宣传，不断促进企业股东和主要负责人的社会责任意识的增加，从而促进企业的社会责任感的增加，为新生代农民工的就业创造便利的条件，在他们就业的过程中尽量维护他们的利益。

### （二）在新生代农民工培训方面，企业要不断增加投入

新生代农民工在企业的就业，虽然可以促进其生产成本的降低，可以实现利润的最大化，但是却不利于企业员工素质的提高。要促进企业人力资本素质的提高，要增加企业在市场竞争中的优势，就必须增加对新生代农民工的培训收入。加大对新生代农民工培训的投入，不仅可以促进企业生产率的提高，而且可以提高新生代农民工的知识和技能水平。

企业要将企业的发展目标和新生代农民工的自身需求相结合，开展专门针对新生代农民工的培训，要保证培训的效果，注意培训的实际效果。

# 第七章　新生代农民工就业障碍：劳动力市场分割视角

政治文化视角是一个通用的分析工具，用来理解一套特定的市场制度安排暗含着什么样的社会权力结构。了解了这些市场制度安排，我们就可以预测掌握权力的行动者如何利用现有的制度来应对接下来可能发生的危机。市场是一种场域，它不仅依赖于在位者的权力，而且依赖于社会中更为一般的使在位者的权力得以保持的规则。政府为了干预经济，会进行各种宏观制度设计影响和干预劳动力市场。而企业为了自身发展需求，也会设计完善的内部管理体制来加强对劳动力的控制，那么，在劳动力市场，政府和企业是如何通过制定规则来为市场经济创造稳定的呢？

在市场中建立社会结构有关的规则有四类，我们可以称之为产权、治理结构、交换规则和控制理念。这些分类是十分抽象的，它们是以法律、理念或者惯例等形式出现的一般规则。这些规则界定着这样的问题：那些希望创造出市场的行动者先需要创造出有利于稳定市场出现的普遍的共同理解。不管这些规则有没有被意识到，行动者都需要它们。举个例子来说，没有产权就无法形成市场。如果我们不知道谁拥有什么，谁对某物拥有处置权，那么我们就将处于一个非法交易泛滥的市场之中，稳定的市场根本无从谈起。这四种类型的社会结构是在历史发展过程中出现的，当企业和政府对此维持市场运转的某些基本问题有了一定认识之后，它们就会试图寻找相应的解决方法。借助于对这些制度的理解，行动者创造出社会结构来组织他们相互竞争与合作，并以一种常规的、可重复的方式来进行相互交换。在这些社会结构中，不同的类型解决不同的与不稳定性相关的问题。

## 第一节　劳动力产权与新生代农民工就业

### 一、劳动力产权与市场建构

产权是那些对谁有权享有企业利润进行界定的规则（类似于代理理论家所说的对企业现金流转的“剩余索取权”）（Jensen & Mecking，1976；Fama，1980）。产权所有者有权力处置财产或者以此获利。专利和资格证书是产权的两种形式，它们可以让其所有者赚取利润。产权的制定是一个连续的和充满着斗争的政治过程，而不是一个有效过程的结果（Roe，1994）。来自商界、劳工、政府代理机构和政治党派等这些有组织的群体都试图影响产权的制定。产权的划分是市场社会的核心。产权决定了谁控制着企业，谁拥有剩余索取权。产权并不总是为社会中的特权群体服务。例如，如果政府拥有企业并控制着投资决策，那么，其决策就会将不同的利润分配考虑在内，如果属于合作商业或合伙企业，则要求进行利润的相应平均分配，工人也可以在利润分享方案中得到他们相应的报酬。

产权是市场所必需的，因为产权界定了产权所有者和社会中其他人之间的关系。由此，产权明晰了在特定的市场中各自所承担的风险以及可以得到相应的回报，从而使市场变得稳定。产权对创造两种形式的稳定发挥作用：界定了企业内外相关人员之间的权力关系；向其他企业表明本企业的身份。劳动力也是一种财产，劳动力同样有着自己明确的主体及围绕劳动力形成了一定的经济权利关系（魏宏斌、连建辉，1997）。

目前学术界对劳动力产权的含义主要有以下一些观点：第一种观点认为“劳动力产权是指劳动者因拥有和使用劳动力而具有对剩余劳动成果的索取权”（王东静，1999）。第二种观点认为“劳动力产权指的是劳动者作为其劳动力的所有者时的行为权，也就是劳动者在生产过程中受益或受损的行为权”（姚先国、郭继强，1996）。第三种观点认为劳动力产权就是劳动力所有权（周道坤，1998）。第四种观点认为劳动力产权既不等同于劳动力所有权，也并不一定包含剩余索取权，更不是单一的剩余索取权，而是一组由劳动力所有权引发的行为权利（范省伟、白永秀，2003）。

有学者对劳动力产权与劳动产权作了区分，认为劳动力作为企业中不可缺少的一个基本要素，其产权应为“劳动力产权”。劳动力产权和劳动产权则贯穿于生产过程和分配过程的始终，劳动产权包含在劳动力产权之中，区分劳动力产权和劳动产权，将有助于企业产权制度改革的深入（郭继强，1996）。

关于劳动力产权的内容，学术界存在“四权说”、“三权说”和“五权说”等观点。“四权说”认为劳动力产权包括享受其所处的特定社会历史环境中所给予的基本生存和基本发展权；获得劳动力再生产所必须的生活资料的权利；劳动力自主支配权；一部分剩余索取权（叶正茂、洪远朋，2001）。“三权说”认为劳动力产权包括劳动力产权权能、劳动力产权权益和劳动力产权权责。劳动力产权的具体内容涉及：劳动者有接受用人单位聘用和辞去用人单位工作的权利，保障劳动力资源可以流动和不断随经济结构变化而再配置；劳动者具有与用人单位在工资和其他待遇方面讨价还价的权利；劳动者在合同期间内享受工作所得利益的权利；有遵守和履行合同的义务和责任等（盛乐、姚先国、黎洁，2001）。“五权说”认为劳动力产权包括狭义所有权、占有权、支配权、使用权和收益权等（魏宏斌、连建辉，1997）。

此外，还有学者由劳动力的使用权派生出发展权。认为劳动力的发展权不仅是劳动力产权区别于物质财富产权的重要特征，更是把劳动力作为产权安排从而优化劳动力资源配置的重要依据。从广义上来讲，企业既可以用培训的方法，也可以用改善作业条件和管理环境的方法来提高和发展劳动力。因此，经济学上劳动力的发展权可以定义为开发和提高劳动能力的权利。笔者进一步指出，安排劳动力发展权可以刺激人力投资，促进精神文明建设，指导我国国有企业的改革（王玉敏、杨先华，1997）。

## 二、农民工劳动力产权的界定

农民工劳动力产权由三个基本概念“农民工”、“劳动力”和“产权”组成。根据本书前面的某些章节对这三个基本概念的解释和界定，笔者认为农民工劳动力产权的概念可界定如下：由于劳动力财产的存在和关于劳动力的使用所引起的农民工与其相关利益主体（主要是其雇主）之间相互认可的行为关系以及在此基础上形成并通过国家法律保证实现的一组农民工能获益的权利。

收益权是最能体现劳动力产权的，是劳动者因拥有和使用劳动力而享有剩余劳动成果的剩余索取权。经济学者迟福林研究员把劳动力产权的收益权解释为职工除工资收入之外的一种财产权收入，它是对广大职工在利润积累中贡献的承认，是“劳动者作为企业价值增值的创造者之一应当按比例形成他们在本企业的股份，其所得份额由其工作时间、工作岗位、工作贡献等因素决定。”

农民工劳动力产权的概念必须将其与习惯上所谓的劳动力商品概念区别开来。一般来说，作为特殊商品的劳动力，可以在劳动力市场上得到其全部价格，即由作为买方的资本所有者预付的工资性收入，这是一种固定的合同支付，是雇员全部收入中的一种确定性的部分，是与利息、租金等类似而与利润（剩余价值）相对立的一种收入分配形式。劳动力商品的所有者无权参与利润分配（这是马克思的经济理论观点，虽然他“创造”了全部的剩余价值）。与此不同的是，劳动力产权是一个含义更广泛的范畴，它不仅囊括了劳动力商品的全部内涵，更重要的是还参与利润分配，即享有产权收益。这样，劳动者在企业收入分配中占据的地位就更为重要了。

农民工劳动力产权的内涵还必须将它与按劳动力价值分配区别开来。一是劳动力产权收益与按劳动力价值分配的依据不同。按劳动力价值分配的收入实质上是劳动力生产和再生产的基本费用，而劳动力产权收益是劳动力以一种生产要素参与生产经营的回报。二是两者的客体不同。按劳动力价值分配的收入是必要劳动的成果，劳动力产权收益是剩余劳动成果（纯利润）的一部分。三是存在的形态不同（赵延东、王奋宇，2002）。按劳动力价值分配的收入最终表现为一定数量的消费资料，劳动力产权收益的实物形态是消费资料、生产资料兼而有之。四是结果不同。按劳动力价值分配的收入最后转化为劳动力的生产和再生产，劳动力产权收益的一部分则转化为投资。

### （一）农民工劳动力产权的基本特征

农民工劳动产权和一般的物力资本产权相比，农民工劳动力产权具有劳动力产权一般的明显特征，如使用性、广泛性、收益的长期性、不可转让、赠与和继承性以及劳动力产权实现了资本与劳动的内在统一性等。而和劳动力产权一般特征相比，农民工劳动力产权又有自身的特征，而这种自身特征主要体现在两个方面：一是农民工劳动力产权的确立具有前提条件性，这个前提条件就是要摆脱其“弱势群体”的角色地位，试想农民工因其出身而受歧视，因歧视其权益经常受到不法侵害而投诉无门，长期就业于社会地位低下、工资标准低且经常拖欠的“非正式部门”，这又怎能去奢谈农民工劳动力产权？二是农民工劳动力产权实现具有阶段性，因为具备确立农民工劳动力产权的前提条件需要一个过程。农民工劳动力产权的实现，从时序上看，是有一技之长且有一定务工年限的较高级劳动力的产权得到承认和实现。根据学者戴洁（2006）的实地调查得到的数字表明，在全部农民工队伍中，是中级或高级技术人员者，所占比例为0.7%，初级专业技术人员所占比例为5.3%，技术工人所占比例为23.3%，即是说，先是这些农民工中的“能人”按拥有的岗位知识技能高低为先后顺序分别实现其劳动力产权，然后才逐步扩散到只具一般劳动力的农民工。从内容上看，农民工作为产权主体地位的确立也是一个逐步实现的过程。

（二）农民工劳动力产权的功能

1. 内在化激励功能

在一个资源不稀缺的世界，或是鲁宾逊的世界里，产权是不起作用的。“民工荒”表明农民工的劳动力是稀缺资源，因此对其劳动力产权进行界定不仅是必要的也是划算的。德姆塞茨认为，产权的一个主要功能就是在于“引导人们实现将外部性较大地内在化的激励”（Gergen，2002）。同理，农民工劳动力产权的确定不仅有利于克服农民工劳动力在使用过程中所产生的“外部性”，还在于农民工真正获得了作为社会主义国家主人翁的地位，这种从物质和精神两方面产生的内在激励力量将是无穷的。

2. 约束功能

作为一种社会工具，产权规范和制约个人的自利行为。产权实质上是一套约束机制，它决定着个人能拥有什么和不能拥有什么，可以做什么和不可以做什么。在企业产权制度下，产权的界定也意味着所有者、经营者和劳动者各自行为规则的确定。由于产权的利益是有限度的，因而在确认和保证其可以得到什么的同时，也确定了他的利益边界，限制了他不可能得到更多的利益，这种约束功能具体表现为企业内部的监督约束和企业外部的市场约束。

现实中，农民工的权益受侵害屡见不鲜，关键在于农民工没有劳动力产权，如果他们是“劳者有其股”，就可以作为股东的身份通过股东会或董事会解雇经理，也可以依靠股票市场“用脚投票”的规则形成对企业及经营者的约束。当然这种约束是双向的，“候鸟式”就业的农民工也不能随时离开企业而不受约束。

3. 资源配置功能

农民工劳动力产权的收益不同于他们的按劳动力价值分配获得的收入，按劳动力价值分配的收入最后转化为劳动力的生产和再生产，劳动力产权收益的一部分则转化为投资。为了获得投资的高额回报，必将把资本投到效益高的领域。当然这种投资还包括对农民工的教育培训、健康等方面的投资，这又有利于发展职业教育、体育卫生事业，从而使得有限资源在不同的行业部门间优化配置。

对任何一项资源的产权进行完全清楚的界定是不可能的，对农民工劳动力产权的界定也是如此，这既有人们思想认识的问题，也缘于其劳动力产权的具体权能所带来的权利具有无限性，农民工不可能拥有全部的知识了解这些权利，还由于界定其劳动力产权需要费用。这种不完全性导致了农民工劳动力的部分产权或外溢成为公共域（public domain）或入资方囊中。

4. 收益分配功能

收益权是劳动力产权中的一项主要内容，是其他各项权能的目的所在和归宿，故对劳动力产权的界定就必然是利益的分配。“牛吃麦子”的经典故事给我们以诸多启示。如果一开始农民工劳动力产权就没有被界定，资方就会获得更多的剩余索取权，农民工只能获得劳动力保全收入——工资。结果是财富在资方不断积累，而贫穷则在农民工方不断积累。收益分配的这种制度安排无疑漠视了农民工劳动力产权的价值，而由于我国农民工队伍庞大，这就必然会涉及整个社会，导致分配不公和两极分化。相反，如果承认农民工的劳动力产权，收入分配社会出现相对公平的局面，我国吉尼系数不断攀升的趋势有望得到遏制。

## 三、劳动力产权制度对劳动力市场的影响

产权是经济所有制关系的法律表现形式。它包括财产的所有权、占有权、支配权、使用权、收益权和处置权等一系列权利，这一系列的权利集合在学术上称为权能结构。在企业合约下，作为企业生产经营参与者的农民工是合约中的缔约人。同样，对于为建筑企业生产经营服务的农民工所拥有的技能、体力就应该被视为一类劳动力，其资本的拥有者就应该视为劳动力的天然所有者。同时，对人力资本产权一致认可为一系列权利的集合，即权能结构。结合前人的研究成果和建筑业农民工在进行劳动力交易时的表现，本文认为其权能结构设置按照主体归属、权益获取及持续发展要求来安排，突出所有权、收益权和发展权三项权能。

（一）所有权

所有权是对财产的占有、支配、使用等权利，是产权界定的前提，产权界定是对所有权安排的延伸，主要表现为所有者是否有权获取该项资产以及使用该项资产。所有权决定性的因素是对资产的形成，即投资的来源。因而，所有权的特征主要是通过农民工获取劳动力的途径、农民工运用资产进行交换的权利、资产抵押权以及由所有权决定的其他权利得到保障的能力。

1. 投资主体的非系统性引起资本价值获取零散性

资产计量原则视投资来源为取得权利的源泉，即谁投资谁受益。劳动力作为一种特殊的资本形式，其实体的天然性和后期培养的能动性决定了其投资来源渠道多样。我国建筑企业大多数还是采用传统的工作方法，对简单劳动力的需求很大，农民工队伍很人一批是在建筑业中壮大的。但作为一种进入门槛较低的行业，对农民工的劳动力基本投资往往是最容易忽略的地方。目前对农民工的基本劳动力投资来源主要有三项：一是体力资本，属于完全意义上的天然资本概念；二是农民工接受的基本国民教育。目前建筑业农民工队伍该项指标在整个农民工队伍中偏低，基本国民教育水平为七年，高中以上文化程度的不到10%，整体水平较低；三是从事作业工程后接受的培训，这类培训有很大的不确定性，有组织专门系统培训，也有直接通过作业过程积累技能，以便达到提升劳动力价值的目的，

但目前比例相对较低。Knight 等（2011）认为，我国农民进入城镇后，政府在就业指导方面的力度极小，其职业发展基本上是个体性的。相关数据表明，我国建筑业农民工参加过培训的仅占 10%，而美国、加拿大、荷兰、德国、日本农村劳动力中受过职业培训的比例都在 70% 以上。具有正规职业资格证的农民工比例仅为 10.5%，经过专业技能培训的农民工不到 7%，达到技师水平的不到 1%，高级技师不到 0.3%，且大部分获得的资格证都是在上岗以后由所服务的单位统一办理。

纵观投资来源，传统意义上的家庭、学校及社会来源渠道对劳动力形成的贡献有限，且系统性不强，个人的天赋和一些偶然的学习机会对于人力资本投资影响较大，整体造成劳动力价值取向较为含糊、职业发展选择不清晰。由于农民工投资来源的非系统性，不论是专用性知识还是综合性知识获取都不充分，劳动力所有权从资产角度表现为投资来源零散。

2. 农民工运用资产进行交换的权利呈现弱势

产权经济学视该类权利表现为资本的抵押性，反映资本能通过自身价值来置换其他权利。如常见的特权担保就是通过实物价值获取其他权利的能力。在产权经济学中认为高专用性的劳动力具有强抵押性（Demsetz，1967），如一个专业性人才可能在某一个行业具有很强的能力，在另一个行业价值极少。抵押性能延展交易的时间、期数和范围，决定了所有权权利实施的有效性，是资本充分逐利的基本保证。

据笔者组织的问卷调查，农民工从事建筑行业的平均年限为 3.64 年，而平均服务工程个数为 2.9 个，意味着每 15 个月要换一个工作环境（事实上，这个期限与平均建筑工期相统一）。由于雇佣方与农民工打交道时间短，双方获取交易的保证是实时交易的内容，即雇佣方按照提供的薪金和农民工提供实时的劳动，劳动力价值发挥只能保证现场有效。造成人力资本交易弱抵押性的原因有：首先，建筑业流动性大、建筑产品的生产周期短，决定了农民工没有足够多的时间和精力与服务对象建立良好的归属感，以团队和情感等方式表征的关系资本缺乏；其次，农民工本身技能不高，工作于企业边际收益影响不显著，其性质及业绩难以引起雇佣方的重视；最后，农民工技能的替代品多，雇佣方在进行资本选择时空间较大，使得农民工的个体劳动在群体劳动中难以以其劳动力作为抵押换取足够的信任与发展机会。

3. 制度失衡引起的基于所有权的基本权利受损

所有权作为一种法律权利，是为了维护基于所有权的其他一系列权益并从制度层面上予以保障。但农民工在取得权利时相关权利并不能完全保障。李实（1997）的研究表明，农民工进城后多数是通过个人的关系，服务对象主要是市场主导部门。建筑业作为一类典型的完全竞争市场，其农民工所有权的取得本身就是一种以市场为基础的自发性行为，制度对行为的约束处在严重滞后的态势。就交易模式而言，一致认可的方式是农民工劳动力获取雇佣方提供的物质资本。由于没有相关制度的约束及提供参考，不管是劳动合同还是传统的“行业规矩”，都很少提及这两项交易内容之外的内容，造成交易过程中内容被人为压低。由于忽视基于所有权的基本权利，与一般农民工相比，建筑业农民工存在双重丧失。一是一般农民工都可能遭遇的城镇社会保障体系缺失。农民工在从事各种脏苦险累工作并接受低收入待遇的同时，极少享受养老、医疗、失业、工伤及住房、教育等相关福利；二是建筑业的强流动性使建筑业农民工工作极不稳定，维权成本高，针对一些协商成本高的权利如合同细则等，会出现农民工主动放弃部分权利的现象。

（二）收益权

收益权反映的是在所有权基础上获取收益的权利。资本增值是资本存在的本质，对农民工劳动力而言，通过劳动力资本与雇佣方进行产权交易，就能获取资本带来的收益。除了正常的获取基本工资福利外，在收益权行使过程中表现出如下特征：

1. 先天弱势资本导致的产权主体交易能力低下

交易能力反映的是交易方以较低的成本方式实现资产价值的置换，较强的交易能力不仅表明市场对其价值的普遍认同度，也表明资本在交易过程中的优势地位。作为交易对象的农民工劳动力，一直以低交易能力的特征表现在交易过程中，具体来说，承载主体与交易方进行交易的交易成本很高，使得交易发生的难度大。笔者调研显示有超过70%的从业者是通过熟人介绍，通过自身联系或者通过其他中介服务联系的不到30%。如果没有熟人从事类似行业，就意味着相当多的建筑业农民工会脱离岗位。熟人介绍这种自发的工作联系方式虽然可以在一定程度上减少就业过程中交易途径，但对于农民工自身的工种选择、工作的可持续发展都存在较大的缺陷，当熟人离开工地，很可能意味着被介绍过来的农民工难以持续从事下一项工地的工作，从而造成工作时间短、工作内容不明确等问题。

低交易能力还表现为即使先期交易成功，也可能会由于交易双方的信息不对称使后续交易难以维续。对于从事建筑业的农民工，中间很大一部分是文化程度普遍较低，难以承担复杂性、专业性较强的工作。当他们试图参与劳动力交易时，面对的是一个准入门槛低的市场。雇主为了规避交易风险，采用低工资做法人为压低人力成本。为此，农民工接受的交易事实就是更多承担交易成本，以低工资来弥补雇佣方部分用人风险。

2. 信息不对称下交易被动性

建筑产品的实现是随着地域不断转换，同时，建筑产品在同一个地域属于唯一性生产，即需要多人协作，在特定的工作地点进行唯一性开发。在这种生产模式下，市场天然隔离，使农民工面临垄断属性的市场。农民工接收产品生产信息少，且多承担前期劳动力安置成本，一旦与企业形成雇佣关系，农民工前期固定成本收回需要一定的时间，因而形成劳动力主体的锁定，表现为“不得不接受”的被动局面。

在交易内容选择上，农民工由于缺少必要的培训和相关的理论知识，对工作内容也只是从工作实践中掌握，在缺少对工作性质全面了解前，农民工的交易内容只能通过熟人介绍或雇佣方的描述。在履行交易时，一般是通过模仿同行或者被动听从雇佣方安排，如果模仿对象本身就接受了被动协议或者听从了雇佣方的安排，新进入者往往会视这种行为规范为天然形成而默认。

（三）发展权

发展权反映资本补偿要求及未来增值要求，表明资本的可持续贡献能力。建筑业农民工作为经济社会转型中的重要主体，其出现及壮大表明在相当长一段时间内会存在，因而审视其发展要求、确保其持续贡献有很大的必要性。由于发展权涉及到培训、定价等内容，而这些内容是当前农民工研究中最突出的问题（于飞，2009）。发展权方面表现为：

1. 劳动力定价模式的不完整性

学术界对劳动力补偿的标准是参照资本的边际成本和边际收益相等，相关研究表明农民工劳动力存在价值低估的情况。钱文荣（2009）认为农民工服务的机构内部存在的“新的二元社会结构”，表现为已经进城就业的农民工与“城里人”存在明显的差别性，农民工在初次分配和再分配等各方面遭受了不公平的待遇。而在实际操作中，对建筑业劳动力定价的理论依据是会计计量，在《全国统一建筑工程基础定额》中人工工资标准部分，基本上是按照资本重置成本定价，即按照农民工较低的生理成本加上后天培训成本之和进行贴现。基于重置成本的定价方式有以下缺陷：首先，对成本的计量不完整，农民工生活在城镇里，忽略了农民工在建筑业中的产出水平，如果还是参照农民工之前的生活成本水平只会将农民工长期分割在城市之外，无论是对农民工的职业发展还是改善农民工在城市中的生活质量都存在严重欠缺；其次，这种基于历史数据的定价方式缺少对劳动力可持续发展的考虑，忽略了劳动力作为主动资产参与经济模型生产的意义，从而人为地降低了人力资本高边际产出的潜质。

2. 劳动力价值实现过程中的高风险性

农民工赖以交易的资本内容为技能和体力，在建筑业这种安全性较差的行业中，出现事故的情况时有发生。对于农民工而言，一旦由于某种原因使技能或体力受损，农民工的价值就会剧烈下降，其振荡的程度是以断点方式出现，即一次折损意味着全部价值消失。在这种高风险状态下，部分农民工会忽略职业的长期性，更愿意采用短期交易的方式实现劳动力价值。另外，就雇佣性质而言，项目的一次性也决定了雇佣方与农民工交易时间短，农民工通过现场得到的技能培训往往只是针对特定的工程环境，一旦工程环境变化，技术施展难度加大，这种基于特定工程环境的劳动力形成机制由于与工程条件关联度大，使得环境更换时带来的劳动力价值实现具备一定的风险。

3. 劳动力价值提升的曲折性

据笔者组织的调查，目前建筑业的农民工集中在20岁到40岁，而多数是采用“干中学”的劳动力价值提升方式。谌新民（2009）等运用Mncer收入方程，通过回归所得到的教育收益率是4.1%，“干中学”收益率只有1.2%，认为不可能通过“干中学”提升劳动力水平。由此，价值提升与年龄结构并没有必然联系，工龄的长短对价值认可并不具备绝对参考意义。农民工依靠折旧较快的体力和技能换取劳动报酬，视其为一份工作而不是赖以安全度日的职业。究其原因，首先，社会普遍存在职业归属认同，职业最终归向具有明显的历史特征，普遍认为农民工最终是要回到农村，建筑业农民工也不例外；其次，雇佣方对农民工劳动力价值判断单一，雇佣时关注的是特定技能，并且长时间作为交易的唯一依据，造成农民工其他劳动力价值非认同现象；最后，作为产权主体的农民工本身也缺少充分发掘个人潜力的激励，在所调查的农民工中，虽然一致认可具备正规职业资格证对从事工作益处较大，但群体参与考证的激励不大。在上述因素下，农民工持续劳动力价值提升难度高，发展权实现过程中变数较大。

## 第二节　劳动力市场治理结构对新生代农民工就业的影响

治理结构是对某一社会中竞争和合作关系以及企业组织方式进行界定的一般性规则。这种规则界定了合法和非法的控制竞争的方式。它们表现为两种形式：法律和非正式的制度性惯例。法律，即所谓的反托拉斯法、竞争法或反卡特尔法，存在于大多数的发达工业社会之中。这些法律的通过、实施以及对其进行司法解释的过程充满了争议（Fligstein，1990），而且这些法律的内容在不同的社会中具有差异。有些社会允许竞争对手之间进行广泛的合作，特别是涉及对外贸易的时候。有些社会则试图减少进入壁垒的限制以促进竞争。竞争不仅在社会内部，同时也在社会之间受到管制。不同国家通过设置关税和贸易壁垒，帮助本工业同外国竞争对手进行竞争，这些法律通常有利于市场结构中的特定部门。

市场社会还形成许多非正式的制度惯例，它们在现存组织中以“常规”的形式存在着，并且可以为其他组织中的行动者所用。这其中的传递机制包括职业协会、管理顾问以及职业经理人的换位流动（DiMaggio and Poweli，1983；Meyer and Rowan，1977）。这些非正式的惯例包括：如何安排一个工作组织（比如多分支部门的形式），如何起草劳动与管理合同，将企业边界设定在哪里，等等。举个例子来说，企业可以进行价格竞争但是如果它们侵犯了其他企业的专利或商业秘密，它们就可能与现行的法律产生冲突。非正式惯例还包括判断企业行为是否合法的主流看法，治理结构有助于确定合法和合乎规范的规则，企业正是利用这些规则来塑造自身及其与竞争对手之间的关系。通过这种方式，治理结构往往发挥着稳定这些关系的作用。

## 一、新劳动合同法

我国经济改革和经济增长取得举世瞩目的成就之时，城乡收入差距扩大、行业工资非均衡增长以及社会保障和劳动福利分配不均等问题却日益凸显，越来越受到政府、社会公众和学者的普遍关注。特别是，在工业化和城市化急速推进的过程中出现了大规模的农村剩余劳动力转移，从而产生了一种特殊的劳动群体——农民工。但由于中国社会保障体系与劳动用工制度改革滞后，他们的就业和劳动权益往往得不到保障，经常出现工资纠纷甚至工资被拖欠等现象。政府自 2008 年 1 月 1 日起施行《中华人民共和国劳动合同法》（以下简称《劳动合同法》，其基本原则是保护工人的合法权益，特别是像农民工这样的弱势群体的雇佣权益。这项法律安排在实际实施过程中是否能真正起到保护劳动者劳动权益的目的？为了评价《劳动合同法》的实施效果，本文选择了农民工这样一个特殊的群体进行研究。相比于企业高端劳动者而言，农民工对于这一制度的反应更为敏感。《劳动合同法》施行后企业也跟那些原来没有签订劳动合同的农民工签订劳动合同，则该法的施行就能够基本达到了其预期的制度效果。

《劳动合同法》的施行为人们进一步认识制度的实施效率问题提供了一个典型案例。《劳动合同法》施行后，不少学者对该法的实施效果进行了深入的讨论和反思。例如唐跃军、赵武阳（2009）的模型证明，相对于《劳动法》、《劳动合同法》通过加强解雇保护，提高知识型员工的努力程度，增加知识型员工和企业的收益，降低体力型员工的努力程度，减少劳动密集型企业的收益。虽然《劳动合同法》能提高在职体力型员工的收益，但由于企业缩减体力工作岗位，更多的体力型员工将会丧失就业机会。简而言之，对于高端劳工市场，《劳动合同法》是促进国家、企业和员工“三赢”的；而对于低端劳工市场，则可能导致“三输”。此外，已有大量经验研究成果表明，《劳动合同法》能够保障员工的工资福利水平（罗润东、王杰，2009；王杰，2009；张东辉、王杰，2009；王一兵、张东辉，2009）。但是，也有学者通过对该法律条文中约束条件的解读和对真实世界制度环境的考虑，指出《劳动合同法》会导致“铁饭碗”时代的回归（张五常，2009）。

此外，在《劳动合同法》施行后，有学者就农民工签订劳动合同问题进行了实证研究。刘林平、陈小娟（2010）的经验研究发现，制度压力越大的企业，农民工的劳动合同签订率越高。他们认为，在中国现有制度安排下，劳动合同不是西方意义上的工资谈判工具，只是劳资关系合法化的象征。劳动关系的实质性变迁取决于政府政策引导下劳资双方力量的博弈，作为国家力量产物的劳动合同是劳动关系走向规范化的起点。陈祎、刘阳阳（2010）重点讨论了《劳动合同法》的施行对于农民工收入的影响。他们用博弈论模型证明了签订劳动合同可以提高农民工收入，并且在一定条件下企业也可以通过生产率的上升而获利，从而实现“双赢”。在调查中，笔者发现在有效样本中，签订劳动合同的农民工占60.51%，但仍有39.49%的农民工未签订劳动合同（具体见表7－1和表7－2）。

从表7－1发现：女性农民工签订劳动合同的比例要高于男性。年龄在25至34岁的农民工签订劳动合同的比例最高；学历越高，农民工能够与企业签订劳动合同的比例就越高。从表7－2可看出：民营企业中农民工签订劳动合同的比例最低。企业的雇工规模越大，农民工与其签订劳动合同的比例也越高；高层管理人员签订劳动合同的比例比基层员工签订劳动合同的比例高出42.45%。这是否意味着企业为了减少《劳动合同法》带来的成本上涨冲击，更愿意跟高层员工签订劳动合同而减少跟中下层员工签订劳动合同？如果是这样，那么，为什么企业在《劳动合同法》下采取这种歧视性的合同订立行为？

表 7－1　被访农民工的个人基本情况及签订劳动合同情况（%）

| | 性别 | | 年龄 | | | | 文化程度 | | | |
|---|---|---|---|---|---|---|---|---|---|---|
| | 男性 | 女性 | 24 岁以下 | 25～34 岁 | 35～40 岁 | 45 岁以上 | 小学及以下 | 初中 | 高中或中专 | 大专及以上 |
| 被访者人数所占比例 | 70.00 | 30.00 | 40.13 | 40.76 | 11.47 | 7.64 | 3.82 | 38.85 | 29.30 | 28.23 |
| 已签订劳动合同的比例 | 58.18 | 65.96 | 61.90 | 62.50 | 55.56 | 50.00 | 50.00 | 50.00 | 63.04 | 67.21 |
| 未签订劳动合同的比例 | 41.82 | 34.04 | 38.10 | 37.50 | 44.44 | 50.00 | 50.00 | 50.00 | 36.96 | 32.79 |

表 7－2　被访农民工所在企业的具体情况及签订劳动合同情况（%）

| | 企业产权性质 | | | | 企业雇工规模 | | | 企业内部职业等级 | | |
|---|---|---|---|---|---|---|---|---|---|---|
| | 国有 | 集体 | 民营 | 外资 | 99 人以下 | 100～2999 人 | 3000 人以上 | 高层人员 | 中层干部 | 基层员工 |
| 被访者人数所占比例 | 8.98 | 10.19 | 66.18 | 14.65 | 42.68 | 37.57 | 19.75 | 1.27 | 9.55 | 89.18 |
| 已签订劳动合同的比例 | 73.68 | 80.00 | 48.75 | 74.19 | 40.30 | 70.42 | 90.32 | 100.00 | 80.00 | 57.55 |
| 未签订劳动合同的比例 | 26.32 | 20.00 | 51.25 | 25.81 | 59.70 | 29.58 | 9.68 | 0.00 | 20.00 | 42.45 |

本节的目的是考察《劳动合同法》的实施效果及其约束条件，这就首先需要 2008 年前还没签订劳动合同的农民工在 2008 年后签订劳动合同的比例。因为如果企业在 2008 年前就已经跟他们订立了劳动合同，2008 年后签订劳动合同的比例就难以准确反映《劳动合同法》中关于保护劳动者签订劳动合同权利条款的实施效果。调查发现，2008 年前未签订劳动合同的农民工中有 83%，在 2008 年后仍未签订劳动合同。只有 17% 的农民工是因为《劳动合同法》的施行获得跟企业订立劳动合同的机会。此外，66.24% 的农民工平均每周休息时间小于 2 天，即只有 33.76% 的农民工能够享受到《劳动合同法》赋予的法定休息权利。同时，对于加班的农民工而言，只有 40.76% 的农民工能够获得《劳动合同法》规定的加班工资。由此可见，有关农民工群体的劳动合同订立、法定休息权利和加班工资发放等劳动权益保护条款在实际实施中均出现了偏差，即制度设计目标与实际实施效果之间仍存在一定的距离。那么，为什么即使在《劳动合同法》

施行之后，这样的现象仍然在农民工身上发生？对此，应该采取或引进什么机制来改进制度实施的效率？或者说，在什么条件下，制度的实施会达到预期的目标？

我国工业化与城市化急速发展的转型阶段，出现了农村剩余劳动力大规模转移的现象，劳动力市场上因而存在着数量众多的农民工（劳动供给过剩）。再加上他们在求职时的决策是分散的个人决策，所以，其谈判工资时个人劳动收入不但较低，而且这个规模庞大的群体缺乏有效的集体行动组织。从而在劳动合同的签订、修改、变更和解除或者终止方面的谈判能力远远不如企业方，导致农民工在被雇佣时合法权益或工资收入得不到保障和实现。这是大规模群体在集体行动过程中不可避免的“组织失灵”的结果（Olson，1965）。换言之，对于农民工群体来说，仅仅靠他们在劳动市场上自发的个人博弈是难以形成在合同谈判上较高的要价能力的。如果要提高广大农民工的讨价还价地位，政府应作为第三方来调整劳资双方不对称的谈判地位，以解决农民工群体“协约失灵”的问题。

《劳动合同法》第一章总则第一条就明确该法的基本目标是“完善劳动合同制度，明确劳动合同双方当事人的权利和义务，保护劳动者的合法权益，构建和发展和谐稳定的劳动关系”。从新制度经济学的角度看，立法者以该新的劳动法律制度取代旧的劳动法律制度，其制度创新的目标就是提高像农民工这样的弱势劳动者群体的讨价还价能力，从而保障他们的合法权益。

应该承认的是，如果该法律能够得到有效实施，那么，广大劳动者群体的权益将得到法律保障，农民工工资拖欠等劳资纠纷问题也必将得到一定的解决。然而，这是以企业自由协约的经济权利受到国家强制性约束即“权利管制”为代价的，其后果将是权利租金耗散从而效率损失（企业利润下降且农民工权益受损）。更重要的是，为了减少租金耗散程度，那些原来没有与员工签订劳动合同的企业将采用各种非正式的隐性协议减少在基层员工特别是谈判能力较弱的农民工工资福利方面的支出，以补偿因与技术和管理型员工签订劳动合同而额外支付的员工福利费用，甚至为后者提供永久性职位。这样，以保护农民工这类弱势群体劳动权益为目标的法律设计只是强化了强势劳动力的权益，却导致弱势劳动者的雇佣权利被进一步侵犯和弱化。换言之，制度效果与原来的制度目标相悖，即该制度没有得到有效实施。那么，如何才能使一项制度安排得到有效实施？需要什么条件，一项制度安排才能够达到其设计目标？具体就《劳动合同法》而言，为什么一项旨在保护劳动者权益的制度反而削弱了弱势劳动者的利益。

一般地，“权利管制”就是指对权利集合中的任何一个或多个子权利的运用实施限制甚至删除（何一鸣、罗必良，2010）。首先，企业丧失与劳动者自由签订劳动合同的权利，这意味着该权利归国家所有而非企业私人所拥有。由于与劳动者签订劳动合同的权利被剥夺了，企业选择劳动者的范围被缩小，企业难以有效率地配置合适的劳动者资源，因而企业从使用劳动者中获取的收益（即租金）将减少。如果企业不能从对劳动者的选择中取得额外的租金，则它也就没有动力把劳动者运用到最有价值的地方。例如，在签订劳动合同权利被管制的条件下，企业自由选择劳动者而且最佳使用这些劳动者所获得的租金是 $R_1$；签订劳动合同权利被管制的企业无法选择那些愿意不签订劳动合同的廉价劳动者，从而企业租金最终下降为 $R_2$（$R_2 < R_1$）。那么，被耗散的租金就是 $\Delta R = R_1 - R_2$。这样，资源无法实现最优配置而造成的效率损失可以理解为一种租金耗散的现象（参见 Cheung，1970；1974）。此外，值得注意的是，租金耗散的程度完全取决于权利被管制的强度，即只要权利被管制住，租金耗散便会出现。而且，权利管制的程度越强，租金耗散便越严重。

按此逻辑，政府作为理性行为主体，也与企业一样通过各种方式最小化租金耗散程度。这里，本文把政府分为中央政府和地方政府，即它们分别是《劳动合同法》推行的首级和次级行动者。前者作为一个在行使“暴力潜能”上有比较优势的政治组织，“天然”享有实施法律制度的权力和宪政赋予的法律设计垄断权，加之它在组织公共物品供给上能获得规模经济效应以及能解决集体行动中的“搭便车”问题，中央政府足以凭借自身力量实施和监督《劳动合同法》。但是，中央政府实际上没有直接对企业签订劳动合同进行权利管制，而是把该权利管制的任务委托给地方政府。这里值得思考的问题是，既然中央政府具有实施制度的能力，为何不直接行使监督权而交由各类地方政府代办？这是因为，制度的实施和监督不但取决于主体的能力，还取决于其动机。将对企业签订劳动合同进行权利管制的任务委托给地方政府，是在考虑了中央政府对企业签订劳动合同进行权利管制的成本的基础上确定的，要让中央政府亲自实施和监督，就必须实现其租金最大化的目标。但是，中央政府在实现该目标的同时却面临信息和监督问题，为此需要耗费大量的信息成本，这是最大化租金的约束条件。具体地讲，经济中总是包含着不同经济组织的活动，这些企业组织具有不同的生产函数，中央政府要对每个不同经济组织的每个劳动合同签订行为进行监督，就必须耗费大量资源用于搜集所有企业的协约信息。这是一种非生产性的经济行为，会减少其垄断租金。因此，尽管中央政府“天生”具有实施法律制度和监督企业协约的能力，但信息成本的约束导致它缺乏有效实施和监督的动力和激励，从而下放监督权给地方政府，让后者对企业签订劳动合同实施权利管制。换言之，这是在信息费用约束条件下中央政府租金耗散最小化的理性选择。

## 二、建筑包工制

在当前的经济形势下，我国的工业化和城市化战略需要一种用工制度来保证在大规模、高速度的城市空间生产得以顺利进行的同时，地方政府的财政负担能够降到最低；土地资本同样需要一种用工制度来保证其在自身资金周转不利的情况下仍然能够顺利进行灵活积累。作为一种劳动力的招收、使用和管理的具体组织形式，包工制度所具有的对劳动力使用的非正式性、灵活性、去福利化以及低成本等特点恰好既契合国家对高速度、大规模的城市空间生产的需要又契合资本对于弹性积累最大化的要求。于是，包工制度得以广泛重生与继续推进，成为当前我国建筑行业通行的劳动用工方式。

所谓的包工制，是指建筑工程由建筑企业承办后，层层分包给大大小小不同规模的包工队，建筑工人在包工头的组织和带领下进行劳动。随着中国公有制单位制度的改革和国企改革，建筑行业不再雇用固定的建筑工人，在建筑工程普遍采取“转分包”方式进行组织的情况下，中国的城市建设大军主要由来自广大农村的劳动力构成，根据 2004 年中华全国总工会的统计，建筑业农民工数量多达 4000 万人，占全国农民工的 30% 以上，占建筑业一线人员的99%以上，建筑业已经成为吸纳农村劳动力转移就业的主要行业。在当代中国，建筑工人这个词汇已经不再是计划经济时代国有建筑单位的职工，而是指改革开放后进城从事建筑施工的农村劳动力。这些劳动力主要通过包工制方式组织起来。

包工制作为一种劳动力的组织形式，在早期西方资本主义时代以及在我国半封建半殖民地时代曾兴盛一时。随着工人运动的兴起、劳动法规的制定以及生产方式的革新，用工方式逐渐消失。而当代包工制度在我国的重现可以追溯到20世纪80年代，1984年国家颁布的《关于改革建筑业和基本建设管理体制若干问题的暂行规定》中提出的建筑施工企业管理层和劳务层的“两层分离”标志着我国的建筑业产业结构的巨大变革，建筑企业固定用工从1980年的占所有用工的72%降到了1999年的35%。施工企业自有员工主要是管理层和技术人员，而具体劳动环节则采取专业分包和劳务分包，建筑一线工人主要是来自跨省市和地区流动的农民工。随着旨在“保障资本积累的连续性，避免经济萧条”的新空间发展在我国展开，尤其在海外市场萎靡、国家面临经济危机的时期，过剩的工业资本向空间生产进行大规模转移。于是，在国家财政与政策大力支持下的城市空间生产为包工制度再度被资本青睐提供了新的历史背景。

当今建筑行业中包工制的独特性正是与这种不规范的生产体系息息相关。当房产和建筑业已然承担着拉动国家经济发展的重要任务，但其生产体系和资金运营却弊病百出时，一种“非正式的用工制度”就为资本和国家所需要来掩饰或隐藏其中的各种矛盾。通过正式的工程管理与非正式的社会关系控制相结合，包工制度在整个建筑行业的生产组织过程中发挥了重要的作用。对上而言，垫付式的施工形式一方面缓解了上游企业以及土地资本的资金困境、降低了虚拟资本运营的压力。对比而言，包工制通过非正式的社会关系对劳动力进行更加灵活而有效的调剂和控制，保证了劳动力雇佣弹性、使用弹性和支付弹性。另外，通过将对下的管理权限完全交付于包工头，上游企业几乎避开了所有与底层工人进行交往的机会，各种劳动问题造成的矛盾冲突被局限于包工队伍内。这种用工制度使得空间的生产和土地资本的积累得以在危机重重、问题丛生的情况之下仍然能够稳定而迅速地发展。

个案1：在某写字楼的施工现场，我们认识了铁工王某某。他已经在深圳做了12年的建筑工人，妻子李某也随之打工7年了。夫妇是在舅舅和舅妈的介绍之下来该写字楼建设工地做铁工的，这已是他们流转的第9个工地了。说起位于四川达县的家乡，除了对青山秀水的怀念便是对贫穷和劳苦的感慨：

> 现在家里能出来的都出来了，五六十岁在家带孙子的才没出来。去年我回家，那种感觉太荒凉，道路边杂草都很深了。这两种生活（城市与农村）的对比太强烈了，最少相差四十多年。我们家旁边有九间房子，房里都长草了。小孩几年没见我们当爹妈的，感觉很生疏。小儿子一岁多我就出来，现在都十二岁了。在家，没钱养他们，出来挣钱却不能管教他们。出来还有面子的原因，出来找不找到钱只有自己清楚，在家里没钱人人都清楚。

随着城乡经济差距的拉大、基本物价的提升，农村土地已经逐渐失去了其承担劳动力再生产的功能。在城市化背景中，边缘地区的社会是以达成中心地区社会利益的方式被组织起来的，农村社区的破败与衰落是农民外出打工的重要动因。而对于在城市的次级劳动力市场中既缺乏性别和年龄的优势，又缺乏知识和技能等人力资本的中年男性农村劳动力而言，进入门槛低、劳动密集、分布广泛的建筑行业似乎是他们可选范围内的最好选择。

在城乡之间空间地理不平等的状况下他们不得不外出务工，而一旦外出务工，农民工的劳动力使用和再生产便在户籍身份制度设置下进入了一个更受限制的空间，再生产策略与我国国内空间和地理的不平等相结合，构成了资本和国家的空间战略。在全球资本的经济逻辑（最大限度获取劳动剩余价值，迅速进行资本积累）与社会主义国家的政治逻辑（通过控制劳动者的流动和使用方式以尽快实现工业化和城市化的目标）共同作用之下，农民工面临着一种充满悖论并且非常割裂的生存状态。“农民工”作为劳动主体，其劳动过程中辩证统一的两个方面是劳动力的使用与劳动力的再生产，在社会与空间的意义上被人为地割裂与拆分开来。“工人”是一种职业身份，意味着城市接纳了他们作为劳动力的职业身份进城打工以满足国家发展和资本积累的需要；而“农民”是一种制度性身份，意味着他们只是城市中临时性的劳动力，城市没有为他们提供相应的社会福利和保障，也无需负担其长期劳动力再生产，一旦他们的劳动力不再被城市需要，他们也就无法在城市继续生存下去。如果说“宿舍劳动体制”是这种劳动力使用模式在工厂中的表现，那么其在建筑业中的具体形态则表现为“包工制”。我们将中国对农村劳动力的使用及其再生产在空间和社会意义上的割裂称之为“拆分型的劳动力使用模式”。这种拆分型劳动力使用模式对劳动过程中的劳资关系以及劳动控制与反抗产生深远影响，塑造出农民工模糊的身份认同和暧昧的阶层地位，从而为包工制度的存续提供了稳定的社会基础。

劳动力再生产包括生产资料以及使生产资料得以实现的劳动力的日常生活以及长期的再生产。社会再生产主要依赖于以代际以及日常生活为基础的生物性的劳动力再生产，包括衣食住行以及医疗照顾等方式。除了保障生存的手段之外，劳动力的生产与再生产还要求一套文化形态与实践。哈维对跨国生产政治经济的空间性分析的洞见提示我们全球资本的一个核心悖论：资本流动的需要是在全球范围内实现生产的去地域化；然而当资本进行全球化的时候，生产总是会发生在“某地”。这就意味着必须在特定空间里拥有安置劳动者的临时性设施。

可以说，全球资本主义的政治经济是同时嵌入于制度与地方实践之中的。生产过程的地方化策略、对地方社会以及劳动控制的影响，这些都是全球资本主义政治经济的重要组成部分。在这一过程中，国家的调节行为（通过税收的循环和国家支持的债务表示出来）在确定社会工资和规定“文明的”及“道德上可以接受的”教育、健康、住房等水平方面发挥着关键的作用。如果说哈维强调了资本积累的空间性逻辑对社会再生产的决定性影响，那么布洛维则从生产政治的分析范式出发，对劳动过程理论进行了批判，恢复了对生产体制的政治和意识形态结果的分析（Burawoy，1982）。布洛维将劳动力再生产作为生产体制的重要维度之一，并强调工人用以维持自身劳动能力的再生产和其家庭生存的劳动力再生产模式必然受到国家提供的各种制度安排（产业制度、福利制度、就业保障制度等），在某些条件下甚至还包括国家的直接治理手段等国家干预的影响。

针对工业化过程中存在的大量移民劳动的不合理再生产模式，国家权力的有意识的运作和安排不仅没有对其进行削弱和改变，反而将其加固，从而有效降低工业生产成本，减少城市化的压力。

对于城市政府而言，通过包工制这种拆分型的劳动力使用模式，农民工再生产的负担被转嫁给资本，城市在无需支付过多成本的情况下获得了一支吃苦耐劳的劳动力队伍，进而达到国家大规模、高速度城市化的目的；对于资本而言，通过包工制组织劳动能够最大程度降低劳动用工成本，并保证劳动力雇佣、使用和支付上的最大弹性，在实现土地资本快速积累的同时转嫁和隐藏存在于建筑行业中的各种问题和矛盾，使得国家战略和资本策略得以实现的社会基础则是二元体制造就的拆分型劳动力使用模式。通过对农民工劳动力的使用，并将其劳动力使用与劳动力再生产、劳动力长期再生产与短期再生产拆分开来，农民工模糊的身份认同和暧昧的阶级地位被塑造出来，劳动力的弹性雇佣、弹性使用和弹性支付得以实现。从这个意义上说，作为中国本土实践的“包工制”和“宿舍劳动体制”在本质上是一致的，只不过资本第二循环的本质导致了劳动价值被进一步贬低和忽略，因此在这个缺乏管制的行业实践中，包工制的表现更为极端和突出。

## 三、农民工组织

农民工民间组织是指在我国出现的直接并主要为农民工及其家庭提供服务的民间公益性组织，具有民间性、公益性、直接性、针对性和开放性等特点。农民工民间组织的这些特征，使得它们明显区别于政府机关和企业组织，也区别于其他民间组织。珠三角是农民工分布最为集中的地区，根据广东省总工会的统计数据，目前广东全省共有2200万农民工，约占全国的1/5，是全国吸纳农民工最多的省份。同时，珠三角农民工大多从事五金、建筑、纺织等行业，权益也存在受损问题。农民工权益得不到保护，维权行动越来越普遍。一方面，由于公共权力保护不力，农民工通过法律手段维权的成本高、收益小，个体维权的各种力量过于弱小，引发了各种极端维权现象的发生，给劳资关系、经济发展和社会稳定带来了冲击。[①] 极端行为"维权"的本意，是希望引起社会关注、造成巨大影响，从而追回欠薪。农民工"为权利而自杀"，不惜以自杀来引起关注的想法，虽然值得同情，但也绝对不能鼓励。另一方面，随着市民社会的权利意识越来越强，政府政策与公众舆论环境的不断好转，农民工自发组织的或社会精英组织起来的或境外非政府组织在某些城市设立的分支机构等民间组织不断发展壮大，它们在维护农民工的权益方面发挥着越来越重要的作用。许多农民工在权益受损时，开始寻求"组织"的帮助。对于不断出现的各种农民工民间组织，政府趋向"绿灯"放行。

资源依赖理论（Resource Dependency Theory，以下简 RDT）萌芽于 20 世纪 40 年代，70 年代以来被广泛应用于组织关系的研究，其主要代表作是 Pfeffer 和 Salancik（1978）出版的《组织的外部控制：一个资源依赖的视角》。RDT 提出以下四个重要假设：（1）组织最为关注的事情是生存；（2）没有任何组织能够完全自给自足，组织需要通过获取环境中的资源来维持生存；（3）组织必须与其所依赖环境中的要素发生互动；（4）组织的生存建立在控制与其他组织关系的能力基础之上。运用资源依赖理论分析农民工民间组织的制度环境、所需资源、依赖性及策略行为，有助于拓展对农民工民间组织的认识。1989 年颁布的《社会团体登记管理条例》确立了"分级登记、双重管理"的模式，自实施以来就广受民间组织、学术界甚至执法部门的非议。近年来，我国政治发展的一个重大举措是推行基层自治，积极发展民间自治组织已成为必然趋势。

20 世纪 80 年代以来，在全球公民社会和跨国联结理念的引导下，许多国外民间组织进入中国，极大推动了我国与全球公民社会的接轨。我国境内开展社会活动的非政府组织大约有 300 多万家，其中境外在华非政府组织大约有 1 万家。我国农民工组织包括以下几种类型：政府主导型、官民结合型和民间自治型。其中，政府主导型农民工民间组织是以政策、法

① 在百度搜索引擎中用"讨薪、自杀"为关键词，且要求关键词"仅网页的标题中"进行检索，找到相关网页约 1470 篇。自 2000 年出现"农民工全城围堵工头"事件引起社会关注后，"农民工绑架工头讨薪"、"农民工以跳楼威胁讨薪"等新闻层出不穷，非理性程度越来越高，离真正的、受法律保护的"维权"也越来越远。

规为指导的农民工组织；民间生发型农民工民间组织以社会资本为主要联系纽带，“老乡帮老乡，很快结成帮”往往采取“人多势众”和“踩线不越线”等“谈判游说”策略；外部输入型农民工民间组织的发起人多为律师、学者，以及具有社会公民意识的人士引进外部力量得以举办和发展，大多受到国际民间组织的影响指导和项目资助，通过建立联盟伙伴关系，实现社会服务效益的最大化，其策略为“联盟伙伴”。

## 第三节　控制理念与新生代农民工的就业

控制理念反映了企业中的行动者就内部组织原则（即等级制的形式）、竞争与合作的技巧（即策略）和企业在某个市场内所处的等级或地位所达成的特定市场协议。它们是“地方性知识”的一种表现形式（Geertz，1983）。控制理念是历史与文化的产物，它们特定地形成于某一社会某一产业的历史发展过程之中。控制理念又具有文化属性，因为它们形成了一系列关于特定市场如何运行的理念和惯例。一个稳定的市场是一个社会场域，控制理念决定了处于支配地位的销售企业和处于挑战地位的销售企业之间的社会关系，支配企业借此不断地将这种社会关系再生产出来。

在一个特定市场中，行动者采取行动的目的是为了在企业内部和外部创造并维持一个稳定的市场，从而使得占统治地位的销售企业能够生存下去。控制理念既是一种认知理念，它们构成了行动者对特定市场该如何运行的认识，也是对特定市场中实际存在的社会支配关系的反映。因此，控制理念是特定市场中的社会组织工具。控制理念既是一种世界观，它使得行动者能够理解他人的行动，同时，控制理念也是市场建构方式的一种反映。

### 一、职业主义、管理主义与专业主义

这里并非是对工业社会的雇佣关系史进行历史的和社会学的事无巨细之比较的合适场合。尽管如此，借助这个理论工具，来探讨美国、德国、日本和法国的雇佣系统和制度变迁的历史，还是非常有益的。

我们这里使用的是“理想类型”的方法，我们将根据这些社会当前的

结构来审视这些社会的发展趋势。接下来的一些研究是推测性的，因为针对这里所提出的观点还没有开展相关的研究。从笔者理论视角来看，德国是最符合职业主义特征，法国是最接近国家专业主义模式，日本是管理主义的典范。而美国则反映了专业主义和管理主义的相互妥协。其实通常的情况在一个国家中，各个产业按照各自的模式进行组织，有的产业使用这种雇佣系统，有的产业使用那种雇佣系统。但是既然国家可以被看作是赋予雇佣系统合法性的单位，那么我们也可以假定存在一个统一的雇佣系统。

（一）德国：职业主义

19 世纪 70 年代，德国发生了一次颇有影响的协议谈判事件，其中一方是俾斯麦政府，另一方则是重工业产业。德国是一个后发工业化国家，它的经济特点是卡特尔以及由国家和银行介入的高度整合的经济体系，德国在生产资料以及出口产业上具有很强的实力，它当时的目标便是追上英国和其他先进的工业化国家，并建立起强大的军事力量。但是，它的雇佣系统却深受强大的工会影响。这一相对比较强大的力量，使国家和企业在追求快速的工业增长过程中，授予工会很多重要的特许权，并最终导致德国职业主义系统的产生。

尤其引人注目的是以下两个方面：国家在早期建立先进的社会福利供给体系的方式以及旨在培养差异化技能的教育系统如何创建（Muller，Ringer and Simon，1987；Ziegler，1997）福利体系赋予工会以独立于其雇主的地位，从而促进了工会的产生。功能分化的技术教育体系则使潜在的专家群体和经理们，很难剥夺工人所拥有的专业技术（Caplan，1990；Streeck，1984）。这两种制度合起来使得工会有激励，致力于在产业内部建立起跨越企业界限的组织。国家对劳动关系进行了干预，但从长远来看，这种干预无法抑制工会的成长以及社会民主党的发展壮大。国家在创造白领和蓝领工人之间的差别方面则显得比较成功。社会保险法给予白领和公务员特权，使这些群体和工人之间建立联盟的可能性微乎其微。但是并没有任何法律条款禁止不满的白领联合起来，因此，工程师和其他白领群体在 20 世纪也纷纷建立起强大的工会。技术工人似乎已经成功地满足了德国企业对技术的需求。由于德国经济的重点是制造业，因此其经济的技术密集程度高，有利于工人的组织。

第二次世界大战结束以后，德国经济的复苏使维护工人和雇主之间的“社会协定”的议题，重新回到人们的视野中。工人也应该拥有企业的控制权的思想，是雇主和工人之间保持长期合作的历史的反映，也是德国工人拥有相当强的政治和经济力量的反映。很多学者指出，德国劳工体系的特点是工人和经理之间的区别相对较小，因此他们之间的等级差异较低（Streeck，1984；Maurice，Sellior and Silveste，1984；Jurgens 等，1993；Thelen，1991）。

20 世纪 90 年代，有些学者认为在全球竞争的压力之下，这种雇佣系统正在趋于崩溃（Strccck，1996）。但是支持这一看法的证据仍然难以收集（反对的证据参见 Jurgens，Malsch and Dohse，1993）。即使是斯特里克（Streeck，1996：156 ~ 170）也认为核心体系更多地呈现出的是适应而非转型。十分明显的是，随着德国对制造业的依赖度越来越低，更多的专业主义或管理主义体系将会在新兴产业中出现。

（二）美国：管理主义—专业主义

美国拥有一个更为多样化的教育系统。而且，相对于其他大多数工业化国家，美国拥有一个较少受政府指导的社会保险制度。美国的工人阶级组织历来是十分弱小的，而从理论上说，能够导致职业主义雇佣关系出现的工人和专家之间的联合一直都没有出现。正是这个原因，我们可以说，管理主义雇佣关系于 20 世纪初在美国处于主导地位，并呈现出与专业主义雇佣关系不断融合的趋势。专业主义雇佣关系出现在美国的新兴经济部门之中，因此它并未取代原有的管理主义雇佣体系。20 世纪 30 年代开始，美国经济的核心部门管理主义模式和职业主义模式之间相互妥协的情况也开始逐渐有所表现。

19 世纪末，美国经历了一波猛烈的工人运动。但是在一系列的劳工斗争中，那些业已建立的工会，如劳动骑士协会被雇主们的协会彻底击败和摧毁了。美国联邦政府和州政府对这种组织工会的努力，不是放任自流就是公开反对（Voss，1993）。到了 1920 年，管理主义在美国的雇佣关系中开始扮演越来越重要的角色（Jacoby，1997）。因此“泰勒制”或“福特制”能够在美国雇佣关系的形成过程中占据主导地位，就不足为奇了。

当然，美国的劳工运动不断地抵制这种态势的进一步发展，瓦格纳法案（1937）也使组织工会更加容易。经历了在众多核心产业中所发生的流血冲突之后，产业内的企业和工会开始接受一种职业主义和管理主义相混合的模式。在汽车、钢铁和其他核心产业中发展起来的雇佣系统，反映出了工人在这些产业中所具有的相对强大的组织力量。管理主义在企业中仍然占主导地位。但是一些职业主义的要素，开始渗透到美国劳动力市场的实践中来。工作规则、职业生涯和事业升迁以及利益关系，开始进入到谈判之中。

雅各比（Jacoby，1997）认为工人和管理者的冲突，促使企业的管理主义理念将为工人们提供各种企业福利（如养老金、医疗保健以及其他好处）纳入其中。他们大多以消极的态度看待这些发展，对于工人如何获得相对强大的力量，从而能够迫使企业主考虑工人的权益这样的问题，并没有详细考察。在美国，专业主义的真正发展与壮大是在第二次世界大战结束以后，这种扩张是由战后美国受过高等教育的人口迅速增加所致。第二次世界大战以后，G. I. 法案招收了数百万的退役士兵进入大学，而他们所接受的高级培训，创造出了一个战后时代的专家“市场”，大量的专业化规划项目在战后得到推广。因此，一个很有意义的研究领域，便是记录下曾经试图实行专业化的群体数并且对他们取得了多大的成功加以评价。

大体上来说，企业的所有者和经理们都不反对其各类雇员群体的专业化。这些专业技术群体，无论是顾问、专家、工程师还是学术团体，都就职和受聘于各类大中型的商业机构。国家在这一过程中的作用是相对被动的。对专家的资格认证是由专业协会承担的。大学中的教育精英有力地推动了这一进程，因为这一进程强化了他们对社会稀缺资源的控制。

（三）法国：国家专业主义

与德国和美国相比，法国经历了工业发展的第三条道路。法国从一开始就建立了多样化的消费品工业，并未出现后发工业国家所特有的银行高度介入、高集中度，以及以生产资料为重点产业等特征。拉希和厄里（Lash and Urry，1987）指出，这是因为当时法国的工业化程度已经非常高了。和英国一样，法国也必然经受“领先的惩罚”（Veblem 1939），但是，法国政府相对于英国政府来说，却更加倾向采取干预主义做法，政府很早就开始了对本国雇佣关系和教育系统的干预。因此，法国政府推动了国家专业主义雇佣关系的形成。

国家之所以能够支配雇佣系统，主要是因为在不同的历史时期雇主或工人组织都不能主导产业内的雇佣关系，工人们和雇主之间的斗争通常会变得非常激烈和具有革命性。只有国家以及依附于国家的专家组织才能有效地控制这种斗争。资格证书就成了这个领域的“硬通货”，精英教育制度的建立培养出了这样的精英，他们认为自己的作用是通过政府而非私营经济管理社会。因此，现行的雇佣系统的产生，是国家对经济加以干预，以及那些拥有证书的“干部”和专家逐渐渗透到经济之中的结果。布迪厄（Bourdieu，1996）曾分析了精英学校和国家或产业的管理者及专业人员所接受的培训之间的密切联系。

博尔坦斯基（Boltanski，1987）对该群体的形成做了研究，认为该群体的产生可以追溯到20世纪30年代的经济危机。我们可以将他的研究视为对国家专业主义控制理念在法国经济中制度化的研究。但是，对于这种控制理念是如何作为一种雇佣系统实现制度化这一问题，在这个研究中很难找出答案。如果要回答这一问题，我们需要更多的信息，包括法国政府是如何确证蓝领和白领群体之间的关系的。在这些主要群体中，都曾经出现过哪些制度化了的劳动分工（Bohmiski，1987；Iish and Urry，1987；Ziegler，1997），

（四）日本：管理主义

布洛维（Burawoy）指出，日本社会的特点是“国家很少或不提供社会保障，也不参与制定有关企业运行的规则”（Burawoy，1985：141）。日本与德国都是后发资本主义国家表现其“后发优势”的经典个案（Veblen，1939），日本开始工业化的时间相对于其他案例来说是相当晚的。和德国一样，日本的发展重点也是生产资料制造业和出口产业。但是其生产作业的结构，国际化的程度，以及这些产业的组织模式与德国完全不同。总体来说日本劳动力的组织化程度不高，相反，日本企业的组织化程度却很高。

在第二次世界大战以前，日本政府主导着工业化进程，但是其经济仍然掌握在少数的家族手里，这些家族在处理劳动关系时具有很大的自由。

第二次世界大战后，日本以“自上而下”的方式制定了与美国相似的劳动法和反托拉斯法，在朝鲜战争之前，日本经历了一段时期的猛烈的阶级斗争，但到20世纪50年代初就结束了。这些阶级斗争的结果是促进了企业联合会制度的出现，导致国家对劳工事务的干预相对于美国来说更少，并导致了一种新型商业群体经联（keiretsu）的产生，工人们取得的主要胜利是建立了终身雇佣制度。日本雇佣体系中出现的这一重大妥协，使其管理主义的纯粹程度有所降低。

这个特征值得我们特别关注。有必要指出的是，日本工人所具有的高度的工作保障，仅限于日本工业中的核心企业。在经济衰退期，核心企业就会强迫外围供应商和客户接受该企业的多余工人，这种情况会沿着产业链一直向下延伸，直到那些最小的企业不得不裁掉自己的员工（Kalleberg and Lincoln，1988）。这样实际上就形成核心产业的“霸权”体系与不提供工作保障的外围产业的“专制”体系的结合。然而，正如怀特希尔所说的，“不管（企业）是否真的实行过终身雇佣制，它仍然是所有公司，不管大小，尽力追求的理想目标”（Aoki，1988）.

日本的教育制度是对盛行的组织结构合法化的强有力的机制。他还指出底层之间的地位一致性和上层之间明显的地位等级体系相结合，共同创造出了忠诚而温顺的工人（Roblen，1983）。底层的学生为了能够进入名牌大学，不得不进行激烈的竞争，以便日后能够被获准纳入终身雇佣体系，正是因为那些接受过高等教育的大学生，都对能够终身在一家企业工作具有非常强烈的期望，日本企业就会在企业内施行广泛的继续教育项目。然而，大学毕业生一旦进入该制度之后，就不得不接受泛职业生涯的理念。每隔三到五年就会有一次工作轮换，这是每一个经理人在职业晋升过程中都会遇到的事情。

日本的经理人并不像美国的经理人那样是纯粹的多面手，也不像德国的经理人那样是固定在某一职业岗位上的专家，日本的经理人是“复合型专家”。在日本核心企业中，主要的差别体现在企业的最高管理层和普通雇员之间。相对于其他国家的企业来说，在日本蓝领工人和白领工人之间的界线是相当模糊的（Koike and InokiF 1990 ；Kuwa，1989；Dore，1973）。技术是在企业中创造出来的。可以说，它们视为特定的企业而用

(Dore and Sako, 1989)，属于企业专有的技术增强了工人对企业的忠诚度和归属感。

## 二、宿舍劳动体制

我国资本的流动（通常是跨国流动）与劳动力的流动（通常是国内的跨地区流动）经常联系在一起，并且总是嵌入在“生产空间”这个比较复杂的政治经济学范畴之中的。我国的产业劳动者们大多并非来自工厂所在地，而是来自地区之间流动的农民工，这些外来农民工作为产业工人在工厂的停留是暂时性的，他们通常居住在工厂所提供的宿舍之中。因此，研究生产过程必须要研究劳动力的再生产，尤其是日常生活的再生产。

任焰等（2006）当代中国工厂大量使用外来农民工，并利用工厂宿舍对工人进行暂时性安置，以此来承担劳动力。日常再生产的用工形态概念化为“宿舍劳动体制”(dormitory labour regime)。通过宿舍劳动体制，产品的生产空间与劳动力的日常再生产空间合二为一，工人与工厂被紧密地粘合在一起。宿舍劳动体制意味着以工厂为中心的劳动力日常生活的再生产，管理权力对工人生活的渗透，对工作日和劳动时间的随意延长及灵活控制。而在某种程度上，传统市场经济中的“劳动—生活居住”分离式的生产体制则不具备上述的“优势”。为了更加有效地使用劳动力，劳动力的生产与再生产过程被同时并入同一种劳动体制，宿舍劳动体制这种“劳动—生活居住”一体化的生产形态被塑造出来。通过宿舍劳动体制，资本将生产的“空间范畴”整合到了它的运作逻辑之中（Stoiper & Walker, 1989 ; 157)。

个案 2：张某某，男，24 岁，建筑工地工人。初中毕业后，跟本村一个包工头从河南农村老家到晋中打工。几年来，他一直从事建筑工作，虽然工地挪了又挪，工友换了又换，但他一直住在工地提供的集体宿舍。

> 我每天干完活，就在宿舍和人们（工友）打牌，到小卖部看电视，有时候也去逛逛，尤其到快回家的时候，就到市场给家里人买衣服什么的……我就想尽快攒够钱，光彩礼就得 4 万。我这

还是少的，我们那边好多都上5万了。我现在攒了有2万……结了婚，可能还会出来打工，可能待在老家，说不上……

作为一种另类的社会空间形态，宿舍劳动体制随着全球化生产的去地域化而在我国出现。以张某某为代表的这部分农民工，绝大多数都是出于增加经济收入的目的，将家庭成员留在农村，只身来到城市打工。因此，他们长期体会不到家庭生活的乐趣。由于居住在集体宿舍，也决定了其生活的集体性特征，致使个体与城市社会生活场所的接触极其有限。在消费、闲暇生活、社会交往和社会参与等方面与普通市民差异巨大，更多保留了农村社会生活的特征。因此，不仅普通市民缺乏对他们的市民身份的认同，连他们自己都缺乏自我认同，对他们而言，城市只不过是个暂时居留的场所。总体来看，他们处于一种“只有工作没有生活或者社会生活被严重弱化”的状态。

**表7-3 不同居住方式下的每天工作时间**

| | 一天工作小时数 | | |
|---|---|---|---|
| | 样本量 | 均值 | 标准差 |
| 宿舍劳动体制 | 182 | 9.1 | 1.8 |
| 非宿舍劳动体制 | 100 | 8.7 | 1.6 |
| 总计 | 282 | 8.8 | 1.7 |

调查结果显示（见表7-3），农民工平均每天工作约为8.8小时（有效样本量为775，标准差为1.7），超过每天8小时标准工作时间。比较来看，宿舍劳动体制的农民工每天工作时间约为9.1小时，非宿舍劳动体制农民工每天工作时间约为8.7小时；回答上个月加过班的农民工为454人，每天平均加班时间为2.4小时，超过法律规定的加班上限。在有过加班的农民工中，宿舍劳动体制下农民工平均每天加班时间为2.5小时，其他农民工加班时间平均为2.3小时。两种居住类型农民工的每日工作时间和每日加班时间的均值相对接近，方差分析结果显示，居住方式与每日加班时间的方差分析结果（$F=1.5$，$P>0.05$）不显著，说明居住方式对每日加班时间没有影响。居住方式对每日工作时间的方差分析表明，不同的居住

方式对每天工作时间有显著影响，宿舍劳动体制下的农民工每天工作时间要长于非宿舍劳动体制下的农民工。

衡量农民工的工作时间权益除了每日工作时间和每日加班时间外，是否有休息休假时间也是一个重要的方面。调查显示，74.9%的农民工周末不能休息，69%的农民工不能在法定节假日休假，甚至有14.4%的农民工没有假期。从居住方式来看，宿舍劳动体制下的农民工能在周末休息的比例为18.6%，比非宿舍劳动体制下的农民工低11.1%，差异显著（$X2=12.4$，$P<0.05$）；宿舍劳动体制下的农民工能在法定节假日休息的比例为27.9%，比非宿舍劳动体制下的农民工低6%，差异显著（$X2=2.5$，$P<0.1$）；宿舍劳动体制下的农民工没有假期，需要一直上班的比例为23.7%，比非宿舍劳动体制下的农民工高15.9%，差异显著（$X2=39.7$，$P<0.05$）。表明居住方式对农民工是否休息和休假有显著影响，宿舍劳动体制下的农民工和非宿舍劳动体制下的农民工在休息、休假上差别较大。

从工时上看，不同居住方式的农民工在每天工作时间上有显著差别，宿舍劳动体制下要长于非宿舍劳动体制，而在休息、休假上也有差别。宿舍劳动体制的休息和休假时间少于非宿舍劳动体制。从工资上看，宿舍劳动体制与非宿舍劳动体制在月平均工资上没有差别，对是否有加班工资、工资是否被拖欠和实际收入与应得工资是否不一致也没有显著影响。从社会保险上看，宿舍劳动体制下农民工获得医疗保险、养老保险和失业保险的比率要远远小于非宿舍劳动体制下的农民工，由于农民工所从事的行业特征的影响，在工伤保险的获得上则没有差别。总之，宿舍劳动体制对农民工的权益保护产生了负面影响，企业为工人提供宿舍从表面上看是一种企业福利，实际上是为生产服务的，农民工在获得这种企业福利的同时，付出了更长的劳动时间、相同的工资水平和较低的社会保险权益代价。

## 三、“工地社会”失范

古典社会学家迪尔凯姆认为：“个人行为必须由社会规范控制。”而“社会失范”是指由于缺乏明晰的社会规范从而无法准确引导社会成员行为的一种社会情境（杰克·D. 道格拉斯，1987）。也就是说，社会存在规范混乱或真空的地方，就容易存在个人道德的丧失，“失范”就是在这种情境下发生的。美国社会学家默顿在继承迪尔凯姆理论“社会失范”的基础上，认为个人行为包括价值规范对目标的制约以及社会结构对实现目标手段的制约。但是，当目标和手段不相一致或不平衡时就会产生冲突，从而出现社会失范。日常情境中，假如社会成员能够通过社会规范所认可的途径或手段实现理性目标，社会规范就发挥了积极作用，此时社会成员的行为属于遵从行为。反之，当规范失效，社会规范的目标和社会所认可的手段不均衡，社会成员则容易产生越轨行为，其形式主要有创新、形式主义和造反等。

伴随我国经济的快速成长和城市化进程的加快，大量农民工进入城市。但是，农民工并没有真正融入城市社会，而是长期处于城市社会的边缘，并且形成了自己的“小社会”，一种主要的积聚形式就是各种各样的“工地”。尤其是伴随房地产业兴起的大量的建筑工地，已成为农民工居留城市的一个重要场所。尽管“工地社会”主要由农民工组成，但是由于地域差别、城市价值体系的介入等因素的影响，农村原有的社会关系、价值体系在此发生了巨大的变化和扭曲，容易出现社会目标与实现目标的手段之间的失衡，于是“工地社会”出现了“失范”现象。所谓“工地社会”失范指“工地社会”中所发生的场域内失范现象，诸如欠薪、犯罪、安全事故等。在“工地社会”诸种失范现象中，欠薪问题尤为突出，其关系农民工切身利益，也最受社会关注。

在当代中国的媒体叙事中，“欠薪”问题是与农民工群体相关度最高的话题之一。农民工讨薪难，“集体讨薪”、“暴力讨薪”，甚至“自残式讨薪”等事件层出不穷。根据通行的劳动力产权交易规则，产权交易必须以货币或者实物补偿为媒介。在欧美资本主义国家，存在着低工资、延长劳动时间等剥削手段，但却少有欠薪发生。而当前中国大量的工地上，农民工不仅承受着劳动时间长、劳动强度大、工作环境艰苦、工资收入低的压力，而且普遍面临被欠薪的问题，以至于引起中央高层的关注。

笔者的调查结果显示，有73%的农民工都曾经遭遇欠薪问题，有65%的农民工不能正常按月足额领取工资，平均每个农民工每年被欠薪3420元。但具体而言，欠薪的方式各有不同，性质也有差异，大体而言分为非恶意欠薪与恶意欠薪两大类。

1. 非恶意欠薪

由于工地农民工岗位的特殊性和季节流动性，农民工工资多数以工作周期为单位来结算，农民工工作周期结束或春种、秋收、春节返乡时，与包工头或者承包方结算当期劳务。

个案3：王某某，男，35岁，来自河南林州，在临汾建筑工地打工5年。

我一年就领两次工钱，一次是回老家收麦子，老板会发一部分工钱。一次是回家过年，老板发一年中剩下的大部分。其实平时在工地也没什么地方花钱，回家前能结算工钱就行。工头都是一个村的，欠了也不怕……

上述个案中的情形在调查中一再发现，周期发放工资是工地社会一种普遍的模式。由于工地社会中浓厚的地缘甚至亲缘关系，劳务费发放与收取双方存在一种非正式的契约关系，但这种契约关系很容易受到外来因素的冲击而演化为恶性欠薪行为。

此外，在工程项目立项和管理过程中，开发商习惯将“施工企业先行垫付工程款”作为招标的一个必要条件，而在工程项目建设过程中分批拨付工程款，甚至工程结束后才拨付。因此，承包方为减轻资金压力，也习惯性地等工程进行到一定阶段或者工程结束时跟农民工结算工资。

个案4：张某某，男，42岁，来自山西长治，从事建筑行业10年。

我们也不是不想给民工按月发工资，现在找个工人也不像以前那样容易，尤其是熟工、大工。干我们这行经常需要垫付工程款，工程结束才能结算，资金压力大，为了保证工程顺利进行，早日完工，经常也只能等拿到工程款再发工资，大部分工人也能理解。……

上述欠薪类型尽管非出自承包商本意，而是受行业规则限制和约束被迫采取的非规范行为，也能获得农民工的认可和接受。但这种欠薪行为具有更多不确定性，由于开发商、承包商的经营风险、技术风险、市场风险大量存在，工程项目一旦中止，开发商撤资或潜逃，将直接演化为恶意欠薪。媒体事件中也经常见到承包商由于无法领到工程款，迫于经济压力或欠薪的道德压力而采取袭击开发商或者自我毁灭等极端行为，以彰显良心。但随着欠薪性质的变化，农民工已经无可争辩地成为恶意欠薪的受害者。

2. 恶意欠薪

恶意欠薪是工地社会失范中的一种极端行为，调查中发现恶意欠薪经常包含以下几种情况：一种是开发商和承包商等相关利益方之间相互推诿，即便工程结束也出于各种目的故意拖欠农民工工资。一种是由于开发商或者承包商经营不善等其他原因导致工程项目失败，为了降低成本或者尽量挽回损失而逃匿。还有一种情况是承包商领到工程结算款，为了谋求暂时利益最大化，拖欠农民工工资甚至携款潜逃。

个案5：李某某，男，34岁，湖北荆门人，在太原建筑工地打工三年。

> 来太原第一年就被老板欠过工钱，那个工地我们村有十几个人都在那边干活，盖完楼工头去和老板结算，老板说没钱，不给，后来我们把事捅出去，那老板被查了，等了一年才拿到工钱。……

恶意欠薪剥夺了农民工的有偿劳动，涉嫌诈骗，属于严重的违法行为，也是有关部门重点治理的目标之一。但事实上，恶意欠薪的现象却时有发生，调查中至少有20%的受访者表示曾经历过不同规模的恶意欠薪。当数目较大、受害者群体规模较大时，可以通过采取法律行为或者向有关组织寻求援助获得补偿。当金额较小或者受害者为单个群体时，由于维护权益的成本较高，受害者往往只好采取被动接受或极端行为。此外，超时工作、加班不加薪也属于一种隐性的恶意欠薪行为。为了赶工期，加快资金回笼，农民工经常被要求加班加点工作，我们的调查显示，农民工平均每日工作时间为11.5个小时，除了节假日加班有时会领到加班工资外，平时超时间工作的报酬经常被忽略。农民工由于种种原因也只能采取默认，被动接受剩余价值被无偿剥夺。

恶意欠薪严重破坏了劳动力产权交易规则和工地社会的正常秩序，是工地社会典型的越轨行为。恶意欠薪使农民工利益遭受直接损失，侵犯了农民工的基本人权和合法权益，同时影响了行业规范、经济发展和社会稳定。

学术界从不同学科对农民工欠薪讨薪问题做了深入分析，法学研究者普遍认为导致农民工欠薪问题的根源是我国相关法律制度的长期缺失和政府的普遍不作为，经济学家则认为这个问题根源于我国经济秩序混乱和国家宏观调控力度不足，而社会学家一般从社会个体的道德失范以及社会控制的失败等方面展开研究。“欠薪”被当作劳动过程的控制手段，在市场因素的作用下，剥夺了劳动者自由退出的权利，将他们束缚在工地，保证了建筑业劳动过程的顺利进行（亓昕，2011）。笔者认为，“欠薪”是一种典型的违背劳动力产权交易规则的社会越轨行为。劳动者在恶劣劳动环境下，出卖自己的劳动力，却无法得到相应的补偿，长此以往势必会打破“工地社会”的劳动法则和生存秩序，从而引发“工地社会”的失范和动荡。

在我国当前结构转换、机制转轨、利益调整的社会转型期，人们的行为方式、生活方式、价值体系都会发生明显的变化，导致许多社会问题产生，并引发大量的社会失范现象。现在，社会学中所谓的“失范”主要有以下三种表现方式：第一种是因为无制度无规则而引发的“失范”现象；第二种是尽管有制度有规则，但是由于个体的不遵守而导致引发的“失范”现象；第三种是由于新、旧制度或规则的冲突而引发的“失范”现象。转型社会期间，传统的社会规则、价值观念、行为理念被打破，而新的却未及时建立起来，从而产生价值和规则的“薄弱地带”甚至“真空地带”。如果同时缺乏完善的科层制约束和法律制度的保护，制度失灵就极易发生，社会失范行为就产生了。欠薪问题是社会失范行为的一个缩影，其根本原因在于社会转型期经济、法律和文化的失范以及失灵。

第一，劳动力市场的分割与失范。我国劳动力市场长期呈现分割状态，其中城乡劳动力市场的分割尤其突出。尽管近年来出现过几次短暂的“民工荒”现象，但仅仅是受到全球金融危机和产业结构的冲击所致。总体来看，由于我国农村剩余劳动力过多，农民工劳动力市场仍呈现供大于求的格局。因此，农民工劳动力市场是一个典型的“买方市场”，而且农民工经常处于次级劳动力市场层次，在该市场中，普遍存在劳动待遇不合理、劳动管理不规范、劳动保障不充分等一系列问题。总之，农民工在劳动力市场的被动地位是造成农民工相关问题的根源。

第二，劳动契约无法强制性实施。按照新古典经济学的相关理论，市场并非独立运行并发挥效应，政府的介入不可避免。但是，政府的作用主要是保证竞争的公平性，提高市场的运行效率。在这种情况下，假如雇主有破坏或侵犯劳动契约的企图和事实时，政府能够凭借合法的强制手段保障契约继续发挥效力（李萌，2004）。农民工由于处于劳资关系的弱势一方，其利益很容易遭到资方侵犯。在一个不对等的劳动力产权交易格局中，契约关系很容易失效，企业主可以低成本地不履行劳动契约。而且地方政府为获取更多的权力租金，往往倾向于与利益集团合谋，致使对劳动契约的实施过程监控失灵。

第三，行业规则失范。建筑行业由于进入门槛较低，行业内经营者、管理者和从业者整体素质不容乐观，行业制度不规范，行业风气恶劣、行业没有诚信机制。尤其是建筑行业内部“施工企业先行垫付工程款”的潜规则的盛行，很容易发生开发商拖欠工程款现象，最终波及劳动力产权市场的末端——农民工群体。因此，行业管理不规范和规则失范，也是造成工地社会失范的重要诱发因素。

第四，企业主道德风险所致的机会主义倾向。在劳动力产权交易过程中，作为理性“经济人”的企业主一方，存在巨大的道德风险。企业主往往选择不规范的劳动契约侵占农民工权益，或者直接否定劳动契约以达到个人利益最大化。同时，如果劳动契约强制实施失灵，行业监管不力，在此情况下企业主会权衡拖欠农民工薪水获得收益和付出成本，假如收益大于成本，便会萌发机会主义，对农民工作出欠薪的行为（李萌，2004）。

第五，法律制度缺失导致企业主违约成本过低，无法维护农民工合法权益。现在除了国家颁布的《劳动合同法》，针对农民工权益保护的专门法律、法规还是空白，具体反映在保障和维护农民工合法权益方面的立法行为的缺失或不断延迟，还有政府对政策法规的宣传力度太小。法律制度的缺失可以产生两方面的后果：一是企业主的违约成本过低，当企业主不会因为拖欠工资或者实施其他侵犯农民工权益的行为而受到法律严惩，他就会因为可能受到的惩罚成本太低，而拖欠甚至恶意克扣农民工的工资。另一方面，农民工为维护自身合法权益而要经过繁琐的法律程序、支付诉讼成本甚至丢掉工作机会的成本，过高成本会使得农民工采取妥协姿态，致使失范现象持续产生。

# 第八章　研究总结与政策启示

## 第一节　研究总结

本书通过在山西省若干市县展开广泛的问卷调查，用翔实的数据剖析了欠发达地区新生代农民工就业的基本现状，从新生代农民工的就业观、就业能力、就业支持与保障、就业障碍等维度对新生代农民工就业问题展开全面而深入的研究。从本书的研究来看，农民工就业传统模式最大的弊端是以服从经济发展为主导，忽略了社会协调发展，导致牵引农民工流动或驻留的“推力”和“拉力”弱化。另一方面，农民工社会支持不足，表现在：其一，就业歧视，他们与拥有城市户口的工人往往同工却不同酬，同工却不同权，同工也不同福利，甚至有些单位拒绝新生代农民工；其二，普遍缺乏技能支持，据资料统计，仅有11%的新生代农民工具有一定的职业技术能力，大多数人没有很好的技术，因而在薪酬方面很难得到有效提高，往往多年维持在一个低水平层次上；其三，户籍制度使新生代农民工处于“城乡之间”的尴尬地位，一方面，新生代农民工很少从事农业生产活动，并渴望脱离农村，另一方面，户籍制度又使他们难以融入城市。这使得新生代农民工既不是农村人又不是城市人，他们的未来充满了种种的不确定性。①

制度障碍是新生代农民工就业的最大障碍之一，当前对新生代农民工影响力最大、最直接的制度主要有户籍制度、土地制度和社会保障制度。需要以新的观念和理念指导，创新新生代农民工就业、安置和待遇等方面的制度与模式，寻求经济与社会发展的协调与平衡，保证劳动力要素畅顺

① 见拙文《新生代农民工的社会支持》，《光明日报》2014年2月10日第007版.

流动，实现其最优组合。当前，新生代农民工已成为我国产业工人的重要组成部分。但是，新生代农民工服务资源整合工作相对滞后，已经成为制约新生代农民工就业的重要瓶颈因素。为此，应重点整合行政、劳务信息、培训、维权四大资源，积极开展多渠道、多层次、多形式的新生代农民工服务工作，大力打造全方位、系统化、创新式的新生代农民工服务新格局。从特定意义上说，这是检验社会公平正义、和谐共富的一块“试金石”。

影响新生代农民工就业的因素很多，其中社会资本在新生代农民工就业中作用巨大；社会资本的基础在于信任。社会资本在更大范围内具有非合作性和非转移性。由此造成的后果是：对于最早进入某一地区的新生代农民工而言，由于社会资本为零，在没有劳动力市场、劳动中介等正式制度形式支持的情况下，先导式的转移和就业将会非常困难。这将阻碍劳动力向新地区的流动，形成新地区的劳动力短缺；同时在某一社会资本存在的地区造成劳动力供给过剩，因而不利于全社会劳动力资源的优化配置。

劳动力市场就业歧视是一个世界性的问题，无论是发达国家还是发展中国家都不同程度地存在着这一问题。而新生代农民工就业歧视是我国劳动力市场上特有的现象。第一，新生代农民工与城市就业人口在城市就业过程中存在着两种基本关系，即零替代关系与替代关系；第二，城市就业人口能否充分就业，并不取决于新生代农民工的存在与否，以及数量的多少。因此，这种现象在较长时期内还将继续存在。要尽快消除这种现象，至少应从以下三个层面着手：第一，政府层面。政府是就业政策和就业制度的制定者和执行者，要想消除对新生代农民工的就业歧视，必须首先从政府层面入手。在取消城市倾向的就业政策的同时，也取消对城市就业人口不合理的制度性保护。第二，雇主层面。规范雇主的雇佣行为，制定规范的岗位说明书。第三，新生代农民工应进行生产率特征差异与市场歧视的恰当判断，与其妄自菲薄，不如树立竞争和学习的意识，延长接受系统教育的时间，努力寻找培训与开发的机会，以提高自己的“禀赋值”。

解决新生代农民工问题需要多管齐下，政府担当起自己的责任将是最重要的。因为无论是制定政策框架，还是建立和完善法律制度；无论是对新生代农民工搭建公共就业服务的平台，还是营造平等对待新生代农民工的社会环境，都离不开政府。新生代农民工问题的严重性和复杂性，要求政府出面加以统筹研究解决。因此，政府要发挥主导作用。法制的实施离不开政府，新生代农民工与其他群体的分歧需要政府公正裁判，新生代农民工素质提升需要政府投入相应的财力、物力与人力，新生代农民工融入城市尤其需要政府完善现有的政策体系。导致新生代农民工问题出现的原因十分复杂，既有城乡分隔的历史惯性影响，更有现实中群体利益的分歧与冲突，还有社会心理及传统制度安排对现实政策的排斥。新生代农民工就业歧视行为的存在，导致了不同群体之间的矛盾，成为社会不稳定的隐患。因此，要解决好新生代农民工问题，就必须打破二元经济结构，在深化户籍制度改革、建立城乡统一劳动力市场、建立健全新生代农民工社会保障体系等方面加大力度。

本书的创新之处有两个方面：第一，研究视角创新，目前关于新生代农民工问题的研究汗牛充栋，尤其是近年来出现了大批有代表性的研究成果，但上述成果多数是围绕新生代农民工生活状况、思想状况、城市社会融入等方面而展开，鲜有对新生代农民工尤其是欠发达地区新生代农民工就业问题展开的较为深入的研究，本书一定程度上弥补了这一研究领域的不足。第二，在新生代农民工就业障碍的问题上，本书引入了弗雷格斯坦市场社会学的政治文化方法论工具，从解析劳动力市场结构的角度着手，分析新生代农民工劳动力市场的结构及其在结构中的地位和角色。当前中国内地农民工劳动力市场中，劳动力产权是市场建构的重要因素，其中，在所有权方面，由于投资主体的非系统性引起资本价值获取零散性，农民工运用资产进行交换的权利呈现弱势，而制度失衡引致其基本权利受损；收益权方面，农民工先天弱势资本导致的产权主体交易能力低下，信息不对称下农民工收益权交易呈现被动性。因此，从某种意义上，本书是利用市场社会学分析框架对新生代农民工劳动力市场进行研究的一个积极的尝试。

## 第二节　政策启示

当前，随着经济大发展和社会大开放，流动就业农民工的稳定性特征正逐步显现并不断强化，出现了三个新的趋势：(1) 农民工就业吸纳能力将进一步增强。“十二五”期间，我国仍然处于工业化、城镇化快速发展的阶段，我国经济增长速度有望保持8%以上。城镇化是我国最大的内需所在，国家实施扩大内需战略，转变经济发展方式，将会积极推进城镇化。产业结构、需求结构将会进一步优化，服务业比重有望进一步提高，将为扩大农民工就业提供持续支撑。（2）劳动力市场供求格局的新变化将推动农民工工资趋势性上涨。15~40岁人群是农民工的主力，但这群人的数量已从1995年高峰期的4.5亿人，下降至目前的4.1亿人，占我国总人口的比例也从38%下降至30%。据最新的预测，我国劳动年龄人口在2016~2017年达到高峰后开始绝对减少。上述因素将直接导致青壮年劳力的“招工难”。此外，劳动力市场不仅技工严重短缺，而且普工紧缺也呈常态化，季节性用工短缺与一些行业常年缺工并存。劳动力市场供求格局的新变化，必然会使得企业重视保护劳动者权益，带来了农民工工资上升，有利于改善劳动收入在国民收入初次分配中比例。（3）农民工市民化面临新机遇。吸纳农村转移人口在城镇落户，实现永久性转移，是城镇化的重要目标。“十二五”期间，随着城镇化过程的加快，国家将深化户籍制度改革，加快落实放宽中小城市、小城镇特别是县城和中心镇落户条件的政策，促进符合条件的农业转移人口在城镇落户并享有与当地城镇居民同等的权益，农民工市民化步伐将大大加快。

因此，未来十年甚至更长时间内，农民工政策导向应该重点集中在以下几方面：

第一，加快户籍制度改革步伐。深化户籍制度改革，加快落实放宽中小城市、小城镇特别是县城和中心镇落户条件的政策，各地根据实际情况，制定具有稳定就业、稳定收入、稳定住所（包括租房）和一定居住年限为基本条件的农民工户口迁入标准，促进符合条件的农业转移人口在城镇落户并享有与当地城镇居民同等的权益。同时，加快社会管理配套制度改革，逐步将农民工纳入本地各项社会管理，促进住房、医疗、子女教育、社会保障等基本公共服务均等化。大城市要积极稳妥地探索解决符合条件的农民工户籍办法，对农民工中的劳动模范、先进工作者和高级技工、技师以及其他有突出贡献者，应优先准予落户。

第二，健全覆盖农民工的公共就业服务体系。加强政府公共就业信息服务，推进各省市区间公共就业服务机构之间的信息对接，省内城市和县乡公共就业服务机构之间的信息对接，加强基层就业和社会保障基础设施建设，加强12333等政府公共服务信息平台建设，健全政府就业指导信息发布制度，引导农村劳动力转移就业和合理流动。以网上服务和网下服务相结合的方式，为农民工提供就业指导、技能培训、创业服务、维权指定、子女教育等综合信息服务。完善劳务协作制度，输出地和输入地政府劳动就业部门间要加强协作，开展有组织的就业培训和“订单式”劳务输出。鼓励公共就业服务机构和社会各界开展广泛合作，联合建立公共就业信息服务平台，借助现代通信、呼叫中心、互联网技术等，为农民工提供就业服务。规范职业中介和劳务派遣，多渠道多形式促进农民工就业。

第三，以健全农民工职业技能培训和教育体系为重点，提高农民工的就业能力。加强农民工职业技能培训，重点培养技能适用型和技术熟练型农民工。完善政府主导，官民并举，输出地和输入地联合，学校教育、机构培训与远程培训结合的多层次农民工职业技能培训体系，提高培训效率和质量。增加政府对农民工培训的投入，提高培训补贴标准，扩大培训覆盖面，以省级统筹为重点，集中使用培训资金，建立规范的培训资金管理制度。统筹农村劳动力转移培训工程的各种资源，鼓励有条件的地区探索推行“培训券”，完善培训补贴管理方式，让农民工自主选择需要培训的实用技能和职业学校，提高农民工就业的市场竞争力。强化企业培训责任，落实企业培训资金，按规定提取职工工资2%用于职工培训，提升农民工的技能，增强农民工的就业能力。发挥行业组织的指导作用，加强产学结合的农民工培训。加强培训基地建设，支持用人单位建立稳定的劳务培训基地，以实现就业为目标，组织开展订单培训、定向培训，增强培训的针对性和有效性。在农民工中推行国家职业资格证书制度。通过财政补贴，降低农民工参加职业技能鉴定的费用，鼓励参加培训的农民工经过考核鉴定获得培训合格证书、职业能力证书或职业资格证书。

第四，依法维护农民工劳动权益，建立农民工工资合理增长机制。全面贯彻落实《劳动合同法》，切实提高农民工劳动合同签订率。大力推进劳动合同制度，制定和推行规范的劳动合同文本，加强对用人单位订立和履行劳动合同的指导和监督，任何单位都不得违反劳动合同约定损害农民工权益。切实加强女工和未成年工权益保护力度，严惩介绍和使用童工的违法行为。建立农民工工资合理增长机制。完善工资保证金制度，加强工资保证金账户管理，强化工资支付监控，积极运用公证法律手段规范劳动合同关系，确保农民工工资按时足额发放。制定应急预案，避免和及时处理因欠薪问题导致的各种突发事件。加强对地方制定、调整和执行最低工资标准的指导监督，合理确定并适时调整最低工资标准，制定和推行小时最低工资标准，制定相关岗位劳动定额的行业参考标准。推进同工同酬，消除就业歧视。完善劳资谈判、工资集体协商制度，加快建立保障农民工工资及时支付和正常增长的长效机制，加大对拖欠工资行为的处罚力度，确保农民工合理分享经济发展成果。

第五，推进覆盖农民工的城镇保障性住房体制改革。对于在城市稳定就业一定年限、有一定经济能力的农民工，在保障性住房上应给予市民待遇，比照城市居民收入标准，提供廉租房、经济适用房、限价商品房。鼓励各地比照廉租房政策，在农民工集中的开发区和工业园区、城中村改造点、城乡接合部建设相对集中的农民工公寓，以及其他适合农民工特点的经济租用房，逐步将解决农民工住房问题纳入城镇住房保障体系。

# 参考文献


Arum, Richard & Walter Muller (eds.) 2004, *The Reemergence of Self-Employment: A Comparative Study of Self-Employment Dynamics and Social Inequality.* Princeton, NT: Princeton University Press.

Barney, J. 1991 " Firm Resources and Sustained Competitive Advantage." *Journal of Management* 7.

Bates, Robert H. 1981, *Markets and States in Tropical Africa: The Political Basis of Agricultural Policies.* Berkely: University of California Press.

Bian, Yanjie & John Logan 1996, "Market Transition and Persistence of Pwer: The Changing Stratification System in Urban China." *American Sociological Review* 61.

Bian, Yanjie &Zhanxin Zhang 2002, "Marketization and Income Distribution in Urban China, 1988 and 1995." *Research in Social Stratification and Mobility* 19.

Bogardus, E. S. 1925, "Measuring Social Distance." *Journal of Applied Sociology* 9.

Boyd, B. K., S. Gove & M. A. Hitt 2005, "Consequences of Measurement Problems in Strategic Management Research." *Strategic Management Journal* 26 (4).

Brinton, Mary C. & Victor Nee 1998, *The New Institutionalism in Sociology.* New York: Russel Sage Foundation.

Bryant, Christopher G. A. & E. Mbkrzycki 1994, *The New Great Transformation?* London: Routledge.

Burawoy, Michael 1982, *Manufacturing Consent: Changes in the Labor*

*Process under Monopoly Capitalism.* Chicago: The University of Chicago Press.

Canon, L. K. & K. Mathews, Jr. 1971, "Ethnicity, Belief, Social Distance and Interpersonal Evaluation : A Methodological Critique." *Sociometry* 34.

Davis, G. , K. A. Diekmann & C. Tinsley 1994, "The Decline and Fall of the Conglomerate Firm in the 1980s: The Deinstitutionalization of an Organizational Form." *American Sociological Review* 59.

DiMaggio, Paul J. 1988, "Interest and Agency in Institutional Theory." in *Institutional Patterns and Organizations: Culture and Environment*, (ed.) by Lynne G. Zucker. Cambridge, MA: Ballinger Pub. Co.

Djilas, M. 1957, *The New Class: An Analysis of the Communist System rf Power.* New York: Praeger.

Durkheim, Emile 1984, *The Division of Labor in Society.* New York: Free Press.

Donald E. Super, Edward G. Knasel. 1981, Career development in adulthood: Some theoretical problems and a possible solution. *British Journal of Guidance & Counselling.* (2)

Fugate M, Kinicki A J. 2004. Employability: a Psycho so cial Construct, its Dimension, and Applications. *Journal of Vocational Behavior.*

Fan, Joseph P. H. , J. Huang, F. Oberholzer - Gee, Troy D. Smith & Mengxin Zhao 2007, "Diversification of Chinese Companies - An International Comparison." *Harvard Business School Strategy Unit Working Paper* No. 08 -007.

Flanagan, William G. 1990, *Urban Sociology - Image and Structure.* Boston: Allyn and Bacon.

Fligstein, Neil 1985 "The Spread of the Multidivisional Form among Large Firms, 1919 - 1979." *American Sociological Review* 50.

Gane, Nicholas 2004, *The Future of Social Theory.* London: Continuum.

Gbld, Thomas 1991, "Urban Private Business and Social Change." in *Chinese Society on the Eve of Tiananmen: The Impact of Reform*, (eds.) by Deborah

Davis & Ezra Vogel. Cbuncil on East Asian Studies, Harvard University.

Gddens, A. 1985, *The Nation State and Violence* . Cambridge : PDlity Press.

Gedajlovic, E. 1993, "Ownership, Strategy and Performance: Is the Dichotomy Sufficient?" *Organization Studies* 14 (5) .

Hoskisson, R. E. & T. Turk 1990, "Corporate Restructuring Governance and Control Limits of the Internal Market." *Academy of Management Review* 15 (3) .

Jargowsky, P. A. 1996, "Take the Money and Run: Economic Segregation in U. S. Metropolitan Areas." *American Sociological Review* 61.

Johnson, M. K. & M. M. Marini 1998, "Bridging the Racial Divide in the United States: The Effect of Gender." *Social Psychology Quarterly* 61.

Keister, L. 1998, "Engineering Growth: Business Group Structure and Firm Performance in China's Transition Economy." *American Journal of Sociology* 104.

Law, Pui - lam, Leopoldina Fortunati & Shanhua Yang (eds.) 2006, *New Technologies in Global Societies.* Singapore: World Scientific Publisher.

Lee, Ching Kwan 1998, *Gender and the South China Miracle Two Worlds of Factory Women.* Berkeley: University of California Press.

Li, Hrngbin & Scott Rozelle 2003, "Privatizing Rural China: Insider Privatization, Innovative Contracts, and the Performance of Township Enterprises." *China Quarterly* 174.

Lin, Angel & Avin Tong 2008, "Mobile Cultures of Migrant Workers in Southern China: Informal Literacies in the Negotiation of (New) Social Relations of the New Working Women." *Knowl edge, Technology, and Policy* 21.

Marx, Karl 1946, *Capital: A Critical Analysis of Capitalist Production.* London: Allen and Unwin.

Misa, Thomas J., Philip Brey & Andrew Feenberg (eds.) 2004, *Modernity and Technology.* US: The MIT Press.

Mosco, Vincent 2004, The Digital Sublime: *Myth, Power and Cyber-*

space. Cambridge, MA: MIT Press.

Nee, Victor 1989, "A Theory of Market Transition: From Redistribution to Markets in State Socialism." *American Sociological Review* 54.

Ngan, Raymond & Stephen Ma 2008, "The Relationship of Mobile Telephony to Job Mobility in China' s Pearl River Delta." *Knowledge, Technology, and Policy* 21.

Nosanchuk, T. A. & B. H. Erickson 1985, "How High is Up? Calibrating Social Comparison in the Real World." *Journal of Personality and Social Psychology* 48 (3).

Nyiri, Kristof (ed.) 2005, *A Sense of Place: The Global and the Local in Mobile Communication.* Vienna: Passagen Verlag.

Oi, Jean C. 1985, "Chmmunism and Clientelism: Rural Politics in China." *World Politcis* 37.

Parish, William L. & Ethan Michelson 1996, "Pblitics and Markets: Dual Transformations." *American Journal of Sociology* 101.

Peng, Yusheng 1992, "Wage Determination in Rural and Urban China: A Comparison of Public and Private Industrial Sectors." *American Sociological Review* 57.

Poole, Willard C., Jr. 1927, "Distance in Sociology." *The American Journal of Sociology* 33 (1).

Putnam, R., R. Leonardi & R. Nanetti 1993, *Making Democracy Working: Civic Tradition and Modern Italy.* Princeton: Princeton University Press.

Qian, Yingyi 2000, "The Process of China s Market Transition (1978 - 1998): The Evolutionary, Historical, and Comparative Perspectives." *Journal of Institutional and Theoretical Economics* 156

Rona - Tas, Akos 1994, "The First Shall Be Last? Entrepreneurship and Communist Cadres in the Transition from Socialism." *American Journal of Sociology* 100.

Schurmann, Franz 1968, *Ideology and Organization in Communist China.* Berkeley: University of Glifomia Press.

Shue, Vivienne 1980, *Peasant China in Transition: The Dynamics of Developmen Toward Socialism*, 1949 – 1956. Berkeley: University of California Press.

Solinger, Dorothy J. 1999, *Contesting Citizenship in Urban China: Peasant Migrants, the State and the Logic of the Market.* Berkeley: University of California Press.

Szelenyi, Ivan 1978, "Social Inequalities in State Socialist Redistributive Economies." *International Journal of Comparative Sociology* 19.

Tilly, Charles 1990, *Coercion, Capital, and European States: AD* 990 – 1990. Cambridge, MA: Basil Blackwell.

Topalov, Christian 1989, "A History of Urban Research: The French Experience since 1965." International Journal of Urban and Regional Research 13 (4).

Unger, Jonathan 1984, "The Class System in Rural China: A Case Study." in *Class & Social Stratification in Pcst – Revolution China*, (ed.) by J. L. Watson. Sydney: Cambridge University Press.

Walder, Andrew G., Bobai Li &J. Donald Treiman 2000, "Politics and Life Chances in a State Socialist Regime: Dual Career Paths into The Urban Chinese Elite, 1949 to 1996." *American Sociological Review* 65.

Wank, David L. 1999, "Producing Property Rights: Strategies, Networks, and Eficiency in Urban China s Nonstate Firms." in *Property Rights and Economic Reform in China*, (ed.) by A. G. Walder. Stanford, California: Stanford University Press.

Woon, Yuen – Fong 1999, "Labor Migration in the 1990s: Homeward Orientation of Migrants in the Pearl River Delta Region and Its Implications for Interior China." *Modern China* 25.

Wu, Xiaogang & Xie Yu 2003, "Does the Market Pay Off? Earnings Returns to Education in Urban China." *American Sociological Review* 68.

Wu, Xiaogang, 2007, "Inequality and Equality under Chinese Socialism: The Hukou System and In – tergenerational Occupational Mobility." *American*

*Journal of Sociology* 113.

贝克尔，2007，《人力资本理论：关于教育的理论和实证分析》，郭虹等译，北京：中信出版社。

边燕杰，1998，《找回强关系：中国的间接关系、网络桥梁和求职》，《国外社会学》第2期。

边燕杰、张文宏，2001，《经济体制、社会网络与职业流动》，《中国社会科学》第2期。

边燕杰、王文彬，2012，《跨体制社会资本及其收入回报》，《中国社会科学》第2期。

边燕杰、张展新，2002，《市场化与收入分配——对1988年和1995年城市住户收入调查的分析》，《中国社会科学》第5期。

边燕杰主编，2002，《市场转型与社会分层——美国社会学者分析中国》，北京：生活·读书·新知三联书店。

布洛克，2001，《自我调节的市场的矛盾》，许宝强、渠敬东选编《反市场的资本主义》，北京：中央编译出版社。

蔡昉，2001，《劳动力迁移的两个过程及其制度障碍》，《社会学研究》第4期。

蔡昉、都阳、王美艳，2001，《户籍制度与劳动力市场保护》，《经济研究》第12期。

陈成文、胡桂英，2008，《择业观念对大学毕业生就业的影响——基于2007届大学毕业生的实证研究》，《高等教育研究》第1期。

储建国，1999，《市场经济、市民社会和民主政治》，《武汉大学学报》（哲社版）第1期。

董振华，2013，《基于城市融入的新生代农民工职业生涯适应力提升研究》，《农业经济》第9期。

杜书云、张广宇，2008，《农民工代际差异问题调查与思考》，《农村经济》第2期。

方朝晖，1999，《对90年代市民社会研究的一个反思》，《天津社会科学》第5期。

顾朝林，1999，《中国大中城市流动人口迁移规律研究》，《地理学报》

第3期。

郭继强、姜俪、陆利丽，2011，《工资差异分解方法述评》，《经济学（季刊）》第2期。

郭立场、陈吉，2012，《新生代农民工城市融入的困境与对策》，《农业现代化研究》第2期。

韩俊，2009，《中国农民工战略问题研究》，上海：上海远东出版社。

郝大海、李路路，2006，《区域差异改革中的国家垄断与收入不平等——基于2003年全国综合社会调查资料》，《中国社会科学》第2期。

侯红娅、杨晶、李子奈，2004，《中国农村劳动力迁移意愿实证分析》，《经济问题》第1期。

侯晋封，2009，《中国农民工流动就业问题研究》，中共中央党校博士论文。

胡俊波、文国权，2010，《大力扶持农民工返乡创业》，《财经科学》第11期。

黄先碧，2008，《关系网效力的边界：来自新兴劳动力市场的实证分析》，《社会》第6期。

姜国辉、许丽娟，2010，《浅析新生代农民工的就业问题》，《中国商界》第3期。

康晓光，1999，《权力的转移：转型时期中国权力格局的变迁》，浙江：浙江人民出版社。

李春玲，2006，《流动人口地位获得的非制度途径——流动劳动力与非流动劳动力之比较》，《社会学研究》第5期。

李春玲、李实，2008，《市场竞争还是性别歧视——收入性别差异扩大趋势及其原因解释》，《社会学研究》第2期。

李萌，2004，《劳动力市场分割下乡城流动人口的就业分布与收入的实证分析——以武汉市为例》，《人口研究》第6期。

李培林，1996，《流动民工的社会网络和社会地位》，《社会学研究》第4期。

李培林，2003，《农民工：中国进城农民工的经济社会分析》，北京：社会科学文献出版社。

李培林，2003，《我研究“村落终结”的方法》，http //www. Sociology cass cn/shxw /nbwg/t20030919 – 1108 htn。

李培林、李炜，2007，《农民工在中国转型中的经济地位和社会态度》，《社会学研究》第3期。

李强，1993，《当代中国的社会分层与流动》，北京：中国经济出版社。

李强，1995，《关于城市农民工的情绪倾向及社会冲突问题》，《社会学研究》第4期。

李强、唐壮，2002，《城市农民工与城市中的非正规就业》，《社会学研究》第6期。

李实、丁赛，2003，《中国城镇教育收益率的长期变动趋势》，《中国社会科学》第6期。

李涛、黄纯纯、何兴强、周开国，2008，《什么影响了居民的社会信任水平？——来自广东省的经验证据》，《经济研究》第1期。

李小佳，2004，《从嵌入的观点反思市场转型理论》，《社会科学家》第1期。

梁雪姬，2001，《市场转型、社会关系与职业获得》，《广东青年干部学院学报》第4期。

刘传江、徐建玲，2007，《第二代农民工及其市民化研究》，《中国人口·资源与环境》第1期。

刘传江、周玲，2004，《社会资本与农民工的城市融合》，《人口研究》第9期。

刘精明，2006，《劳动力市场结构变迁与人力资本收益》，《社会学研究》第6期。

刘俊威，2012，《我国新生代农民工就业能力内涵与特征研究》，《安徽农业科学》第8期。

卢国显，2007，《差异性态度与交往期望：农民工与市民社会距离的变化趋势——以北京市为例》，《浙江学刊》第6期。

陆铭、李爽，2008，《社会资本、非正式制度与经济发展》，《管理世界》第9期。

陆益龙，2003，《户籍制度——控制与社会差别》，北京：商务印书馆。

罗国杰，2006，《思想道德修养与法律基础》，北京：高等教育出版社。

吕康银、王文静，2008，《我国行业间工资差异的测度与分解》，《求索》第7期。

吕楠，2010，《农民工素质再生产的现象及对策——以宜宾市XX县XX乡的个案为例》，《改革与开放》第24期。

马克·格兰诺维特，1998，《弱关系的力量》，《国外社会科学》第2期。

潘毅，2007，《中国女工——新兴打工阶级的呼唤》，任焰译，香港：明报出版社。

裴宜理，2001，《上海罢工：中国工人政治研究》，刘平译，南京：江苏人民出版社。

秦秀清、胡庆林，2010，《新生代农民工择业就业的调查与分析——以江西省于都县为例》，《安徽农业科学》第20期。

任焰、潘毅，2006，《宿舍劳动体制：劳动控制与抗争的另类空间》，《开放时代》第3期。

任远、邬民乐，2006，《城市流动人口的社会融合：文献述评》，《人口研究》第5期。

瑞雪，2009，《农民工改变中国农村》，黄涛、王静译，杭州：浙江人民出版社。

沈原，2006，《社会转型与工人阶级的再形成》，《社会学研究》第2期。

沈原，2007，《市场、阶级与社会》，北京：社会科学文献出版社。

唐斌，2002，《双重边缘人：城市农民工自我认同的形成及社会影响》，《中南民族大学学报》（人文社会科学版）第22期。

王超恩、张林，2010，《新生代农民工居住边缘化问题研究》，《农业经济》第10期。

王春光，2002，《新生代农村流动人口的外出动因与行为选择》，《中国党政干部论坛》第7期。

王春光，2006，《我国城市就业制度对进城农村流动人口生存和发展的影响》，《浙江大学学报（人文社会科学版）》第5期。

王桂新、沈建法，2001，《上海外来劳动力与本地劳动力补缺替代关系研究》，《人口研究》第1期。

王美艳，2005，《城市劳动力市场上的就业机会与工资差异——外来劳动力就业与报酬研究》，《中国社会科学》第5期。

王美艳，2005，《中国城市劳动力市场上的性别工资差异》，《经济研究》第2期。

王天夫、崔晓雄，2010，《行业是如何影响收入的——基于多层线性模型的分析》，《中国社会科学》第5期。

王天夫、赖杨恩、李博柏，2008，《城市性别收入差异及其演变：1995～2003》，《社会学研究》第2期。

王毅杰、童星，2004，《流动农民社会支持网探析》，《社会学研究》第2期。

王正中，2006，《“民工荒”现象与新生代农民工的理性选择》，《理论学刊》第9期。

韦芳芳，2010，《新生代农民工就业特征分析》，《淮海工学院学报》第7期。

翁定军，2005，《冲突的策略：以S市三峡移民的生活适应为例》，《社会》第2期。

吴兴陆，2005，《农民工定居性迁移决策的影响因素实证分析》，《人口与经济》第1期。

武向荣，2009，《中国农民工人力资本收益率研究》，《青年研究》第4期。

谢桂华，2007，《农民工与城市劳动力市场》，《社会学研究》第5期。

谢嗣胜、姚先国，2006，《农民工工资歧视的计量分析》，《中国农村经济》第4期。

颜烨，2004，《转型中国社会资本的类型及其生成条件与机制》，《西南师范大学学报（人文社会科学版）》第1期。

杨晓军、陈浩，2012，《新生代农民工就业技能缺失与解决途径》，《农村经济》第 1 期。

杨宜勇，2001，《劳动力市场的行政分割》，《经济研究参考》第 27 期。

杨宇、沈坤荣，2010，《社会资本、制度与经济增长——基于中国省级面板数据的实证研究》，《制度经济学研究》第 2 期。

杨云彦、陈金永，2000，《转型劳动力市场的分层与竞争——结合武汉的实证分析》，《中国社会科学》第 5 期。

姚先国、黄志岭，2008，《职业分割及其对性别工资差异的影响——基于 2002 年中国城镇调查队数据》，《重庆大学学报》第 2 期。

姚先国、李莉、张海峰，2008，《农民工工资歧视与职业隔离——来自浙江省的证据》，《管理学家（学术版）》第 3 期。

姚洋，2001，《社会排斥和经济歧视——东部农村地区的现状调查》，《战略与管理》第 3 期。

余晓敏、潘毅，2008，《消费社会与"新生代打工妹"主体性再造》，《社会学研究》第 3 期。

袁贵仁，2006，《价值观的理论与实践》，北京：北京师范大学出版社。

悦中山、杜海峰、李树茁，2009，《当代西方社会融合研究的概念，理论及应用》，《公共管理学报》第 6 卷第 2 期。

悦中山、李树茁、费尔德曼，2012，《农民工社会融合的概念建构与实证分析》，《当代经济科学》第 43 卷第 1 期。

翟振元，2002，《大学生就业指导》，北京：高等教育出版社。

张秋秋、金刚，2012，《新生代农民工就业能力影响因素的最优尺度分析——以沈阳市为例》，《农业经济》第 11 期。

张铁军，2010，《新生代农民工城市融入的困境与解决路径初探》，《福州党校学报》第 3 期。

张展新，2004，《劳动力市场的产业分割与劳动人口流动》，《中国人口科学》第 2 期。

赵力涛，2006，《中国农村的教育收益率研究》，《中国社会科学》第

3 期。

赵延东、王奋宇，2002，《城乡流动人口的经济地位获得及决定因素》，《中国人口科学》第 4 期。

赵泽洪、李传香，2011，《就业能力贫困与再造：新生代农民工就业悖论及其破解》，《中国人力资源开发》第 9 期。

郑杭生、潘鸿雁，2006，《社会转型期农民外出务工现象的社会学视野》，《探索与争鸣》第 1 期。

周明宝，2004，《城市滞留型青年农民工的文化适应与身份认同》，《社会》第 5 期。

周其仁，1997，《机会与能力——中国农村劳动力的就业和流动》，《管理世界》第 5 期。